新闻学与传播学经典丛书·大师系列

新闻与舆论：罗伯特·E. 帕克论文选

中文·英文（双语版）

［美］罗伯特·E. 帕克　著
刘　娜　译
黄顺铭　校译

中国传媒大学出版社
·北京·

图书在版编目(CIP)数据

新闻与舆论:罗伯特·E.帕克论文选:汉文、英文/(美)罗伯特·E.帕克(Robert E. Park)著;刘娜译.--北京:中国传媒大学出版社,2022.12
(新闻学与传播学经典丛书.大师系列)
ISBN 978-7-5657-2531-9

Ⅰ.新…　Ⅱ.①罗…②刘…　Ⅲ.①新闻工作—舆论—文集—汉、英　Ⅳ.①G219.1-53

中国版本图书馆CIP数据核字(2022)第152505号

新闻与舆论:罗伯特·E.帕克论文选

XINWEN YU YULUN:LUOBOTE E. PAKE LUNWENXUAN

著　　者	罗伯特·E.帕克		
译　　者	刘　娜		
校　　译	黄顺铭		
责任编辑	张　静		
责任印制	阳金洲		
装帧设计	运平设计		
出版发行	中国传媒大学出版社		
社　　址	北京市朝阳区定福庄东街1号	邮　　编	100024
电　　话	86-10-65450528　65450532	传　　真	65779405
网　　址	http://cucp.cuc.edu.cn		
经　　销	全国新华书店		
印　　刷	北京中科印刷有限公司		
开　　本	880mm×1230mm　1/32		
印　　张	10		
字　　数	251千字		
版　　次	2022年12月第1版		
印　　次	2022年12月第1次印刷		
书　　号	ISBN 978-7-5657-2531-9/G·2531	定　　价	48.00元

本社法律顾问:北京嘉润律师事务所　郭建平

目　录

PART TWO: News and Opinion

译者序言

“舆论”与“共同生活”：
罗伯特·E. 帕克新闻思想中两个被忽视的关键词[①]

作为当代社会学的重要奠基人和芝加哥社会学派的重要创始人，罗伯特·E. 帕克（Robert E. Park，1864—1944）在广泛的学科领域内做出了杰出贡献，包括社会心理学与人格理论、社群研究、城市研究、人类生态学、作为社会机构的报纸、作为社会机构而非技术的社会调查、群体与公众（即集体行为研究）、种族关系与文化冲突，等等。[②] 帕克的研究成果主要汇集在六本专/编著、三卷本论文集和一本博士论文之中。六本专/编著主要聚焦于社会学的一般理论、移民、报刊以及城市等议题，而三卷本论文集则涵盖了更为广泛的研究题目，囊括了他在三十年学术生涯中所发表的69篇

① 本文删改版已发表于《国际新闻界》2018年第8期。

② FARIS E. Robert E. Park，1864—1944[J]. American sociological review，1944(9)：322-325.

论文。[①]

在新闻与传播领域，帕克最广为人知的作品是《移民报刊及其控制》(*The Immigrant Press and Its Control*, 1921)，这也是他毕生唯一的学术专著。正如胡翼青所言，这虽是一部典型的芝加哥社会学著作，但很少受到社会学思想史研究者的青睐，而在新闻与传播领域却反倒颇受关注。[②] 除此之外，帕克还发表了数十篇有关新闻、报刊、舆论以及传播的论文，其中九篇被收录于三卷本论文集中的最后一部《社会》(*Society*, 1955)中。[③]《社会》一书收录了帕克的二十一篇独立文章，被归结于三个主题之下，分别是："集体行为"(Collective Behavior)、"新闻与舆论"(News and Opinion)以及"社会学与现代社会"(Sociology and Modern Society)。其中，第二部分"新闻与舆论"收录了他于1918年至1941年间发表的九篇论文，集中呈现了帕克有关新闻、传播、舆论与社会控制的思想与观点，这些正是本书的选译内容。

这一组论文分别题为：(1)《作为一种知识的新闻》(*News as a Form of Knowledge*, 1940)；(2)《报纸的自然历史》(*Natural History of the Newspaper*, 1925)；(3)《新闻与人情味故事》(*News and the Human Interest Story*, 1940)；(4)《新闻与报界权力》(*News and the Power of the Press*, 1941)；(5)《士气与新闻》(*Morale and the News*, 1941)；(6)《舆论与社会服务》(*Public Opinion*

① BURNET J. Book review: the collected papers of robert park[J]. The Canadian journal of economics and political science, 1957, 23(2): 288-291; FARIS E. Robert E. Park, 1864—1944[J]. American sociological review, 1944(9): 322-325.

② 胡翼青. 译序二[M]//帕克. 移民报刊及其控制. 陈静静，展江，译. 北京：中国人民大学出版社，2011:25-34.

③ 前两卷论文集分别题为《种族与文化》(*Race and Culture*, 1950)和《人类社群》(*Human Communities*, 1952)。

and Social Service，1918）；（7）《移民社群与移民报刊》（*Immigrant Community and Immigrant Press*，1925）；（8）《外语报刊》（*Foreign Language Press*，1920）；（9）《美国的报纸文献》（*American Newspaper Literature*，1927）。最后一篇是有关美国的报纸研究文献，其余篇章则关乎新闻、报刊与舆论等主题。这组论文中所蕴含的思想观点及其启发性并不逊色于其专著《移民报刊及其控制》，甚至可以说，它们在思想性方面比这部专著还更为多元和丰富。遗憾的是，迄今为止，这组论文中的某些篇什及其某些观点尽管已受到新闻与传播领域学者的较多关注（例如第1、2、7、8篇），然而其他几篇则鲜有问津。

刘海龙曾评价道："提起传播研究芝加哥学派时，帕克恰好是最尴尬的一位学者。他的名字毫无悬念地被列入传播研究芝加哥学派主要成员的名单，但他的观点却很少被提及。"[①]这部分地归因于帕克以及芝加哥社会学派研究者对于传播现象的理论取向，即他们普遍视传播现象为基本的人类过程，将传播作为一种社会机制放入更宏大的社会学框架中进行研究，而没有将传播作为一个专门的经验领域来研究。[②] 就国内的帕克思想研究而言，他有关新闻与传播的学术观点很少被提及的另一个原因在于，承载这些观点的论文未曾在国内得到完整的译介与系统的研究。这可能会导致我们对于帕克思想的理解不甚全面。为此，本文将在前人研究的基础上，试图系统地梳理帕克有关新闻与舆论的这一组论文，旨

① 刘海龙．重访灰色地带：传播研究史的书写与记忆[M]．北京：北京大学出版社，2015：61．

② 罗杰斯．传播学史：一种传记式的方法[M]．殷晓蓉，译．上海：上海译文出版社，2012；切特罗姆．传播媒介与美国人的思想：从莫尔斯到麦克卢汉[M]．曹静生，黄艾禾，译．北京：中国广播电视出版社，1991．

在重新发掘他的某些此前被忽视的思想与观点，相对完整地呈现帕克新闻思想的脉络。

学者们对于帕克新闻与传播思想的研究，除了涵盖帕克的生平经历、思想渊源、学术贡献等一般性议题之外，①重点关注了以下几个观点：(1)“作为一种知识的新闻”；②(2)“作为一种社会机构的报纸”；③(3)传播的参考与表达功能；④(4)传播作为一种社会整合和社会控制的机制；⑤(5)移民报刊对移民同化过程的推动作用。⑥其中，对新闻、报刊与传播功能的研究相对较多，而对舆论及其社会功能的关注则稍显不足。

在新闻与报刊研究方面，李敬从帕克提出的“人文生态”视角，阐述帕克有关报刊演变历史与移民同化进程之关系的观点。⑦ 胡

---

① 罗杰斯. 传播学史：一种传记式的方法[M]. 殷晓蓉，译. 上海：上海译文出版社，2012；切特罗姆. 传播媒介与美国人的思想：从莫尔斯到麦克卢汉[M]. 曹静生，黄艾禾，译. 北京：中国广播电视出版社，1991.

② 刘海龙. 重访灰色地带：传播研究史的书写与记忆[M]. 北京：北京大学出版社，2015；王金礼. 作为知识的新闻：杜威、帕克与“夭折”的《思想新闻》[J]. 学术研究，2015(3)：32-39.

③ 切特罗姆. 传播媒介与美国人的思想：从莫尔斯到麦克卢汉[M]. 曹静生，黄艾禾，译. 北京：中国广播电视出版社，1991.

④ 陈静静. 参考与表达：论罗伯特·E·帕克的传播思想[J]. 国际新闻界，2012(11)：19-25.

⑤ FRAZIER P J，GAZIANO C.Robert Ezra Park’s theory of news，public opinion and social control[J]. Journalism monographs，1979(64)：1-51；柯泽. 帕克社会学理论中的传播思想及其反思[J]. 武汉大学学报(人文科学版)，2013，66(3)：113-119.

⑥ 吴飞. 译序一：如何理解“生活在别处”的“边际人”？——帕克的社会学思想漫谈[M]//帕克. 移民报刊及其控制. 陈静静，展江，译. 北京：中国人民大学出版社，2011：1-24；李敬. 帕克：人文生态学视角中的新闻报刊与社会“同化”进程[J]. 国际新闻界，2011(11)：49-55；胡锦山. 罗伯特·帕克与美国城市移民同化问题研究[J]. 求是学刊，2008(1)：133-137；胡翼青. 译序二[M]//帕克. 移民报刊及其控制. 陈静静，展江，译. 北京：中国人民大学出版社，2011：25-34.

⑦ 李敬. 帕克：人文生态学视角中的新闻报刊与社会“同化”进程[J]. 国际新闻界，2011(11)：49-55.

锦山论述帕克有关移民报刊对移民融入美国社会的积极作用的观点，强调日常事件和人情味新闻的报道对于移民同化进程的意义。① 吴飞在《移民报刊及其控制》中译本序言中，着重讨论帕克“边缘人”的概念以及移民报刊在促进边缘人融入美国社会的过程中的积极作用。此外，他还论及帕克的学术研究对于社会底层一以贯之的关怀意识。② 在传播研究方面，陈静静重点梳理了帕克有关传播的参考与表达功能，并以此为基准点，系统论述其有关报纸的起源、发展历程、政治功能以及社会功能等议题。③ 柯泽从帕克的城市生态学研究框架出发，梳理传播在形成社会互动并由此增进社会调节与社会控制的过程中发挥的种种作用。④ 在此框架下，传播不仅是社会互动与社会控制的工具，而且也是社会得以形成与发展的内生机制之一。可以说，若抽离人与人之间和群体与群体之间的传播与交流，便无法有效地确立起社会结构、社会秩序以及伦理规范。胡翼青这样来总结帕克以及芝加哥社会学派研究的基本特点：(1)强烈的问题意识和对社会问题的敏感；(2)强烈的对策意识和自由主义传统；(2)基于经验材料进行研究，强调具象的观察而非抽象的理念。⑤

① 胡锦山. 罗伯特·帕克与美国城市移民同化问题研究[J]. 求是学刊，2008(1)：133-137.

② 吴飞. 译序一：如何理解“生活在别处”的“边际人”？——帕克的社会学思想漫谈[M]//帕克. 移民报刊及其控制. 陈静静，展江，译. 北京：中国人民大学出版社，2011：1-24.

③ 陈静静. 参考与表达：论罗伯特·E·帕克的传播思想[J]. 国际新闻界，2012(11)：19-25.

④ 柯泽. 帕克社会学理论中的传播思想及其反思[J]. 武汉大学学报(人文科学版)，2013，66(3)：113-119.

⑤ 胡翼青. 译序二[M]// 帕克. 移民报刊及其控制. 陈静静，展江，译. 北京：中国人民大学出版社，2011：25-34.

既有的帕克研究大体上强调了两个主要观点：其一，新闻与报刊是社会整合的重要机构；其二，传播既是人类社会的基本过程，也是社会控制的主要机制。在帕克有关新闻与传播的著述中，这两个观点不可谓不重要，它们的确在很大程度上抓住了帕克的思想核心。然而，既有研究对于“新闻”“报刊”“传播”“社会控制”与“社会整合”等一系列概念之间关系链条的厘定，却并不太清晰与完整，起码对两个非常重要的概念——“舆论”(public opinion)和“共同生活”(common life)——缺乏足够的观照。事实上，在帕克的理论视角中，“新闻”“舆论”“报刊权力”“社会控制”以及“传播”等概念是一个密不可分的整体，它们共同作为社群共同体和共同生活这一链条上环环相扣的组成要素而存在。更进一步地说，“新闻”与“传播”正是通过“舆论”来影响社群的“共同生活”，进而实施“社会控制”。因此，“从本质上讲，帕克是在社会学大的理论框架中关注报刊及其影响，是在个人与社会的共同行动中寻找报刊的意义”①。本文尝试以“舆论”和“共同生活”这两个此前被忽视的关键词，来连接起此前常常探讨的“新闻”“传播”与“社会控制”等概念。

在进入正题之前，我们首先简短地介绍帕克的生平与思想渊源。虽然这些背景性材料已在切特罗姆的《传播媒介与美国人的思想——从莫尔斯到麦克卢汉》(1982/1991)、E. M. 罗杰斯的《传播学史——一种传记式的方法》(1997/2012)、帕克的《移民报刊及其控制》(1922/2011)中译本序言以及一些研究论文中或多或少地

① 吴飞. 译序一：如何理解“生活在别处”的“边际人”？——帕克的社会学思想漫谈[M]//帕克. 移民报刊及其控制. 陈静静，展江，译. 北京：中国人民大学出版社，2011:13-14.

得到了介绍，但是对于初步接触帕克新闻与传播思想的读者而言，这些背景性材料仍显必要。正如罗杰斯所言："任何涉入一条新的河流的人都想知道这里的水来自何方，它为什么这样流淌。"[①]帕克的生平经历与思想渊源，正是他的学术观点的源头。

一、帕克的生平经历与思想渊源

帕克于1864年2月14日生于美国宾夕法尼亚州哈维维尔(Harveyville)的一个农庄，长于明尼苏达州的小城雷德温（Red Wing）。当时，雷德温有许多来自斯堪的纳维亚半岛的移民，帕克自幼便常常与移民们相处，对他们如何适应美国社会产生了最原初的好奇。[②] 1882年，18岁的帕克进入明尼苏达大学读了一年工程学，之后转入密歇根大学哲学系。[③] 1883—1887年，他在密歇根大学学习哲学时，深受老师约翰·杜威的影响。杜威有关社会有机体的观点及其政治上的进步主义深刻地影响了帕克之后的学术路径。杜威、帕克以及同时代的查尔斯·库利和乔治·米德等人都有一个共同的愿景，即通过对人性与社会的理解来建构一个更美好的社会。[④]他们相信，现代传播作为一种社会力量，能够推进人

---

① 罗杰斯. 引言[M]//罗杰斯.传播学史：一种传记式的方法. 殷晓蓉，译. 上海：上海译文出版社，2012:001.

② 罗杰斯. 传播学史：一种传记式的方法[M]. 殷晓蓉，译. 上海：上海译文出版社，2012:174.

③ FARIS R E. Book review：Robert E. Park：biography of a sociologist by winifred raushenbush[J]. Contemporary sociology，1980,9(2):264-265.

④ American sociological association. Robert E. Park[EB/OL]. http://www asanet. org/robert e park.

们在公共生活中“民主地取得一致意见”[1]。

杜威甚至计划了一场伟大的新闻实验，并邀请帕克加入其中，这便是著名的“《思想新闻》事件”。1890年前后，杜威把帕克介绍给了一位名叫富兰克林·福特(Franklin Ford)的记者。福特“是位精干的堂吉诃德式的人物，善于把小群的人们吸引到他宏大的规划中去”[2]。杜威和帕克都为福特富于改革的热情与乌托邦式的计划所吸引。1892年春天，杜威和福特制订了《思想新闻》的办报计划，旨在“通过提供关于长期的社会趋势的有用信息而将大学学者的专长和报纸的读者连结起来”[3]。然而，这份报纸尚未出版，就因为来自本地报界的强烈批评和昂贵的订阅费用而流产。尽管如此，帕克从这一事件中生发出了对于新闻与舆论之关系的兴趣，并开始运用社会调查的方法进行新闻报道和社会学研究。

从密歇根大学本科毕业之后，帕克选择了新闻业作为自己职业生涯的开端。尽管中间有过短暂的中断，但帕克的新闻从业经历仍旧长达十一年(1887—1898年)。其间，帕克工作过的新闻机构遍及明尼阿波利斯、底特律、丹佛、纽约以及芝加哥等地，“他报道过警察打人、流行病调查、酒精中毒、毒品交易、犯罪集团，这一切使他的眼睛投向都市生活丑恶的底层……对社会底层的长年揭露也使帕克开始设想一种不同性质的新闻事业，它可以在实际上

① 切特罗姆.传播媒介与美国人的思想：从莫尔斯到麦克卢汉[M].曹静生，黄艾禾，译.北京：中国广播电视出版社，1991：129.

② 切特罗姆.传播媒介与美国人的思想：从莫尔斯到麦克卢汉[M].曹静生，黄艾禾，译.北京：中国广播电视出版社，1991：112.

③ 切特罗姆.传播媒介与美国人的思想：从莫尔斯到麦克卢汉[M].曹静生，黄艾禾，译.北京：中国广播电视出版社，1991：175.

改进社会状况”①。帕克逐渐认识到，光靠报道和揭露社会问题，并不能解决这些问题。他开始思考这些问题的本质及其出现的根源，因此决定重返校园学习哲学。②

1898年，帕克进入哈佛大学，师从著名心理学家、哲学家威廉·詹姆斯（William James）学习哲学和心理学，期望能够“对在新闻影响下的社会行为用精确和通用的科学语言进行描述”③。1899年，他取得了哲学硕士学位。一年后，他举家迁往德国，在柏林、斯特拉斯堡、海德堡等地的大学继续深造。在柏林时期，帕克在社会学家格奥尔格·西梅尔（Georg Simmel）门下学习了三门社会学课程，这就是他此生接受的唯一的社会学训练。他于1900年前往斯特拉斯堡学习一学期，然后转入海德堡大学，师从威廉·温德尔班德（Wilhelm Windelband）学习哲学。在此期间，他还跟随一位地理学家和一位经济学家学习，这对帕克之后的社会学研究和种族问题研究有一定启发。1904年，帕克在40岁之际，以《群体与公众：一项方法论的和社会学的研究》（*Crowds and Publics: A Methodological and Sociological Investigation*）作为毕业论文，获得了海德堡大学哲学博士学位，该论文被誉为有关群体现象与社会变迁的经典研究。

此后，帕克返回哈佛大学，一边完善自己的博士论文，一边担任哲学助教。然而，他开始对自己的研究感到失望，认为自己是一

① 切特罗姆. 传播媒介与美国人的思想：从莫尔斯到麦克卢汉[M]. 曹静生，黄艾禾，译. 北京：中国广播电视出版社，1991：122-123.

② FRAZIER P J，GAZIANO C. Robert Ezra Park's theory of news，public opinion and social control[J]. Journalism monographs，1979，64：1-51.

③ 切特罗姆. 传播媒介与美国人的思想：从莫尔斯到麦克卢汉[M]. 曹静生，黄艾禾，译. 北京：中国广播电视出版社，1991：123.

个失败者，并开始厌倦书斋生活。[1] 就在此时，两段意外经历彻底改变了帕克此后的人生轨迹。[2] 一是帕克当时在波士顿郊区昆西(Quincy)的住宅附近，发生了一场反对比利时统治下的刚果自由国(Congo Free State)国王利奥波德二世(King Leopold II of Belgium)在当地的残暴统治的运动。[3] 这场运动的组织者是刚果改革协会(Congo Reform Association)，他们找到了帕克做该协会的媒体经纪人与第一秘书，意在通过制造舆论压力，迫使利奥波德二世结束统治。在国内外舆论的压力之下，比利时议会于 1908 年 8 月 20 日通过“无条件接管刚果”法案，刚果自由国从利奥波德二世的私人领地变为了比利时殖民地。在此期间，帕克为《人人杂志》(*Everybody's Magazine*) 写作了一系列“扒粪”文章，为终结利奥波德二世的残暴统治贡献了一己之力，同时也对美国的种族问题有了更为敏锐的理解与思考。

在为刚果改革协会工作期间，帕克结识了当时享有盛名的非裔美国教育家、改革者布克·T. 华盛顿(Booker T. Washington)，了解到华盛顿在美国南部亚拉巴马州做了相当出色的种族工作。华盛顿邀请帕克前往亚拉巴马州做种族关系研究，帕克欣然赴约。自 1905 年起，帕克为华盛顿在亚拉巴马州建立的黑人职业培训学院——塔斯基吉学院(Tuskegee Institute)工作，先后担任该学院的宣传员和公共关系部主任，同时从事种族问题研究。1910 年，帕

---

① 罗杰斯. 传播学史：一种传记式的方法[M]. 殷晓蓉，译. 上海：上海译文出版社，2012；FRAZIER P J，GAZIANO C. Robert Ezra Park's theory of news，public opinion and social control[J]. Journalism monographs，1979，64：1-51.

② FARIS E.Robert E. Park，1864—1944[J]. American sociological review，1944，9：322-325.

③ FRAZIER P J，GAZIANO C. Robert Ezra Park's theory of news，public opinion and social control[J]. Journalism monographs，1979，64：1-51.

克和华盛顿共同游历欧洲，比较了美国南部黑人与欧洲劳工和农民的诸种困境，并共同合作出版了《最底层的人》(*The Man Farthest Down: A Record of Observation and Study in Europe*, 1912)一书。帕克与华盛顿共事九年，形如知己，这一段经历对于他后来的学术研究旨趣和对学生的指导产生了深刻影响，尤其在种族问题研究方面。

第二段意外经历发生在塔斯基吉学院。1912 年，帕克协助华盛顿在塔斯基吉学院举办了一场有关黑人问题的国际会议。与会者中，芝加哥大学社会学系的一位学者 W. I. 托马斯(W. I. Thomas)对帕克的印象非常深刻，遂极力邀请他赴该系讲授一学期有关美国黑人的课程。1914 年，帕克应约前往芝加哥大学授课。课程结束之后，他并未返回亚拉巴马州，而是留在了芝加哥大学。[①] 50 岁的帕克就这样正式开启了他的学术生涯。他担任了 9 年讲师，在社会学系讲授了大量课程，但始终未获晋升，有些课程甚至未获酬劳。1923 年，芝加哥大学的一位新任校长终于将 59 岁的帕克任命为正教授。此后，帕克担任了 10 年教授，于 1933 年退休，但随即被延聘两年，71 岁时正式结束了在芝加哥大学的教学研究生涯。在芝加哥大学任教期间，帕克于 1925 年当选为美国社会学会(American Sociological Society/Association)第十五届主席；1931—1933 年，帕克担任夏威夷大学客座教授。他广泛游历中国、印度、南非、巴西等国，对底层社会、种族关系、各类社会现象等有了更为深入的思考。[②] 自 1935 年起的 8 年多时间里，帕克一直在田纳西州费斯克大学(Fisk University)担任客座教授。1944 年 2

①② FARIS E. Robert E. Park, 1864—1944[J]. American sociological review, 1944(9):322-325.

月7日，帕克在八秩寿辰之前一周，于田纳西州纳什维尔(Nashville)辞世。

帕克一生八十年的时间里，自成年之后一直在通过新闻与社会实践活动对社会进行观察，最后三十年才在象牙塔中正式开启学术生涯，在研究与教学中建立起了芝加哥社会学派的稳固地位。可以肯定地说，帕克前三十年对新闻与社会之关系的观察与实践奠定了他后三十年的研究旨趣，也影响了他对于社会学的整体构想。[①] 帕克曾自言道："我的记者从业经历引导我去研究报纸的社会功能，报纸并不是一种意见机构，而是一种对当前事件的记录。事实上，我开始着手与其他同道中人一起，希望将报纸变得更加精确与科学，就像《时代》(*Time*)和《财富》(*Fortune*)杂志那样。我花费了六年时间在这一工作上，并且从中生发出我的博士论文《群体与公众》以及对于集体行为的兴趣。我想，我的主要学术兴趣仍然在于报纸作为一种社会机构这个方面……记者的从业经历使我对城市有了相当丰富的了解，担任本地编辑与周末版报纸编辑时，我又系统地研究了城市社群。在与布克·华盛顿共事期间，在塔斯基吉学院，我对黑人也做了许多研究。正是这两段经历以及相关发现，为我在芝加哥大学指导研究生们提供了丰富的研究材料。"[②] 因此，帕克有关新闻、报刊与舆论的著述与思想不仅是其学术研究的重要组成部分，更可以说是基础性的一部分。本书选译的九篇论文，即是帕克新闻与传播思想的集中体现。

然而，不论在社会学研究还是新闻与传播研究中，帕克都很少

---

① LITTLE K L. Book review：race and culture by E. C. Hughes[J]. The British journal of sociology，1951，2(1)：85.

② American Sociological Association. Robert E. Park[EB/OL]. http://www.asanet.org/robert-e-park.

用系统而抽象的理论来表达他的观点。① 更为典型的情况是，他的思想与观点大多散见于三十年学术生涯中发表的七十余篇论文当中。② 帕克学生的学生 Hawley 曾这样评价："后辈学人若脱离帕克思想提出的历史语境来加以解读，所看到的可能是一个无组织、缺乏逻辑、任意类推、实证研究思路稍显粗糙的头脑。他敏锐的洞察力、永无止境的好奇心、启发激励学生的能力以及对当代社会学研究的重要贡献，这些其实很难在其学术著述中得以体现。"③严格地说，后辈学人对于任何一种思想产生的历史语境都处于某种脱离状态，因此与其说我们尝试"还原"这种语境，倒不如说是在进行一种"重构"，而这种重构往往充满着危险。具体到帕克的新闻思想史研究而言，任何试图将其观点理论化和系统化的学者都可能会冒过度阐释或曲解原意的危险，本文亦不例外。对此，我们的应对之道是，尝试以"新闻""舆论""社会控制"以及"共同生活"这几个关键词，来串联起帕克有关新闻与舆论的这一组论文中闪现的思想之光，并试图对当下社会生活中的种种问题与困境有所观照。

二、新闻、舆论与社会控制

1979 年，明尼苏达大学新闻与大众传播学院博士生 P. 珍 · 弗雷泽(P. Jean Frazier)和塞西莉 · 加奇诺(Cecilie Gaziano)发表了一篇长达 47 页的专题论文，系统梳理帕克有关新闻、舆论与社会

---

① ROSE A W. Book review: race and culture by Robert Ezra Park[J]. Social forces, 1950, 29(3): 212-213.

② BURNET J. Book review: the collected papers of Robert Park[J]. The Canadian journal of economics and political science, 1957, 23(2): 288-291.

③ HAWLEY A H. Book review: human communities: the collected papers of Robert E. Park[J]. Social Forces, 1953, 31(4): 364.

控制的相关理论与观点，这应该是第一篇系统论述帕克新闻与传播思想的研究论文。她们开篇即提出，“帕克应该被视为有关大众传播和舆论的社会学研究的开创者，因此也是这一领域的第一位理论家”。[①] 她们同时也指出，帕克关于新闻、舆论与社会控制的理论散见于其诸多著述当中，迄今尚未被系统概括和明确提出。她们将帕克理论中的六个相关概念总结为一个渐进的演化过程，并用一个线性图示来说明。简单地说：“新闻”(news)引起公众的“讨论”(discussion)，进而产生“舆论”(public opinion)，并经由其集体力量而实施“社会控制”(social control)，结果或带来“社会稳定”(social stability)，或引起“社会变革”(social change)，而此两者之间呈动态关联，可相互转化。对于帕克而言，社会控制是“社会的首要事实与主要问题”，[②]“一切社会问题终归都是社会控制的问题”，[③]新闻与传播则是社会控制的运行机制之一。倘若一个社会越依赖间接关系进行运作，那么舆论在社会控制中发挥的作用便愈加重要。[④] 下面，我们将分别从“新闻”和“舆论”两个概念出发，来探讨二者与“社会控制”之间的关联。

为了进一步阐释帕克关于新闻、舆论与社会控制的理论，我们首先有必要厘清“新闻”这一概念。在《作为一种知识的新闻》一文

---

① FRAZIER P J, GAZIANO C. Robert Ezra Park's theory of news, public opinion and social control[J]. Journalism monographs, 1979(64): 5.

② FRAZIER P J, GAZIANO C. Robert Ezra Park's theory of news, public opinion and social control[J]. Journalism monographs, 1979(64): 13.

③ FRAZIER P J, GAZIANO C. Robert Ezra Park's theory of news, public opinion and social control[J]. Journalism monographs, 1979(64): 35.

④ FRAZIER P J, GAZIANO C. Robert Ezra Park's theory of news, public opinion and social control[J]. Journalism monographs, 1979(64): 1-51.

中，帕克对新闻的本质及其特征给出了丰富的解释。[1]

第一，新闻是介于“日常熟悉知识”(acquaintance with)和“系统理解知识”(knowledge about)之间的一种知识类型。相对而言，新闻更偏向于前者，像历史但非历史，因为它总体上处理的是各种孤立事件，并不试图将事件彼此之间联系起来。第二，“作为一种知识的新闻主要关心的既不是过去也不是未来，而是现在——被心理学家描绘为‘似是而非的现在’(the specious present)。可以说，新闻只存在于这样一种现在之中”(p. 78)。因此，新闻的特质是转瞬即逝、昙花一现。第三，新闻在告知公众周遭所发生之事的同时，会促使公众开启交谈与讨论，进而引发意见和情感的交锋，“而这种交锋常常止于某种共识或集体意见，即我们所谓的舆论”(p. 79)。第四，新闻在一个政治社会中传播的程度决定着其社会成员参与政治行动的程度，因为政治行动需要一定程度的社会共识，而作为一种知识的新闻所提供的社会共识令政治行动成为可能。第五，新闻作为一种世俗现象，不同于谣言和小道消息，“新闻或多或少是经过证实的，这一观点是基于一个事实，即新闻已被曝光于公众的批判性审视之中，而这些公众正是新闻的传播对象和利益关注对象”(p. 81)。第六，新闻之所以被发表与传播，正是由于“新闻兴趣”，这具体表现为新闻事件的重要性、紧迫性、趣味性、人情味等特征。第七，“新闻似乎唯有在一个既有某种程度的和谐，也有某种程度的张力的社会中，才能进行传播”(p. 85)。新闻一旦引起公众的注意力与紧张感，就会产生“聚光灯”效应，“公众注意焦点的收窄往往会增强居于支配地位的人士在一个社群中的

① PARK R E. News as a form of knowledge[M]//HUGHES E C, JOHNSON C S, MASUOKA J, et al. Society. Glencoe, IL: The Free Press, 1940/1955: 71-88.

影响力”(p. 85),使得采取某种行动的确定性增加,也使得支配者的权力得以增强。最后,在这个瞬息万变的现代世界中,“与其他类型的知识(如历史)相比,新闻所肩负角色的重要性在增强,而非在减弱”(p. 87)。

以上观点的呈现顺序遵循了帕克的原文,虽然缺乏严谨的逻辑顺序,但基本涵盖了新闻的特征及其社会功能。在社会控制所包含的“社会稳定”与“社会变革”两个维度上,对新闻的社会功能的审视需要一种辩证的视角。帕克认为,新闻是信息与观点的公开交流与传播,旨在提醒人们有关世事与周遭环境的变化,进而促进讨论与舆论。由于新闻使得不同观点被公之于众并引起意见的交锋,甚至会促使人们为此而有所行动,因此它是引起社会变革的力量来源。相比之下,电影则是促进社会整合的力量之一,因为电影的主要功能在于唤起普通人最基本的情感,而情感之间的差异明显小于观点之间的差异。① 假如我们在新闻与社会控制之间加上“舆论”的中介,那么新闻可能会间接地成为社会稳定的来源。原因在于,新闻引发公众讨论,进而促进舆论的形成,尚处于形成过程之中的舆论或许会促进社会变革的发生,而“舆论一旦被固定下来,被法规化,那么就变成了一种稳定且保守的力量,而非一种革新的力量”②。对这一观点的进一步阐释,需要厘清“舆论”的概念。

在《新闻与报界权力》一文中,帕克开篇即将“报界权力”(the power of the press)界定为“报纸在形塑舆论与动员社群采取政治

---

① FRAZIER P J,GAZIANO C. Robert Ezra Park's theory of news, public opinion and social control[J]. Journalism monographs,1979(64):1-51.

② PARK R E.News and the power of the press[M]//HUGHES E C,JOHNSON C S, MASUOKA J,et al. Society. Glencoe,IL:The Free Press,1941/1955:116.

行动方面所施加的影响力”[①]。可见，报界权力与舆论及其社会功能密不可分，甚至可以相互化约。更进一步地说，报界权力既体现在动员社群展开讨论从而形成舆论的过程之中，也体现在结束争论并引导社会的过程之中。在这两种不同的政治过程中，集体性是一以贯之的一个核心概念，它至少暗含三个理论维度。首先，如帕克所言，公众不是只有一个，而是有很多个，公众这一群体包含了不同的个体、群体、组织和政党。当新闻被公开报道并广泛传播时，它在公众群体中所引起的解释是不同的，有时甚至是相互矛盾和冲突的。其次，当新闻被报道之时，公众群体中“各方之间都存在着一种普遍理解和一种利益社群(community of interest)，足以使讨论成为可能”[②]。这说明，一定程度的社会和谐与共识是舆论产生的必要条件。最后，多元观点的讨论与交锋最终会产生一个或两三个相对一致、较为主导的意见，这便是舆论的成形，也即是集体意志的产生。然而，正如帕克所言，舆论作为多元观点讨论的产物，反而强化了彼此的差异，而非体现出彼此的共识，因为倘若公众群体内部高度一致，也就不会产生讨论，所谓的舆论更是无从谈起。因此，舆论实际上是一种多元观点相互妥协的产物，这正是社会控制的初步体现。我们可以将集体性的三个理论维度概括为“多元主体”“社会共识”与“集体意志”。在现代社会中，多元主体常态化地存在，新闻乃社会共识的主要来源之一，而集体意志形成的可能性则取决于公众注意力的集中程度。因此，新闻与舆论或多或少地指向权力、支配、集体行动等政治概念。从某种程度上

① PARK R E.News and the power of the press[M]//HUGHES E C,JOHNSON C S,MASUOKA J,et al. Society. Glencoe,IL:The Free Press,1941/1955:115.

② PARK R E.News and the power of the press[M]//HUGHES E C,JOHNSON C S,MASUOKA J,et al. Society. Glencoe,IL:The Free Press,1941/1955:119-120.

讲，新闻构成了现代政治社会的基础，舆论则提供了更为直接的政治权力的来源。

帕克提出，报界权力有四种来源：不满（grievances）、新闻、编辑政策，以及发行。[①] 这些来源虽然相对独立，但更常见的情况是，它们作为一个整体而运行。首先，对社会现状或某一现象的不满是一种重要的政治资产，可供政治家们制造政治权力。不满会打破社会现状的稳定状态，制造出某些可能的变革空间。此时，一旦某种强大的政治力量介入并提供不满情绪的发泄渠道以及问题的解决之道，便会产生意想不到的政治团结，"二战"时期德国纳粹主义的盛行堪为著例。其次，新闻记者作为社会风向的瞭望者，对于各类社会问题与不满的本质及其来源非常敏感，因此他们得以通过日常新闻报道、调查性报道、揭黑报道等各种新闻实践，将公众注意力聚焦于各类不满之上，由此促进公众对这些不满的持续关注与讨论。再次，倘若报社的编辑政策或者社论作者"能够合理化各种不满并最终为这些不满赋予某种事业性质"[②]，那么将会动员更多社群成员参与其中，获取公众支持，并为某种可能的集体行动赋予正当性与合理性。最后，关于不满的新闻和社论只有广泛地发行与传播，才可能产生可观的社会影响与现实的政治权力。

在这一组报界权力的来源中，舆论从一开始便嵌入其中。恰如帕克所言，舆论的组成要素不仅是观点和意见，还有情绪与情感。"舆论绝不仅仅是学术性的，它始终是实践性的，始终是政治

① PARK R E.News and the power of the press[M]//HUGHES E C,JOHNSON C S,MASUOKA J,et al. Society. Glencoe,IL:The Free Press,1941/1955:115-125.

② PARK R E.News and the power of the press[M]//HUGHES E C,JOHNSON C S,MASUOKA J,et al. Society. Glencoe,IL:The Free Press,1941/1955:117.

性的，始终关乎某个特定的行动——某个迫在眉睫、即将发生的行动。因此，舆论总是或多或少地掺杂着情绪。”[①]它不仅具有方向，还有强度。当新闻记者和编辑们通过各种形式的新闻报道与社论来对公众情绪进行引导和强化时，他们也就是在对舆论施加主导性影响。一旦媒体议程与公众议程达至高度一致，就意味着公众已被成功地说服，那么，他们“在作出政治行动的决定方面就比多数群体可能更为高效”[②]。由此，舆论的社会功能与政治功能就会在高效而一致的政治行动中得到完美的呈现。在危机时期和社会转型时期，舆论的这些功能更为凸显，因为社会矛盾与不满更为普遍，公众的焦虑情绪也更为突出。倘若在一个媒体发达、信息多元的社会中，舆论会促进社会变革的产生。相反，在一个媒体失声、信息垄断的社会，徒有不满而无新闻、无社论、无传播，那么舆论就可能会为支配性政治权力所掌控，最终成为一种社会稳定的力量。

尽管帕克关于新闻、舆论与社会控制的理论生发于20世纪上半叶的美国社会，适于分析具有民主政治体制和异质人口结构，处于都市化和工业化进程的社会，[③]然而，它们对于当下世界各国的转型社会，仍然具有某种阐释力。首先，分析新闻中“事实性信息”与“社论性观点”之间的比例，可以探究由新闻所产生的观点多元性程度和社会共识的程度。如前所述，多元观点呈现的基础是基于事实的、客观的信息，只有当社会中的多元主体就事实性信息达成基本一致的理解和接受程度，才会产生基于信息所作出的不同

①② PARK R E. News and the power of the press[M]//HUGHES E C, JOHNSON C S, MASUOKA J, et al. Society. Glencoe, IL: The Free Press, 1941/1955: 118.

③ FRAZIER P J, GAZIANO C. Robert Ezra Park's theory of news, public opinion and social control[J]. Journalism monographs, 1979, 64: 1-51.

解释。倘若一个社会对于基本的事实性信息都存在分歧，那么不同的社会主体就很难在同一个话语场当中进行对话。事实性信息越丰富，公众对于周遭情况的了解也就越充分，社会共识因此越有可能达至一个较高程度，共同的利益社群也越容易形成。其次，分析一个社会中不同观点的自由表达程度，可以探究舆论产生的效率和质量。在一个多元观点自由表达的社会，舆论的产生是一个相对自然且渐进的过程，因此能够体现出集体意志的运作方式。相反，在一个信息垄断、无法自由发声的社会，则没有我们所谓的舆论的产生。更多的时候，支配性政治权力和经济利益团体制造"拟态舆论"(pseudo public opinion)，这种舆论虽具有一定的统一性和强制力，但并不具备集体性的基础，因为其主体并非公众，而是利益集团。在综合考察新闻与舆论的基础上，我们就可以得知经由新闻与舆论而进行的社会控制是促进社会变革还是维持社会稳定了。

有必要指出，帕克笔下的社会控制并未包括媒体组织内部非正式的社会控制(譬如新闻编辑室的规范)，也未包括跨媒体组织的垄断资本控制以及媒体所有制等控制形式。[①] 因此，我们应当从制度理论(institutionalism)的视角来思考帕克的观点，这是一种典型的中层理论思维，也是帕克对于新闻与传播研究的主要贡献。美国社会学会对帕克的评价之一是，他"引入了一种务实且重要的路径来研究新闻与报纸，以及它们与舆论和大众教育的关系"[②]。

我们在前文已检视了新闻作为社会共识的主要来源这一观

① FRAZIER P J, GAZIANO C. Robert Ezra Park's theory of news, public opinion and social control[J]. Journalism monographs, 1979(64): 1-51.

② American sociological association. Robert E. Park[EB/OL]. http://www.asanet.org/robert-e-park.

点，如果将“新闻”——“舆论”——“社会控制”这一关系链条往新闻方向延伸，自然就会发问：“新闻何以成为社会共识的主要来源？”这是一个经典的知识社会学问题，而帕克是最早将知识社会学的视角引入新闻与传播研究的人之一。[①] 在帕克的理论视野中，回答这一问题的关键词是“共同生活”，或者更准确地说，是“对共同生活的想象”。

三、本地新闻、人情味故事与共同生活

帕克指出，人类社会与动物群体最本质的区别在于社会控制，而社会控制的运行基础则在于社群成员对于共同生活“有意识的参与”(conscious participation)，[②]这种参与是为了达至一个共同目标，语言与意义系统则提供了群体参与的可能性。在传统的乡村社会中，人们的日常生活相对固定和安稳，共同生活建立在熟人社会的基础之上，“习俗和传统为日常生活中的所有紧迫情况都做好了准备”，[③]社会控制主要依赖于人际交往和小道消息。[④] 在一个拥有几百万甚至上千万人口的工业化大都市中，人们的共同生活远不如乡村社会那般直接，而是被各种各样的机构和制度所中介。帕克早在1918年即已观察到，“在政治、宗教、艺术以及体育领域，从前我们都亲自参与其中，如今却被各种代理人所代表了。从前，

---

① 刘海龙. 重访灰色地带：传播研究史的书写与记忆[M]. 北京：北京大学出版社，2015.

② PARK R E.Human nature and collective behavior[M]//HUGHES E C,JOHNSON C S,MASUOKA J,et al. Society. Glencoe, IL: The Free Press,1927/1955:17.

③ PARK R E. Foreign language press [M]//HUGHES E C, JOHNSON C S, MASUOKA J,et al. Society. Glencoe,IL:The Free Press,1920/1955:166.

④ PARK R E.Natural history of the newspaper[M]//HUGHES E C,JOHNSON C S, MASUOKA J,et al. Society. Glencoe,IL:The Free Press,1923/1955:89-104.

我们共享的一切形式的公共与文化活动，如今都被各种专业人士接管了，大多数人已不再是行动者，而只是旁观者了。正如普通人在职业政客的影响下已经沦为纯粹的纳税者角色一样，他也被社会机构化约至纯粹的贡献者地位上了”。[①] 共同生活的间接化，是新闻得以成为社会共识之主要来源的首要条件。

在此情形下，新闻提供的有关周遭世界所发生之事的信息，不仅延续了传统乡村社会中人际交往和小道消息的社会控制功能，而且还创造出一种有关共同生活的互动想象空间。帕克指出："我们每个人都生活在一个以自我为中心的世界，这个世界的种种维度是由新闻距离我们的远近和方向所界定的……除非新闻显示出与人们活跃其中并以某种方式对其有序存在负有亲身责任的世界存在相关性，否则所有这些都无关紧要。"[②]在所报道之事与个体的私人生活之间建立相关性，是新闻得以成为社会共识之主要来源的第二个条件。从帕克一直强调的社会互动论的视角来看，人们的自我定位、言行举止、角色扮演以及对社会生活“有意识的参与”都是自我意识与社会期待共同作用的产物，个体的存在实则是一种“公共的存在”(public existence)。[③] 当每一个体都尝试在新闻所报道的外部世界与私人生活之间想象出一个重叠空间，并据此展开个体行动之时，个体的私人生活也就构成了社会的共同生活。虽然帕克并未明确提出新闻的“环境监测”功能，但他已指出，“新闻的一般功能在于让个体和社会保持方向感，并让他们以微调的

---

① PARK R E.Public opinion and social service[M]//HUGHES E C,JOHNSON C S,MASUOKA J,et al. Society. Glencoe,IL:The Free Press,1918/1955:147.

② PARK R E.Morale and the news[M]//HUGHES E C,JOHNSON C S,MASUOKA J,et al. Society. Glencoe,IL:The Free Press,1941/1955:137.

③ PARK R E. Human nature and collective behavior[M]//HUGHES E C,JOHNSON C S,MASUOKA J,et al. Society. Glencoe, IL: The Free Press,1927/1955:18.

方式，与世界和现实保持联系”。[①] 这便是帕克视野中社会互动的基本形式之一。

报纸等媒体的大众化与大众传播的兴起，是新闻得以成为社会共识之主要来源的第三个条件。众所周知，大众传播的开端以19世纪30年代大众化报纸的滥觞为标志。不同于面向少数有钱阶级的新闻信和面向精英阶层的政党报刊，大众化报纸是一种“男男女女都愿意阅读的报纸”[②]，这种报纸在现代生活的条件下存活了下来，在社群中持续发挥影响力。移民在大众化报纸的兴起与流行过程中扮演着不可或缺的重要角色。“据说，赫斯特报系中最成功的报纸《纽约晚报》(*New York Evening Journal*)每六年就会新增一批订户。显然，这些新读者主要来自移民。”[③]帕克发现，那些在母国没有阅读能力，或者有阅读能力而无报刊可读的移民，到达美国之后都逐渐变成各自的母语报纸或本土报纸的习惯性读者。移民们阅读母语报纸的原因之一在于，他们在母国不被允许这样做，这一方面是受他们的阅读与理解能力所限，另一方面则是由于母国报纸并非面向普通人创办与发行，报纸上的阳春白雪与大众的生活相去甚远，因而很难让他们建构起一种对于社群共同生活的想象。

来到美国，大多数移民都或主动或被动地选择在移民聚居区生活，而几乎每一个移民社群都有自己的报刊。对于尚未融入美

① PARK R E.Morale and the news[M]//HUGHES E C,JOHNSON C S,MASUOKA J,et al. Society. Glencoe,IL:The Free Press,1941/1955:140.

② PARK R E.Natural history of the newspaper[M]//HUGHES E C,JOHNSON C S,MASUOKA J,et al. Society. Glencoe,IL:The Free Press,1923/1955:89.

③ PARK R E.Natural history of the newspaper[M]//HUGHES E C,JOHNSON C S,MASUOKA J,et al. Society. Glencoe,IL:The Free Press,1923/1955:90.

国主流生活的第一代移民而言，母语报刊是他们在聚居地的流言蜚语之外了解美国、建构有关美国想象的主要渠道。同时，母语报刊也为移民们提供了一种关于母国生活的想象，并保存他们的乡土记忆，尽管很多时候报纸上所描绘的那种生活在母国已不复存在。① 移民们阅读本土报纸的原因在于，这些报纸是他们“得以瞭望更为广阔的外部世界的一扇窗户”②。通过阅读美国本土的报纸，移民们逐渐培养起一种对于美国生活的参与感，也由此加速了其美国化进程。在帕克看来，外语报纸与本土报纸在促进移民美国化的进程中发挥的作用虽有所冲突，但并非截然对立，并且在总体上和长远上趋于一致。他感叹道：“这个国家里的所有民族都朝着一种共同语言、一种共同生活和一种共同传统而去的这种趋势，是多么地缓慢，但从长远来看，这在美国生活的条件下又是全然无法抗拒的。”③这股不可抗拒的同化力量的来源之一，正是大众化报刊建构起来的社会共识与共同生活。

那么，经由大众化报刊所建构的这种共同生活的内容到底是什么呢？帕克给出了两个答案：“本地新闻”与“人情味故事”。如前所述，新闻成为社会共识的主要来源，其条件之一是建立新闻所报道的外部世界与社群成员的私人生活之间的相关性，这一相关性的主要载体正是本地新闻。在帕克看来，本地新闻的持续存在

① PARK R E. Immigrant community and immigrant press[M]//HUGHES E C, JOHNSON C S, MASUOKA J, et al. Society. Glencoe, IL: The Free Press, 1925/1955:152-164.

② PARK R E. Natural history of the newspaper[M]//HUGHES E C, JOHNSON C S, MASUOKA J, et al. Society. Glencoe, IL: The Free Press, 1923/1955:90.

③ PARK R E. Immigrant community and immigrant press[M]//HUGHES E C, JOHNSON C S, MASUOKA J, et al. Society. Glencoe, IL: The Free Press, 1925/1955:161.

是大都市中报刊编辑努力恢复乡村中人际传播和小道消息所发挥功能的一个明证。“乡村是民主的。我们是一个由乡民组成的民族。我们的制度从根本上说仍然是乡村式的制度。”① 乡村生活带给社群成员的那种熟悉、密切、安稳的状态与对共同生活的强烈参与感，正是都市报纸中本地新闻编辑们的努力方向。帕克甚至将本地新闻的重要性提升到了民主制度的程度。他声称：“倘若舆论将来仍想一如既往地继续发挥作用，倘若我们仍想维持杰斐逊所构想的那种民主政体，那么报纸就必须要继续报道那些关乎我们自己的事情。我们必须以过去了解乡村社群及其各种事务的那种密切方式，来学着了解我们的都市社群及其各种事务。报纸必须继续成为一种关于所在社群的印刷版日记(printed diary)。结婚和离婚、犯罪与政治，这些事情都必须继续作为我们的新闻主体内容。本地新闻正是构成民主的基本内容。”②

帕克在近一个世纪以前为处于快速工业化和都市化进程中的美国社会所开出的药方，时至今日仍不无借鉴意义。经由本地新闻建构起来的对于共同生活的亲密感与参与感，正是医治现代社会中伴随共同生活的高度间接化而来的冷漠、疏离与焦虑的一剂良方。

人情味故事是新闻建构共同生活的另一项重要内容。大众化报刊的流行，除了归功于移民成为新的阅读公众这一因素以外，报纸中人情味内容的增加是更为根本的推动力。帕克坦言：“我们能拥有现代意义上的报纸，原因在于，一百多年以前(确切地说是1835 年)，纽约和伦敦的几位报纸发行人发现：(1)大多数人——倘

①② PARK R E. Natural history of the newspaper[M]//HUGHES E C, JOHNSON C S, MASUOKA J, et al. Society. Glencoe, IL: The Free Press, 1923/1955: 93.

若他们能够阅读的话——发觉新闻比社论更容易阅读;(2)普通人宁可被娱乐,也不愿被教化。"[①]这两个重要发现其实只揭示了有关人性的事实的一个面向,与之紧密相连却又相互矛盾的另一个面向则是,"我们大多数人想要出版的东西却并非我们想要阅读的东西。我们可能会急于把有教化意义——或者看起来有教化意义——的东西印刷出来,但我们想要阅读的却是有趣的东西"[②]。人性上的这种双重事实不仅有助于解释政党报刊的衰落与大众化报刊的兴起,也有助于从一般意义上解释严肃新闻的式微与新闻信息娱乐化的泛滥。

那么,何谓人情味故事?帕克给出的答案是,"人情味故事就是赋予新闻以故事性质的那种东西,读者即便对它作为新闻毫不在乎,也会因为其故事性而阅读它。人情味是新闻中的普适要素。它赋予新闻故事以象征性"[③]。人情味故事的象征性,正是它连接过去与未来之共同生活的关键点。原因在于:首先,人情味故事为人们所广为阅读与津津乐道,恰好说明其中的象征意义可以被社群成员所理解与共享,换言之,人情味故事传承了人类在过往的共同生活中建构起来的意义体系。其次,新闻一旦具有人情味,就"不再是完全个人化的了,它具备了一种艺术形式。新闻不再是对一个个男男女女所作所为的记录,而成为一种关于风俗和生活的

① PARK R E.News and the human interest story[M]//HUGHES E C,JOHNSON C S,MASUOKA J,et al. Society. Glencoe,IL:The Free Press,1923/1955:106-107.
② PARK R E.News and the human interest story[M]//HUGHES E C,JOHNSON C S,MASUOKA J,et al. Society. Glencoe,IL:The Free Press,1923/1955:106.
③ PARK R E.News and the human interest story[M]//HUGHES E C,JOHNSON C S,MASUOKA J,et al. Society. Glencoe,IL:The Free Press,1923/1955:113.

客观叙述”[①]。在此意义上，新闻中的人情味故事是一种对于共同生活的再现，它传承并建构着人们对于习俗、传统、风俗、社会规范等共有精神财富的理解与记忆。由此，人情味故事中的象征性赋予新闻一种超越时空的特性，它们可以在民间故事、文学与艺术中得到重现。在《新闻与人情味故事》一文结尾，帕克敏锐地观察到，“迄今为止，人们一直假定，报纸的影响力仅仅存在于舆论和政治领域；但是，随着电影业的到来，随着真实故事在报纸上以及其他地方的流行，研究者们已经开始意识到，总体上，通俗文学和流行艺术对于各类机构和各种人际关系而言，具有更为微妙和更为普遍的影响”[②]。

总之，新闻是一套符号与意义的系统，它日复一日地向社群成员呈现一种对于共同生活的想象，而共同生活正是构成社会共识的基础。凭借社群共同生活的间接化、与个体生活的相关性以及大众化报刊的兴起等条件，新闻成为社会共识的主要来源。在新闻所建构和呈现的共同生活中，本地新闻和人情味故事是其中两项重要的内容。本地新闻使得社群成员重拾过去乡村社会中那种对于共同生活的密切感与参与感，从而有望成为恢复和巩固共同生活的良方。人情味故事则凭借其跨越时空的象征性，在人类社群共享的意义系统中占据了一席独特之地。

四、结语

本文聚焦于帕克思想史研究中两个常被忽视的关键词——

① PARK R E.Natural history of the newspaper[M]//HUGHES E C，JOHNSON C S，MASUOKA J，et al. Society. Glencoe，IL：The Free Press，1923/1955：93.

② PARK R E.News and the human interest story[M]//HUGHES E C，JOHNSON C S，MASUOKA J，et al. Society. Glencoe，IL：The Free Press，1923/1955：114.

"舆论"和"共同生活",来连接起他有关新闻与舆论的9篇论文中的核心观点。我们首先论述了新闻与舆论的关系,以及二者在社会控制中发挥作用的种种条件。根据帕克的观点,新闻是舆论产生的前提条件,新闻的首要功能在于告知人们有关周遭世界发生的诸种情况,这种信息性的告知会引发社群成员的讨论,而不同观点、意见甚至情绪的交锋进一步导致舆论的产生。舆论在不同社会情境下的社会控制功能有所不同:在一个媒体发达、信息自由表达的社会,舆论很可能会促进社会变革;而在一个媒体失声、信息垄断的社会,舆论则可能成为维持社会稳定的力量。因此,要判断新闻与舆论究竟发挥何种社会控制功能,就必须研究:在特定社会情境中,新闻传达的事实性信息之丰富程度、新闻引起的观点自由表达之程度、观点的多元化程度,以及舆论产生的质量和效率等。新闻、舆论与社会控制之间的种种条件性,正是此前常遭忽视却真正具有社会科学研究价值的内容。

其次,我们围绕"共同生活"这一关键概念,阐释了新闻何以成为社会共识之主要来源的三个条件:共同生活的间接化、新闻事件与个体生活的相关性,以及大众化媒体的兴起。新闻正是通过报道本地新闻与人情味故事,在社群成员中建构起一种共同生活,或者说建构起他们对于共同生活的想象。本地新闻的独特作用在于,力图恢复传统乡村社会中社群成员对于周遭事物的密切联系与亲身参与感,而人情味故事则以其超越时空的象征性,在人们共同生活的意义系统中长久地占据一席之地。

在当前愈加间接化、碎片化、娱乐化的社会生活中,帕克的新闻思想尤具启发意义。他告诉我们,当新闻中的事实性信息不足时,讨论便缺乏一种共同基础,这将在很大程度上导致舆论的低迷甚至扭曲发展，我们也将因此失去对于社群共同生活的想象力与感受力。由于共同生活对于社会共识的形成和发展具有决定意义，共同生活的缺乏会直接导致社会共识的下降，这进一步带来社群成员集体行动能力降低的严重后果，因为“集体行动的能力是经由传播活动中思维的相互贯通才得以产生的”①。集体行动能力的降低将会导致社会权力的分配愈加失衡，与之相伴的则是社会问题与社会矛盾的愈演愈烈。

帕克在近一个世纪之前就敏察到，“人们普遍承认，很大一部分现代生活所特有的躁动不安与对新奇和刺激的追求，要部分地归咎于这样一个事实，即在都市生活的人为条件下，我们借以表达兴趣与活力的大多数自然渠道都已被剥夺了。只要此言非虚，那么，对于包括社会机构、教会、剧院、政坛以及酒馆在内的所有目前正在争夺我们的闲暇时间的机构而言，问题的解决方案就是某种能够让个体在与之有关的体制化生活中重拾一种亲身参与感的方法”②。虽未明言重拾社群生活亲身参与感的具体方法，但帕克已启发我们，要持续地报道与我们的日常生活密切相关的本地新闻，并重视新闻中的人情趣味，以故事来传承与建构我们共享的意义体系。与此同时，要有意识地——尤其当重大事件发生时——参与到社群的共同生活当中，因为这种共同参与的意识和兴奋是“人类经验中最令人振奋和满足的体验之一。这种参与总是会在他人心中激起回响，于是每一位参与者的行动便获得了一种新的尊严、

① PARK R E. Morale and the news[M]//HUGHES E C, JOHNSON C S, MASUOKA J, et al. Society. Glencoe, IL: The Free Press, 1941/1955: 136.

② PARK R E. Public opinion and social service[M]//HUGHES E C, JOHNSON C S, MASUOKA J, et al. Society. Glencoe, IL: The Free Press, 1918/1955: 147-148.

新的荣誉以及额外的道义支持”①。

帕克的学术研究虽缺乏严密的系统性与逻辑性，但那些俯拾皆是的思想之光总能照亮我们的现实生活的诸多面向，带给我们不凡的启发。帕克的思想或许难以成为当今主流学术研究的关注点，但我们却时常在各种议题的研究中与他不期而遇。可见，这位此前在新闻与传播领域被忽视、被边缘化的先行者值得我们去重新发掘与持续温故。

刘　娜　黄顺铭

2018 年 8 月 20 日

① PARK R E.Morale and the news[M]//HUGHES E C，JOHNSON C S，MASUOKA J，et al. Society. Glencoe，IL：The Free Press，1941/1955：127.

第一章　作为一种知识的新闻[①] 71

一

正如威廉·詹姆斯(William James)以及其他一些人所观察到的那样,知识有两种基本类型,即"日常熟悉知识"(acquaintance with)和"系统理解知识"(knowledge about)。[②]两者之间的区别相

① Reprinted by permission of the publisher from the *American Journal of Sociology*, XLV: 5 (March, 1940), pp. 669-86.

② 有关"acquaintance with"和"knowledge about"的翻译,有学者译为"知晓"知识和"理解"知识(见郑忠明,江作苏. 作为知识的新闻:知识特性和建构空间:重思新闻业的边界问题[J]. 国际新闻界,2016,38(4):144.);有学者译为"熟识知识"和"理解知识"(见王金礼. 作为知识的新闻:杜威、帕克与"夭折"的《思想新闻》[J].学术研究,2015(3):37.);有学者译为"感知"知识和"理解"知识(见孙藜. 作为"有机知识"的新闻:杜威和"夭折"的《思想新闻》[J]. 现代传播,2014,36(2):48.);有学者译为"了解的知识"和"掌握的知识"(见刘海龙. 重访灰色地带[M]. 北京:北京大学出版社,2015: 72.);还有学者译为"认得之知识"和"晓得之知识"(见詹姆斯. 心理学原理[M].唐钺,译.北京:北京大学出版社,2013:43-44.)。参照詹姆斯和帕克的定义以及两个概念之间的区分性,我们选择香港城市大学媒体与传播系李金铨教授提供的一种译法:"日常熟悉知识"和"系统理解知识"。本书脚注除特别注明以外,其余均为原书脚注。——译者注

当明显。尽管如此，我在力图使之更为明确的过程中，很有可能会曲解原意。在此情况下，我仅仅把对二者区别的解释归为自己的观点。詹姆斯的部分论述如下：

> 可将知识大致而实用地区分为两种类型：我们可以分别谓之“日常熟悉知识”(knowledge of acquaintance)和“系统理解知识”(knowledge-about)……诚然，在但凡能言说的大脑中，都存在关于事物的某些知识。人们起码可以对事物加以分类，还说得出其出现的年代。不过，一般而言，若我们对于一个事物分析得越少，并对其各种关系感知得越少，那么我们对它就理解得越少，我们对它的那一份了解就落入“日常熟悉知识”的类型。可见，当人类大脑在实际应用这两种知识时，它们只是两个相对的概念。换言之，对于一个事物的同一种想法，在与一个更简单的想法相比较时，可谓之“系统理解知识”，而在与一个更加清晰、更加明确的想法相比较时，则可谓之“日常熟悉知识”。①

72 无论如何，我所使用的“日常熟悉知识”这个表达，是指一个人在与其所处的世界亲身而直接相遇的过程中，不可避免地习得的知识。这种知识来自使用和习惯，而非来自任何一种正式或系统的研究。在这种情形下，我们最终对事物的认识不仅仅凭借我们特殊的感官媒介而获得，而且还凭借我们整个有机体的各种反应而获得。在后一种情况下，我们对于事物的认识就好比在一个我们习焉不察的世界里去认识那些习以为常的事物一样。事实上，这些知识可以被看作是有机体的一种调整或适应，代表着长期的

① JAMES W. The principles of psychology[M]. New York: Henry Hold & Co., 1896, I:221-222.

经验积累和储备。正是这种亲身的、个体性的知识，让我们每个人在这个或主动选择、或被动生存的世界中，能够感到舒适自在。

众所周知，人类往往像植物那样扎根于他们习以为常的地方和社会团体之中；否则，他们就会是流动性最大的生物。如果把个体对于其所处生活环境的适应视为知识的话，那么这种知识就很可能被包含于我们所谓的分寸感或常识之中。这些是人们以非正式和无意识的方式习得的特性；而一旦习得，它们往往就会变成私人的、亲身的所有物。人们甚至可以将其描述为人格特质（personality traits）——某种无论如何也无法借由正式的陈述而表达出来或在人与人之间进行传播的东西。

其他形式的日常熟悉知识有：(1)临床知识，至少因为它是亲身经验之产物；(2)技能与技术知识；(3)从未经指导的或无意识的尝试中所习得的任何知识，例如接触或操纵物体时所涉及的知识。

我们关于他人的知识或者关于普遍人性的知识似乎属于这一种类型。我们认识其他心灵的方式跟认识自己的方式颇为相似，即凭直觉。我们对其他心灵的认识常常超过对我们自己的认识。这是因为，心灵并不仅仅是当我们每一个人躬身自省地将注意力转向自身思想活动时所察觉到的意识流，它还是我们每个人或多或少全然无意识的种种行动倾向，其中包括根据某种或多或少有意识的目标来控制和引导这些倾向的能力。人类拥有一种如同感知自身倾向那样去感知他人倾向的出色能力，且不管这种能力借 73
由何种机制来运行。尽管如此，想要完全熟悉包括我们自己在内的任何人，都得费时良多；并且这样的熟悉所包含的这种知识显然不同于通过心理实验室里的各种实验而得出的关于人类行为的那种知识。这种知识更像是推销员关于其客户的知识，政治家关于其委托人的知识，抑或精神科医生出于了解和治疗目的而获得的关于病人的知识。它更是一种体现于习惯和风俗之中的知识，并借由某种我们尚未彻底理解的自然选择过程而最终体现于本能之中的知识；它是一种种族记忆或习惯。这种类型的知识——假如尚能称之为知识的话——最后会变成一个人的私人秘密，或者成为拥有这种知识的种族或家族的特殊禀赋。①

人们或许会对这种说法谨慎以待，因为此处所言的这种直觉知识或本能知识似乎来自某些非常近似于调节和适应的过程，这些过程通过某种自然选择，造就了人类种族的多样性以及动植物种类的多样性。人们也可能反对道，所谓知识正是不能通过继承而得到的东西，也是不可被继承的。另外，可以肯定的是，有些事物远比其他事物更容易被了解。因此，一个人所继承得到的或许并不能被恰当地称为“知识”，而是一种获得那些我们称之为习惯的特定知识形式的能力。不同的个体、家庭和基因组学习特定知识的能力似乎迥然不同。天赋或许不是一种可以用智力测验来令人信服的标准化的东西。只要这一观点正确，我猜想，将来的智力
74 研究更可能会关注智力的特性，关注不同头脑取得基本相同结果的那些独特方式，而非关注这些成绩的测量与标准化。

很显然，这种“合成物”(即相对于分析性的、正式的知识而言，显现于习惯和习俗中的知识)不太可能是明晰且可传播的。假如这种知识能够得以传播，那么它将通过实践箴言和智慧谚语的形式，而非通过科学假设的形式进行传播。尽管如此，广泛密切地熟稔人和事，这可能是对世相进行最可靠评判的保障，也可能是专家们在复杂情境下所仰赖的直觉之源泉，以及在科学演进过程中，那些常常拉开重大发现序幕的顿悟之源泉。

与此形成对照的是詹姆斯所说的“系统理解知识”类型。这种知识是正式、理性而系统的知识。它建基于观察和事实之上，且这

---

① 虽然生物学家通常会把发展看作是非常不同于这种借由经验而进行的行为改变，但遗传与发展的基础根本上与记忆相似的这一观点不时地被推进……从这一观点来看，整个发展历程就是一个生理学习的过程，始于对一个外部因素进行不同接触的简单体验，并随着有机体或者其各个部分之间的联系产生新的生命体验时，经历一个又一个的改变。(CHILD C M. Physiological foundations of behavior：248-249；quoted by THOMAS W I. Primitive behavior[M]. New York：McGraw-Hill Book Co.，1937：25.)

种事实历经核查、标记与编组，并按照研究者的目的和看法最终被归入不同的视角之下。

“系统理解知识”乃正式的知识，即是说，这种知识通过以概念代替具体现实，以词语代替事物，已达至一定程度的精确性和准确性。概念不仅构成一切系统知识的逻辑框架，而且进入了科学——有别于历史科学的自然科学所关注的事物本质当中。事实上，科学知识似乎存在三种基本类型：(1)哲学和逻辑学，主要关注概念；(2)历史学，主要关注事件；(3)自然科学或分类科学，主要关注事物。

如计数系统那样，概念与逻辑构件无关乎事件和事物的普遍变动性。正因为如此，它们才可以极好地起到标签和计数器的作用，而凭借这些标签和计数器，才能识别、描述并最终测量各种事物。自然科学的终极目的似乎就是以一个逻辑公式来取代事件之衍变和事物之变动，该公式以逻辑和数学的精确性来描述事物的一般特征与变化趋势。

用词语、概念和逻辑秩序来代替事件的实际进程，其优势在 75
于，概念秩序(conceptual order)令实际秩序变得可以理解，并且只要我们称之为定律的那种假定性表述与事件的实际进程相契合，就有可能透过事物的现状，去预测其未来状况。它让我们可以比较有把握地推测，对现状进行的任何特定介入或干预将会如何以及在何种程度上决定原本注定要达成的局面。

另外，总是存在着一种把对于某个对象或情境的逻辑和语言描述与该描述所指涉的经验现实进行完全分离的诱惑。这似乎已经成为经院哲学(scholasticism)的基本错误。经院哲学总是倾向于用逻辑一致性(即概念之间的关系)来取代因果关系(即事物之间的关系)。

实证科学和实验科学通过在某个时刻检查其计算结果是否与现实世界相符合，来避免对其研究问题给出一个仅仅合乎逻辑的解答。一种纯粹的智力科学总是存在与事物彻底脱节的危险，以至于其赖以运行的那些符号充其量就是一些智力玩具。果如是，科学就变成了一种辩证游戏。社会科学也并不总是能逃得过这种危险，在某种程度上，社会科学倾向于按照某些行政机关或政府机构所界定的传统方式来阐述和调查社会问题。因此，这种调查总是倾向于采取查明事实（fact-finding）而非研究（research）的形式来开展。事实一经查明，行政机关便可以提出相关解释；不过，这些解释通常暗含于行政机关和政府机构已经奉行的政策之中。

这些是系统而科学的知识——“系统理解知识”的一些总体特征，这种知识与具体知识、常识和“日常熟悉知识”形成了对照。而较之于其他类型的知识，科学知识的独有特征在于，其可传播程度是常识或源于实际经验和临床经验的那种知识所望尘莫及的。科学知识之所以是可传播的，在于其问题和答案不仅运用合乎逻辑
76 和可理解的术语来加以表述，而且还可以通过做实验或参照这些术语所指涉的经验现实来加以核实的形式表述出来。

为了使科学知识的可传播性成为可能，有必要细致而完整地描述最初获取事实和研究发现的来源与方式。至少是由于其科学性，系统理解知识就这样成为社会遗产的一部分，成为一套经过检验和认可的事实和理论体系。当新的增量被添加到原有的知识储备之中时，它们往往会首先于每一专门科学之中，并最终于所有相关科学之中，对前人的所有贡献加以核查、证实或者限定。

另一方面，日常熟悉知识则像我已试图描绘的那样，由于它建基于经验的缓慢积累与个体对于自身世界的逐渐适应，它就会如我所言，变得越来越与本能和直觉如出一辙。

系统理解知识不仅仅是累积的经验，而且还是对自然界进行系统调查研究的结果。它建基于我们向周遭世界所提出的那些确切问题的答案。在方法上，这种知识是通过利用科学研究所创造出来的一切正式且合乎逻辑的方式才得来的。我还要顺便补充的是，一般而言，没有哪一种科学方法能够完全独立于从熟悉的事物和事件中得来的直觉与洞见。更恰当地讲，在一般情况下，那些正

式方法能为研究做的，顶多就是帮助研究者获取事实，这些事实令研究者有可能去查验其一开始就有，或者后来在研究过程中获得的这种洞见和预感。

这种方法程序的功能之一，在于保护研究者免于因过于热烈地追求知识而可能得出某种解释的危险。而另一方面，没有哪一种方法程序可以取代洞见。

二

这里所说的“日常熟悉知识”和“系统理解知识”被认为是两种
不同的知识形式——它们在个体生活和社会生活中有着不同的功
能，而并不只是精确性和有效性程度不同的同一种知识。尽管如
此，由于它们毕竟只是相对的术语，两者在特征和功能上的差异并
没有如此之大，以至于它们无法被设想为共同构成了一个连续体，
即一个所有类型的知识都能够在其中找到一个位置的连续体。在 77
这一连续体中，新闻也拥有自己的位置。显然，新闻并不是像物理
学那样的系统知识。因为新闻关注事件，它更像历史。由于事件
总是被固定在时间之中，被置于空间之内，它们因而是独特的，不
能像事物那样被范畴化。事物不仅能在空间中移动，随时间而变
化，并且就其内部组织而言，它们总是处于某种或多或少稳定的均
衡状态。

然而，新闻不是历史，新闻事实也不是历史事实。新闻之所以不是历史，原因在于：一方面，它总体上处理的是各种孤立的事件，并不试图以因果序列或目的序列的形式把这些事件彼此联系在一起。历史不仅要描述事件，而且还要力图让它们在历史演进中各安其所，这样就可以发现它们所彰显出来的潜在趋势与力量。事实上，一个人若认为历史像关注事件本身一样地关注不同事件之间的联系——即前序事件与后续事件之间的关系，这个看法尚不至于错得太离谱。而另一方面，与历史学家不同，记者只是试图在

一个个单独事件发生时，记录下它们，并且只有当过去和未来会烛照当下的现实事件时，才会关注过去与未来。

一个事件与过去之事的关系，依然是历史学家的研究任务，而该事件作为决定未来的一个因素的重要性，则恐怕要留给政治科学——弗雷曼(Freeman)所谓的“比较政治学”(comparative politics)[①]。即是说，留给社会科学中的社会学或其他某个分支，通过比较研究，这个学科力图得出一些总体上足以支持某个假设或预测的陈述。[②]

78 作为一种知识的新闻主要关注的既不是过去也不是未来，而是现在——被心理学家描绘为“似是而非的现在”(the specious present)。可以说，新闻只存在于这样一种现在之中。这里所指的“似是而非的现在”体现为这样一个事实：正如商业报纸发行人所知道的那样，新闻是一种极易变质的商品。新闻只有在触达对其拥有“新闻兴趣”的那些人之前，才能成其为新闻。新闻一旦被发表，其重要性一旦得到承认，曾经的新闻就变成了历史。

这种转瞬即逝、昙花一现的特性正是新闻的本质，这一特性与新闻展现出的其他每一个特征都密切相连。不同类型的新闻具有不同的时间跨度。从最基本的形式上看，一则新闻报道不过就是一次“闪现”(flash)，宣告一个事件发生了。倘若该事件被证明具有真正的重要性，对它的兴趣将会导致进一步的调查，以及导致更为彻底地了解与该事件相伴随的各种状况。然而，一旦一个事件所引起的紧张状况终止，公众注意力被导向周遭世界中的其他方面或者其他新奇、刺激或重要到足以抓住注意力的事件上面，那么

---

① FREEMAN E A.Comparative politics[M].London, 1873.

② 历史学家一旦从对周期(periods)的研究转向对制度(institutions)的研究，社会学的观点就出现在了历史研究之中。诸如家庭、教会、经济制度、政治制度等制度的历史必然导致比较、分类、阶级名称或阶级概念的形成，并最终导致法律的制定。在此过程中，历史成为自然历史，自然历史则向自然科学过渡。简而言之，历史变成了社会学。(PARK R E,BURGESS E W.Introduction to the science of sociology[M].Chicago: University of Chicago Press, 1921:16.)

它便不再是新闻了。

鉴于我们这里所关注的是公共意识(public mind)——或者所谓的公共意识——这一事实,在正常情况下,新闻不是以一个连续故事的形式,而是作为一系列独立事件走向我们,个中原因就变得清晰了。从最基本的形式上看,知识触达公众,不是以触达个体那样的一种感知(perception)形式,而是以一种传播(communication)的形式,即新闻。然而,通常情况下,公众注意力是摇摆不定且容易分散的。倘若公共意识徘徊不前,那么默契、小道消息抑或其他任何确保新闻在公众范围内传播的方式就会停止运行,紧张状态得以缓和,传播被中断,而曾经鲜活的新闻也会变成冰冷的事实。

就如每一个报人所知晓的那样,一则新闻的阅读率与其长度成反比。普通读者会先阅读一栏半仅两三行长、有关自己家乡人事的新闻,然后才会阅读一篇专栏文章——无论专栏文章的标题如何抢眼,除非它不仅是一则新闻,而且还是一个故事,即一种严 79
格来讲可以被称作"人情味"(human interest)的内容。

新闻以小巧而独立的传播形式出现,这一形式易于人们快速地理解。其实,新闻对于公众发挥的功能与感知对于个体发挥的功能颇有几分相似。也就是说,新闻与其说是在引导公众,倒不如说是在告知公众,即给予人们发生了什么事情的通知。新闻在告知公众时,无须记者费力解释其报道的事件,除非想使它们变得易于理解和有趣。

一个人面对新闻的第一个典型反应,可能是一种想把它讲给另一个人听的欲望。这就会产生交谈,激发进一步评论,或许还会开启一次讨论。然而,新闻的一个奇特之处在于,一旦开启了讨论,那么所讨论之事很快就不再是新闻了,并且由于对事件的解释有别,讨论就会从这一新闻转至其引发的议题。讨论总是会引发意见和情感的交锋,而这种交锋常常止于某种共识或集体意见,即我们所谓的舆论(public opinion)。[①]舆论正是建基于对当下事件(即新闻)的解释。

当新闻在一个政治单位或政治社会中进行传播时,可以说,其传播程度决定着社会成员参与政治行动的程度,而非决定他们参与集体生活的程度,集体生活是一个更具包容性的术语。政治行动与政治权力,就像人们对这两个术语的通常理解那样,它们显然并不仅仅以群众或大众中可能存在的这种一致性或共识作为基础。政治行动似乎最终取决于一个政治社会——姑且不论其拥有何种军事资源或物质资源——协调一致地行动的能力,这种行动依照某种深思熟虑的目标,为了促进某种理性目的而展开。正如叔本华(Schopenhauer)对这个世界的总体看法一样,政治世界似乎也是建基于意志与理念的有机联系之上。显然,政治权力的其他更多的物质来源都只不过是工具性的。

历史学家弗雷曼说过,历史乃过去的政治,政治乃现在的历史。即使该说法在实践中还需要加以某些扩充和限定,但寥寥数语却道出了许多真理。新闻虽然与历史和政治都密切相关,但它
80 既不是历史,也不是政治。然而,正是新闻这种东西,使得政治行动这一有别于其他形式的集体行为成为可能。

在其他类型的集体行为中,礼仪性表达和宗教性表达是两种公认的传统形式。礼仪和宗教仪式可以制造共识并维持士气,因而在政治和政治行动中直接或间接地扮演着重要角色。不过,宗教与政治之间并不存在新闻与政治之间的那种密切联系。新闻是一种纯粹世俗的现象。

---

① 有关 public opinion 的翻译,有学者译为"公众舆论"(见李普曼.公众舆论[M].阎克文,江红,译.上海:上海人民出版社,2006.)或"公共舆论"(见戴雪[本书译为戴西].公共舆论的力量[M].戴鹏飞,译.上海:上海人民出版社,2014.),而"舆论"一词的定义本身已包含"公众"或"公共"之意(见陈力丹.新闻理论十讲 [M]. 上海:复旦大学出版社,2008:303.),因此本书统一将其译为"舆论"。——译者注

三

有一句俗话，大意是说，发生的往往是意料之外的事情。由于发生的事情构成了新闻，由此可以（或似乎可以）推断，新闻总是或主要是关注那些非同寻常和意料之外的事情。甚至是最琐碎的事情，倘若表现出对习俗仪式和日常生活的某种偏离，似乎也有可能为报刊所报道。新闻的这一观念已经得到一些编辑的证实，这些编辑在为发行量和广告量竞争的过程中，力图使他们的报纸变得精明而有趣，这样一来，这些报纸就不总是能增长见闻或鼓舞人心了。当新闻编辑们努力向记者和特派记者的头脑中灌输要始终遍寻那些能刺激、逗乐或震惊读者的东西之重要性时，他们已经为发行量注入了一些德国人谓之“至理名言”（geflügelte Wörter）的有趣例子，这是借用荷马（Homer）的措辞，亦即“隽语”（winged words）。“狗咬人不是新闻，人咬狗才是新闻”，这一描述新闻的警句，其传播疆域之广、重复次数之多，是其他任何警句都无法望其项背的。请注意！（Nota bene!）赋予一个事件以新闻价值的并非其内在重要性，而在于这样一个事实：该事件如此非同寻常，以至于若予以发表，它将会震惊、逗乐或刺激读者，进而会被人们记住并反复讲述。这是因为，新闻即便没有让人们行动起来，最终也总是如查尔斯·A. 达纳（Charles A. Dana）[①]所言，会是“某种让人们谈论的东西”。

新闻通常自发地、不假外求地传播——它也自由地不受拘束或审查地传播，这一事实似乎也造成了与之相关的另一个特性，该

---

① 查尔斯·A. 达纳，全名为查尔斯·安德森·达纳（Charles Anderson Dana，1819—1897），美国著名新闻记者，自1868年起成为《纽约太阳报》（*New York Sun*）的总编辑和股东。在达纳担任总编辑的二十年里，该报是新闻记者眼中的楷模，广受敬佩和效仿。该报坚持新闻是“最鲜活的现在”（the freshest and sprightliest current）这一理念，专注于报道人情味新闻。——译者注

特性使得新闻与另外两种相关但不太可靠的知识类型区别开来，
81 即谣言和小道消息。为了使对当前事件的报道具备新闻的特性，该报道不应该只是被传播——可能是在迂回的地下渠道中进行传播，它还应该被发表出来，若有需要，可由街头公告员（town crier）或公开的报章来发表。这种发表往往会赋予新闻某种类似于公文（public document）的特征。新闻或多或少是经过证实的，这一观点是基于一个事实，即新闻已被曝光于公众的批判性审视之中，而这些公众正是新闻的传播对象和利益关注对象。

因此，公众经由一致同意或无效抗议的方式，对所发表的报道予以核准，但他们却并未对其新闻解读提供已经过专业历史批评的权威声明。每一个公众都有其偏见和局限。对事实进行一个更加透彻的检验，很可能会让一种涉世未深的舆论的幼稚盲从与偏见显露在一个更为批判而开明的头脑面前。事实上，因此而显露出来的幼稚与盲从可能构成一种重要的历史学数据或社会学数据。然而，这不过是再次进一步阐明了这样一个事实，即每一个公众都有其自身的话语场（universe of discourse），并且，人性地讲，一个事实仅仅是某个话语场中的事实。[①]

鉴于信息所发生的变化无须经公开报道的认可便开始传播，新闻的本质就变得有趣而容易理解了。在此情况下，一则来自某个未经披露的消息来源并走向某个未知目标的报道，总是会累积起诸多细节，这些细节来自那些帮助该报道传播的人作出的无恶意但大体上不正当的贡献。在这些情况下，最初纯粹是谣言的东西往往会适时地表现出传说的特性，亦即某种人人重复却无人相

---

① 正如这个术语通常被使用的那样，一个话语场只是一种在特定情景中恰如其分且易于理解的特定词汇。尽管如此，在某些特殊科学中，这一词汇可能包含一套更加精确界定的术语或概念，在那种情况下，它倾向于具备一种或多或少的系统性特征。例如，历史学并不或者几乎不使用特定概念。但是，社会学和每一个试图系统化的科学就会使用特定概念。由于概念具备这种系统性特征，它们有助于建立一个参照系（frame of reference）。

信的东西。

而另一方面，倘若对当前事件的报道公布了让任何有关人士都可以去核实的姓名、日期以及地点，那么新闻报道中最初被异想天开的细节所集结和笼罩起来的传说氛围现在就被消除了，并且什么是事实，或者什么将会被认定为事实，当它们被更进一步的后 82
续新闻报道校正以后，就会被简化为某种比传说更平淡、比新闻更可信的东西，即历史事实。

如果所发生的都是意料之外的事情，那么进入到新闻中的则是那些并非全然意料之外的事情。在过去成为新闻的那些事件，与现在并无二致，它们实际上都是意料之中的事情。它们都是一些十分典型的、简单而又司空见惯的事情，比如出生与死亡、婚礼与葬礼、庄稼和生意的状况、战争、政治以及天气。这些都是意料之中的事，但它们同时也是不可预测的事。它们是出现在生命游戏之中的插曲和偶然。

事实上，成就新闻的东西是新闻兴趣(news interest)。正如每一位本地新闻编辑(city editor)所知道的那样，新闻兴趣是一个变量——从本地新闻编辑早上坐到办公桌旁边开始，直到夜班编辑(night editor)晚上最终定版之前，他们都一直在权衡新闻兴趣。原因在于，新闻价值是相对的，后发生的事件可能会——也经常会——冲淡先发生事件的新闻价值。如此一来，不那么重要的新闻就不得不让位于后来的、更重要的新闻了。

新闻中的那些奇闻轶事和“信不信由你”的内容，对于编辑来讲是很有价值的，因为这些内容总是可以从印版中抽掉，以便让位于更热门和更紧迫的内容。无论如何，总体来说，公众随时恭候的事故与事件、球场或战场上的胜利与失败，以及人们所恐惧与希冀的事情，这些都会成为新闻。不过，考虑到每年因车祸导致的死伤数字(1938 年因车祸致死 32,600 人)，这些巨大的生命损失竟极少会成为头版新闻，这倒是令人费解。个中差异似乎在于，汽车几乎已经被接纳为文明生活的一个永久特征，而战争却尚未被如此接纳。

因此，至少从“新闻”这一术语的严格意义上讲，它不是一个故事或一则奇闻轶事。新闻对于听到或读到它的人而言，具有实用趣味而非赏析趣味。新闻被典型地——若非始终地——局限于那些引发了突然的决定性变化的事件。它可能是一起事件，譬如来自费城(Philadelphia)有色人种家庭的弗朗西丝(Frances)和本·
83 梅森(Ben Mason)最近中了爱尔兰彩票。[1]它可能是一起悲剧事件，譬如致使德国“格拉夫·施佩海军上将号”(the “Graf Spee”)战舰[2]被摧毁、舰长自杀的乌拉圭海岸战役。这些事件不仅是新闻，即某种为先前局面带来了突然的决定性变化的事件，而且，当它们在报纸上相互关联，当我们思考它们时，它们往往具备了某种新的、理想的价值：一个是真正的人情味故事，而另一个则是悲剧故事，用亚里士多德(Aristotle)的话来说，就是能激发“怜悯和恐惧”(pity and terror)的东西。诸如此类的事件往往会为人们所记住。最终，它们可能会变成传说，或被民谣所记载。传说和民谣不需要日期、人物姓名或地点，来证明其真实性。它们因人情味而活在或存活于我们的记忆之中，以及公众的记忆之中。它们作为事件已不复存在，而它们作为某种具有普遍而永恒兴趣之事物的一种挥之不去的符号却继续存活于世，这种符号是无处不在的生活真谛与人性本质的一种理想表征。

可见，新闻作为一种知识，借由对事件的记录，似乎不仅对历史学和社会学而且对民俗学和文学作出了贡献，不仅对社会科学而且也对人文科学有所贡献。

---

[1] See *Time*, December 25, 1939, p. 12.

[2] Graf Spee，全称是 Admiral Graf Spee，译为“格拉夫·施佩海军上将号”袖珍战列舰。——译者注

四

社会学的视野最近呈现出了新的面向。社会人类学(social anthropology)不再仅仅对原始社会感兴趣,它已不仅开始研究历史,而且也开始研究机构的自然历史和功能。如此一来,社会人类学就越来越多地占据了社会学的兴趣和研究领域。同样地,精神病学(psychiatry)也已发现,神经症和精神病乃人格疾病,而人格本身是社会环境的产物,社会环境又是由各种人格的相互作用所创造的。与此同时,法律社会学(sociology of law)已经在美国和欧洲成长起来,这一学科认为,法院力求合理化、系统化并应用于具体案件中的各种规范是自然的产物。最后,近期还有一些有趣的尝试,将知识问题本身置于社会学的学科范畴之内。

从巴门尼德(Parmenides)①时期以来,知识理论便已存在。然 84
而,这些理论对于知识作为数据的兴趣,不如对于真理或有效知识作为理念和理想的兴趣来得强烈。知识社会学(sociology of knowledge)所关注的问题,不在于什么构成了知识的有效性——即对于原则或事实的声明之有效性,而在于不同类型的知识在何种条件下出现,以及各自有何功能。

在人类漫长的历史长河中,大多数已臻于科学之尊的知识类型,其起源都非常晚近。新闻乃最早期、最基本的知识类型之一。曾经有这么一个并不太久远的时期,那时既没有哲学和历史学,也没有任何类型的理性知识,而只有神话、传说和巫术。迟至文艺复兴时期,我们现在所谓的精密科学(exact sciences)才存在。粗略地

---

① 巴门尼德是公元前5世纪的古希腊哲学家,来自意大利南部城市埃利亚(Elea),他是哲学埃利亚派(Eleaticism)的创始人,是前苏格拉底时代最具代表性的哲学家之一。他秉持哲学一元论(Monism),认为感官世界的诸种变化与流动都只是一个永恒现实(a single eternal reality)的表象,万物皆归于一(all is one)。由此观点出发,他认为,所有变化都是不合逻辑的。——译者注

讲，社会科学在过去五十年里才开始存在。至少在过去半个世纪中，因统计学(statistics)更为广泛的应用，社会科学才开始取得某种近乎科学精确性的东西。

只要新闻被完全视为知识，它的历史就可能和人类一样古老，甚或更为古老。低等动物之间并非不存在某种与新闻相类似的交流。母鸡发出的“咯咯”叫声，被小鸡理解为要么是危险要么是食物的意思，进而做出相应的反应。

这并非表明，牛群或羊群里的每一种交流都带有新闻的特性。一般情况下，它们所交流的只不过是一种传染性的兴奋：有时候，这是一种身处畜群之群居关系中的一种幸福感和安全感；其他时候，这又是一种不安或不适之感，这种感觉在畜群不安的走动中体现出来，并常常被加剧。这种弥漫的群居兴奋(social excitement)对于畜群作为一种群居单元的生存至关重要，它似乎也有助于新闻或与此相当的东西在畜群中间进行传播。

海军术语中有这么一个表达——“存在舰队”(the fleet in being)，表面意思是组成一支舰队的船只之间保持沟通和充分调动，以便有能力进行某种联合行动。这一表述可能也适用于一个社群、一个社会，抑或一个畜群。当组成一个社会的个体之间和谐一致(en rapport)的程度达到足以说他们正在参与一种共同生活或集体生活时——且不论他们能否展开联合行动或集体行动，那么
85 这个社会也就“存在”(in being)了。在这样一个社会中，一种弥漫的社会兴奋宛如空气一样，往往会将所有参与者笼罩于共同生活之中，并为他们的兴趣和态度指明方向与趋势。这个社会的个体似乎被一种共同的情绪或心态所主导，这种情绪或心态决定着他们的兴趣与行动态度或行动倾向的范围和特征。在一个社群中，这种令人费解的社会张力或心态的最明显例证，便是时尚持续不断且无所不在的影响。

这种集体兴奋若对于理解尚不是很重要，则对于传播却是至关重要的。在某些时候和某些情况下，这种兴奋会升至一个更高

的强度;果如是,它往往就会限制反应范围,同时增加未太受到抑制的冲动之强度。这种效果与个体情形下的注意力效果如出一辙。排他性地注意某些事物,会抑制对于其他事物的反应。在一个社会中,这意味着限制了对于新闻的集体性或个体性反应的范围和特征。

当畜群出于某种原因而焦躁不安并开始躁动时,就可以在其中观察到社会张力出现的最基本形式。张力随着焦躁不安情绪的增长而攀升。这种效果就如同躁动在畜群中制造出来的一种预期状态一样:随着躁动强度的增加,当下某个事件(例如一声雷鸣或一根细枝的咔嚓声)引发畜群惊慌逃窜的确定性也会增加。

类似事情也发生于公众当中。当出现张力时,公众的兴趣范围会收窄,他们作出反应的事件范围也会受到限制。新闻的传播会受限,讨论停止,而采取某种行动的确定性会增加。公众注意焦点的收窄往往会增强居于支配地位的人士在一个社群中的影响力。不过,这种支配地位的存在有赖于该社群或其领袖在维持张力方面的能力。独裁者正是通过这种方式出现,并保持自身的权力。这也同样解释了某种形式的审查制度对于独裁统治的必要性。

新闻似乎唯有在一个既有某种程度的和谐,也有某种程度的张力的社会中,才能进行传播。不过,来自公众兴趣圈层之外的那些新闻却有着分散注意力的效果;如此一来,这种新闻就会鼓励个人出于自己的——而非支配性政党或人物的——主动性来开展 86
行动。

在正常情形下,即在和平时期而非战争或革命时期,新闻往往会因传播手段的激增,而在一个日益扩大的区域中进行传播。在此情形下,社会及其机构虽然持续地发生变化,但这些变化是零星地、多少难以察觉地发生。而在其他情形下,即战争或革命时期,变化则剧烈地、明显地、灾难性地发生。

通常情况下,机构的延续性有赖丁这些机构或者其所属社群对于技术变化和其他不甚明显的变化的自我适应能力。然而，这些变化及其后果不仅会直接地而且也间接地在新闻中彰显出来。诸如天主教会(Catholic church)或日本国(Japanese state)之类的机构之所以能够在时代的剧变中存活下来，是因为它们能够适应生存条件的变化——不仅包括那些外在地、明显地加诸它们的变化，而且也包括新闻中所预示和反映的那些变化。

既然新闻为讨论提供了基础，而舆论又在这些讨论中形成，那么我也就已指明了新闻在政治世界中的角色。在经济关系的世界中，新闻也扮演着同样重要的角色。这是因为，世界市场和每一个仰赖于它的地方市场所记录下的包括货币和证券在内的商品价格，都以新闻为基础。

这些交易对于世界上每一个地区所发生的事件都如此敏感，以至于时尚或者天气的每一次波动都有可能反映在交易价格之中。我已说过，新闻是一种世俗的现象。但有些时候，变化是如此巨大，如此具有灾难性，以至于个体和民族都不再对世俗事务感兴趣。在此情形下，人们因抱负和希望历经挫折，从而疏离俗务世界，并从宏大世界逃避到家庭或教会的小世界中，来寻求庇护与安慰。新闻的功能则是在一个真实世界中引导人们，引导社会。只要导向成功，新闻就有助于维持个体的健全精神和社会的持久存续。

尽管新闻是比科学出现更早和更为基本的一种传播产物，它
87 却绝不会被科学所取代。相反，新闻的重要性已经随着传播手段的扩张和科学的发展而与日俱增。

在图书馆、博物馆和学术团体中，传播手段的改进与知识的大量积累相互合作，一旦有事件发生，便有可能对它们作出更为迅速、准确和彻底的解释。结果是，那些曾经遥不可及的、颇具传奇色彩的人物和地方，如今已为日报的每一个读者所熟悉了。

事实上，当事件在世界其他某个地方发生时，如今激增的传播手段已使得任何人——即使身处世界上最遥远的地方——都可以

至少作为听众（若非作为观众），实实在在地参与到这些事件中来。最近，我们收听了墨索里尼（Mussolini）在罗马的一个阳台上向其法西斯主义追随者们发表的演讲；我们收听了希特勒（Hitler）在柏林的德意志帝国国会大厦（Reichstag）向虔诚的会众发表讲话，这个讲话不仅传递给了美国总统，也传递给了美国人民。我们甚至有幸在欧洲和世界上四个大国的代表们签订重大的《慕尼黑协定》（*Munich Agreement*）十秒钟之后，便收听到了协定的条款。诸如此类的重大行动能够如此迅速和如此公开地完成，这一事实突然且彻底地改变了国际政治的性质，以至于人们甚至不再能够猜测欧洲和世界的未来还将会发生什么。

在现代世界中，与其他类型的知识（如历史）相比，新闻所肩负角色的重要性在增强而非减弱。近年来，各种变化如此迅速而剧烈，以至于现代世界仿佛失却了其历史视角，我们也貌似在此前我所说的“似是而非的现在”中得过且过。在此情形下，对于历史的解读或书写似乎主要是使我们能够通过今昔之比较，来理解我们身边正在发生着什么，而不是像历史学家们告诉我们的那样，去了解“实际上发生了什么”（what actually happened）。

因此，在最近发表于《星期六文学评论》（*Saturday Review of Literature*）[①]上的一篇文章中，埃尔默·戴维斯（Elmer Davis）把两本书宣布为 1939 年的“必读书目”：希特勒的《我的奋斗》（*Mein Kampf*）和修昔底德（Thucydides）的《伯罗奔尼撒战争史》（*History of the Peloponnesian War*，公元前 431 年）。他说，推荐《伯罗奔尼撒战争史》的原因在于，“修昔底德不仅是一位杰出的人类个体行 88
为和集体行为的分析家”，他同时也是“一个伟大的记者”。[②]

有人也提到，自从美国报纸上所报道的新闻倾向于表现出文

① 原文简写为《星期六评论》（*Saturday Review*）。根据下文脚注，此处应为《星期六文学评论》（*Saturday Review of Literature*）。——译者注

② DAVIS E.Required reading[N].Saturday review of literature，1939-10-14.

学特性以来，小说这一继报纸之后最流行的文学类型已经越来越多地表现出了新闻的特性，[1]此乃我们这个时代的一个特征。

埃米尔·佐拉(Emile Zola)的小说本质上是对法国当代风尚的报道，正如斯坦贝克(Steinbeck)的《愤怒的葡萄》(*The Grapes of Wrath*)被形容为关于美国佃农的一部划时代报告一样。

我们的时代似乎是一个新闻的时代，美国文明中最重要的事件之一就是记者的崛起。

---

① HUGHES H M. News and the human interest story[M].Chicago: University of Chicago Press, 1940.

第二章　报纸的自然历史[①] 89

一、生存竞争

报纸不仅有历史，还有其自然历史。报纸的存在似乎并不像我们的道德家们有时假定的那样，是哪一个小团体的蓄意产物（wilful product）。相反，它是一种历史过程的产物，在这一历史过程中，很多个体参与其中，但却无法预见自己的努力最终会带来何种结果。

如同现代城市一样，报纸并不全然是一种理性的产物。今日之报纸面貌，并非任何人刻意为之的结果。尽管很多个体和一代又一代人都努力去控制报纸，想让它变成一种令自己称心如意的事物，但它却仍然继续以一种不可预知的方式在成长和变化。

现存的这种报纸类型，是在现代生活的条件下得以存活下来

---

① Reprinted by permission of the publisher from the *American Journal of Sociology*, XXIX:3 (November, 1923), pp. 80-98; also in PARK, BURGESS, MCKENZIE. The city[M].Chicago: University of Chicago Press, 1925:80-98.

的一种类型。那些可以说创造了现代报纸的人——詹姆斯·戈登·贝内特(James Gordon Bennett)、查尔斯·A. 达纳、约瑟夫·普利策(Joseph Pulitzer)以及威廉·伦道夫·赫斯特(William Randolph Hearst)——是这样一些人:他们发现了一种男男女女都愿意阅读的报纸,并且还有勇气出版它。

报纸的自然历史就是这个存活下来的报纸种类的历史,它所描述的是现存报纸赖以成长和成形的各种条件。

90 一张报纸并不是印刷出来就了事,它还要被发行和阅读,否则就不是一张报纸了。报纸的生存竞争就是发行量的竞争,无人阅读的报纸在社群中就不再具有影响力。报刊的影响力可以粗略地用读者人数来加以衡量。

大城市的发展极大地增加了阅读公众(reading public)的规模。阅读在美国曾经是一件很奢侈的事情,如今在都市里却已然成为一种必需品。在都市环境中,读书识字变得几乎跟讲话本身一样必不可少。这就是为什么存在如此多外语报纸的一个原因。

马克·维尔丘尔(Mark Villchur)是纽约市《俄国言论报》(*Russkoye Slovo*)[①]的编辑,他曾询问本报读者,有多少人以前在俄国时读过报纸。他发现,在 312 个被调查者当中,只有 16 人在俄国时定期读报;另外 10 人会不时地到当地乡政府(Volast)读报;还有 12 人订阅了周刊。而到了美国,他们所有人都是俄语报纸的订户或读者。

这个调查很有趣,因为总体来看,移民对于我国本土报纸的特征已经产生了深远的影响。现代新闻业的难题之一,便是如何把移民及其后代培养成报纸的读者。

---

① “俄国”一词在历史上主要指沙皇统治时期的俄罗斯帝国和 1991 年苏联解体之前的社会主义苏俄。“俄罗斯”一词作为独立国家的名称,始于 1993 年 12 月 12 日通过的俄罗斯宪法,该宪法规定国家全名为“俄罗斯联邦”,简称俄罗斯。鉴于两个称谓的历史背景以及本书所收录文章的发表时间(1918—1941 年),“Russia”一词全书统一译为“俄国”。——译者注

当一个移民或许已经从阅读外语报纸中养成了读报习惯，那他终究是会被美国本土报纸所吸引的。对于这个被迫生活在移民社群小圈子的移民而言，这些本土报纸是他得以瞭望更为广阔的外部世界的一扇窗户。这些报纸发现，即便是那些可能只是浏览一下日报标题的人，也会买一份星期日报纸（Sunday paper）来看看里面的图片。

据说，赫斯特报系中最成功的报纸《纽约晚报》（*New York Evening Journal*）每六年就会新增一批订户。显然，这些新读者主要来自移民。他们逐渐从阅读外语报纸转向阅读赫斯特的报纸，并且当这些报纸的煽情主义（sensationalism）开始丧失吸引力之后，他们就会养成一种阅读某些更为严肃的报纸的品位。不管怎么说，赫斯特先生都堪称是一位伟大的美国教化者（Americanizer）。

为了使报纸对于文化程度最低的读者也具有可读性，为了从日常新闻中寻找令智力最粗陋者都能感到兴奋的素材，出版商们
得出了一个重要发现。他们发现，文化修养高者与文化修养低者 91
之间的差异曾经貌似如此巨大，但这种差异主要表现在词汇方面。简而言之，如果报纸能够让普通人都读得懂，那么它对于知识分子来说，就更不在话下了。这一事实深刻地影响了当今报纸的特征。

二、最早的报纸

报纸是什么？人们给出了许多答案：报纸是人民的论坛（the tribune of the people）；报纸是第四等级（the fourth estate）；报纸是公民自由的守护神，不一而足。

另一方面，报纸也被视为伟大的智者。民众教师们在苏格拉底（Socrates）和柏拉图（Plato）时代为雅典人所做的事情，在现代则由报纸来为普通人做了。

现代报纸被指斥为一个商业机构，而报人们会说，“没错，新闻就是报纸售卖的商品”。现代报纸是真理商店(the truth shop)，编辑则是由哲学家转行而来的商人。以低于一通电话的价钱，每个人都可以从报纸上获悉有关我们共同生活的信息，这促使我们重获某种类型的可行的民主(working democracy)——即便在格雷厄姆·沃拉斯(Graham Wallas)所说的“巨型社会”(Great Society)的复杂生活中，亦复如是。

广告经理的报纸观念又是另一番情形。对他而言，报纸是一种创造广告价值的媒介。编辑要做的事情，就是划出广告人员已售出的版面空间。最终，报纸可能会被视为一种类似于铁路或邮政的公共载体(common carrier)。

而在《财团贿金》(*Brass Check*)[①]一书的作者看来，报纸就是一种犯罪活动。财团贿金是一种出卖灵魂的象征。“财团贿金每周都会被放入你们这些写作、印刷和发行我们的报纸杂志的人的工资袋中。财团贿金是你们的耻辱价码，是你们把那么多的真理拿到市场上兜售，是你们背叛了人类纯洁的希望，并将其出卖给大财团令人憎恶的黑窟。”

这就是道德家兼社会主义者厄普顿·辛克莱(Upton Sinclair)的报纸观念。

显而易见，报纸是一种尚未被完全理解的机构。无论何时，对于我们任何一个人来讲，报纸是什么，抑或仿佛是什么，都取决于
92 我们所持的不同观点。事实上，我们对报纸知之甚少，它从未被研究过。

我们对报纸知之甚少的一个原因在于，今天所存在的报纸本来就是一种非常晚近的事物。此外，在其相对短暂的历史进程中，报纸又经历了一系列显著的变化。然而，今天的报纸却又不仅仅是过去报纸的那种面貌。我们必须透过历史的视角来理解报纸。

---

① 又译为《大财团给报业的贿赂》《财团给报界的贿金》等。——译者注

最早的报纸是手写或印刷的信件，被称为新闻信。在17世纪的英语国家，绅士们雇佣通讯员每周从伦敦给自己写信，告知宫廷和市镇里的各种传闻。

美国最早的报纸，至少是第一份持续出版一期以上的报纸，是《波士顿新闻信》(*Boston News-Letter*)。这是一份由邮政局局长出版的报纸。乡村邮政局一直都是一个公共论坛，人们在那里讨论一切国家大事和社群事务。因此，可以预见的是，如果有哪个地方会诞生报纸的话，应当是在邮政局这个接近情报来源的地方。在很长一段时间里，邮政局局长的职位和报纸编辑的职业之间被认为是无法分割的。

最早的报纸只不过是据以组织传闻的一种手段而已，今天的报纸还或多或少地保留了这一功能。霍勒斯·格里利(Horace Greeley)①当年对一位拟创办一份乡村报纸的朋友提出忠告，这一忠告时至今日仍一如当年那般精当。

> 首要，要清楚地认识到，普通人最感兴趣的对象是他自己；其次他最关心邻居；而亚洲和汤加群岛(Tonga Islands)②于他而言则显得无关紧要。在我看来，大多数乡村报刊(country journals)都未曾留意到这些重要事实。如果你想要在县里的每一个村、每一个镇都尽速地物色到一个清醒而精明的通讯员，那么某位年轻的律师、医生、商店职员或邮局助理都可以及时地将周遭的任何重要事情传达给你，这些事情至少可以填满你的报纸的本地新闻栏的一半内容，而这个县里没有谁能长期离得开本地新闻栏。当一个新的教会被组织起来，或者有新

---

① 霍勒斯·格里利(1811—1872)，美国记者、报纸编辑、纽约州议员，1841年创办《纽约论坛报》，此后终身担任该报主编。他因反对奴隶制度而闻名，倡导教育改革、经济发展与人民进步，是同时代报纸编辑中的出类拔萃者。——译者注

② 原文为 Tongo Islands，疑有误，应为 Tonga Islands。——译者注

> 成员加入某个现有教会，当一家农场被出售，一座新房子盖起来，一座磨坊开工，一家商店开业，以及但凡能让那么十来户人家感兴趣的其他任何事情出现时，你的报纸都千万不可不及时——即便扼要——地加以报道。假如某个农民砍掉一棵大树，种出一颗特大甜菜，小麦或玉米喜获丰收，对这些事情都要毫不遗漏地予以简要报道。

93

格里利给朋友弗莱彻(Fletcher)关于乡村报纸的这一建议，如今每一家报纸的本地新闻编辑依然在力所能及地执行。在一座拥有三百万人口以上的城市中，要一一提及每一个人的名字是不现实的，因此只能把注意力集中于某些重要人物身上。一座城市每天都有诸般事情发生，要报纸去记录下每一件琐事和城市生活常态的每一个变动，那是不可能的。然而，从中筛选出某些特别生动或特别浪漫的事情，并从人情味而非从个体和私人的角度来予以象征性的处理，却是可能的。如此一来，新闻就不再是完全个人化的了，它具备了一种艺术形式。新闻不再是对一个个男男女女所作所为的记录，而成了一种关于风俗和生活的客观叙述。

作者和报刊在进行这种叙述时的动机——不管是有意识的还是无意识的，就是竭力把乡村里的那种生活状况在城市里加以复制。在乡村，人们彼此认识，直呼其名。乡村是民主的。我们是一个由乡民组成的民族。我们的制度从根本上说仍然是乡村制度。在乡村，小道消息和舆论是社会控制的主要源泉。

托马斯·杰斐逊(Thomas Jefferson)曾说："我宁愿生活在一个有报纸而无政府的国家，而不愿生活在一个有政府而无报纸的国家。"

倘若舆论将来仍想一如既往地继续发挥作用，倘若我们仍想维持杰斐逊所构想的那种民主政体，那么报纸就必须要继续报道那些关乎我们自己的事情。我们必须以过去了解乡村社群及其各种事务的那种密切方式，来学着了解我们的都市社群及其各种事务。报纸必须继续成为一种关于所在社群的印刷版日记(printed diary)。结婚和离婚、犯罪与政治,这些事情都必须继续作为我们的新闻主体内容。本地新闻正是构成民主的基本材料。

然而,在沃尔特·李普曼(Walter Lippmann)看来,这恰恰是困难之所在。他说:“考虑到现今社会真相的组织方式,报刊之创办并非为了一期接一期地供给舆论的民主理论所要求的大量知识……倘若我们指望报刊来提供这种真相的话,那我们就采取了一个误导性的判断标准。我们误解了新闻的局限性,误解了社会 94
的无限复杂性;我们也高估了自己的忍耐力、公共精神以及各方面的才能。我们假定了一种对于不偏不倚的真相之欲望,而这种欲望却并不能借由对我们自身品味的任何诚实分析而予以发现……该理论不自觉地把读者个体树立为理论上的无知者,并且向报刊加诸了一种甚至连任何代议制政府、工业组织和外交机构都无法实现的重担。在一天二十四小时当中,报刊作用于人们的时间不过三十分钟而已,却被要求制造出一种名为‘舆论’的神奇力量,来令公共机构振而不怠。”[1]

很显然,在一个拥有百万居民的社群中,报纸没法像乡村那样自发地通过小道消息和人际交往来行事。[2]尽管如此,报纸为求得这个不可能之结果所付出的各种努力,乃政治史以及新闻史上的一个有趣篇章。

三、政党报纸

作为最早报纸的新闻信,并不是政党报纸。18世纪初叶,政治报刊(political journals)开始取代新闻信。当时的阅读公众最关切

---

① Walter Lippmann, *Public Opinion*, pp. 361-62.

② 此处意指现代都市已与传统乡村熟人社会不同,不能通过报纸这种媒介达到乡村社会中小道消息和人际联系所能达到的传播效果。——译者注

的新闻是关于国会辩论的报道。

甚至在政党报刊出现以前，一些爱打听的好奇之士就已经做起了这样一种营生：他们在下议院（House of Commons）开会期间去旁听席旁听，[1]之后再凭借回忆或私自记录，把一场重要辩论的有关发言和讨论整理出来。当时，国会所有的商议都是保密的，直到一百年之后，记者出席下议院会议并记录会议议程的权利才获得正式许可。同时，记者们为了获取信息，还不得不诉诸各种计谋和间接方法。我们今天大量的英国政治史，正是建立在以这些方式得来的信息之基础上。

塞缪尔·约翰逊（Samuel Johnson）是国会记者中最著名的人
95 物之一。据报道，1770 年的一个晚上，约翰逊与其他几位名人在伦敦共进晚餐，席间谈到了国会演讲术（parliamentary oratory）。有人提到 1741 年老皮特[2]在下议院发表的一个著名演讲。在大家的喝彩声中，另一个人则援引该演讲中的一段话，来说明演讲者在语言的美感和情绪上已超越了古代那些演说者最卓越的成就。此前一直没有加入讨论的约翰逊这时候开口了，他说："那个演讲词是我在埃克塞特街（Exeter Street）的一间阁楼上写的。"

众人惊讶不已。有人问他："先生，那怎么可能会是您写的呢？"

约翰逊说："先生，那是我在埃克塞特街写的。我只去过众议院旁听席一次。凯夫（Cave）与那里的门卫有利益往来，他和他手下的一些人获准进入众议院，他们带着讨论主题、发言者姓名、发言者的立场、发言顺序，以及辩论过程中所举论据的记录而离开。然后，所有这些东西又传给了我，由我来写成现在这种'国会辩论'

---

① The Strangers' Gallery，也叫公众旁听席（The Public Gallery），议院会议期间向公众开放。——译者注

② 即老威廉·皮特（William Pitt, the Elder，1708—1778），自 1766 年起被封为第一代查塔姆伯爵（1st Earl of Chatham），英国辉格党政治家，曾两度担任英国首相，七年战争的领导者。——译者注

形式的演讲词。那时候，演讲词都被印刷在凯夫的杂志上面。”[1]

有人开始对约翰逊的公正表示赞扬，说他在报道中似乎平等地赋予了双方政党以理性和雄辩。约翰逊则回答道，“那并不完全正确”，“我是很好地顾全了双方的面子，但我却注意不让辉格党人取得优势”。

由约翰逊在埃克塞特街写就的威廉·皮特（William Pitt）的这份演讲词在教科书和演讲集中，长久地占有一席之地。在这次著名的演讲中，皮特回应了“作为一个年轻人的恶劣罪行”（the “atrocious crime of being a young man”）的指控。

皮特或许认为是他发表了那个演讲。无论如何，并无证据表明他否认过这一点。而我想补充的是，倘若皮特是第一个因蒙受记者之恩惠而获得演讲者声誉的政治家，那么他一定不是最后一个。

这一事件的深远意义在于，它阐明了一种作用方式，即国会记者的影响令议会政府的性质发生了某种类似于宪政变革（constitutional change）的变化。 96 一旦国会的演讲者们发现，他们不仅面对议员们发表演说，而且也间接地经由报刊而面向英格兰人民进行演讲，那么，国会议程的整个性质就被改变了。借助于报纸，举国上下都可以参与到讨论之中。经由讨论，各种议题得以表达，立法也获得通过。

与此同时，在报纸所发起的讨论的影响下，报纸本身也变成了政党机构（party organs）。于是，政党报刊不再仅仅是关于小道消息的记录，而是最终成为我们所谓的“观点纸”（journal of opinion）。同时，编辑也不再只是传播新闻的人和事件的卑微记录者，他们发现自己变成了政党的喉舌，扮演着某种政治角色。

17 世纪时，在争取思想和言论自由的长期斗争中，民众在小册

---

① MACDONAGH M. The reporter's gallery[M]. London: Hodder & Stoughton, 1913. 139 40.

子和宽幅海报(broadside)上借助于文学形式来表达自己的不满。在这些小册子的作者中,最负盛名的当属约翰·弥尔顿(John Milton)。他于1644年[1]出版的《论出版自由》[2]在这些小册子中最为著名,被亨利·莫利(Henry Morley)[3]誉为"英语散文中最优美的作品"。

18世纪早期,随着报纸成为观点纸,政治宣传册的功能就被它取代了。先前见于宽幅海报中的观点,如今则以主导性社论文章的形式来加以表达。社论作者继承了宣传册作者的职责,如今充任起了人民论坛的角色。

报纸正是通过"大众事业的倡导者"(the protagonist of the popular cause)这一角色抓住了我们知识界的想象力。

在上一代政治学文献中,我们读到作者们提及"报刊权力"(the power of the press),不过他们指的是编辑和社论,而非记者和新闻。时至今日,我们在谈论新闻自由时,同样指的是表达观点之自由,而非调查和发布事实之自由。发表与现状有关的任何观点可能都要以记者的调查活动为基础,而这些活动与其说是在行使我们的政治自由,毋宁说它们更经常地是在侵犯我们的人身权利。

弥尔顿在《论出版自由》里所写的新闻自由,指的是表达观点
97 的自由。他说:"给我自由吧,一种秉持良心地认识、发言和讨论的自由,这胜于一切别的自由。"

当卡莱尔(Carlyle)写下"新闻业何其伟大呀!身为世界之说

---

① 原文为1646年,疑有误,应为1644年。——译者注

② 《论出版自由》原名为《阿留帕几底卡:约翰·弥尔顿先生为无须经许可的出版自由致以英格兰国会的演说》(*Areopagitica: A Speech of Mr John Milton for the Liberty of Unlicenc'd Printing, to the Parliament of England*),该文是约翰·弥尔顿于1644年向英国国会提出的一篇散文体政论演讲词,旨在反对国会1643年发布的一项要求政府同意并审查所有出版物的法令;该出版管制法令规定:凡书籍、小册子或论文必须经主管机关或至少经主管者一人批准,否则不得印行。——译者注

③ 亨利·莫利(Henry Morley, 1822—1894),英国最早的英语文学学者之一。——译者注

服者，每一个有才华的编辑难道不就是世界之统治者吗？"这句话时，他心里装着的不是记者，而是社论作者。

美国从英国那里继承了议会政体、政党制度以及报纸。政治报刊在英国政治中所扮演的那种角色在美国得以重现。在殖民地争取独立的斗争中，美国报纸是英国政府不可小觑的一股力量。英国人占领纽约市以后，安布罗斯·赛尔(Ambrose Serle)[①]本着侵略者的利益着手出版了《纽约公报》(*New York Gazette*)，他针对爱国党派的报刊问题，向达特茅斯勋爵(Lord Dartmouth)写了这样一段话：

> 在当前暴乱的各种诱因中，各殖民地报纸的影响虽不及传教士们的夸夸其谈，却比其他任何因素的影响都更为广泛和强大。我们惊讶地看到，报纸受到了怎样热切的追捧，又是如何为大多数人所坚信的。[②]

将近一个世纪之后，观点纸在美国达至登峰造极的地步。其中，以霍勒斯·格里利为典型代表，他在反对奴隶制度的斗争时期担任《纽约论坛报》(*New York Tribune*)主编。美国有过比霍勒斯·格里利更好的报人，不过，其他人的观点之影响力或许都不及他来得如此广泛。查尔斯·弗朗西斯·亚当斯(Charles Francis

---

① 安布罗斯·塞尔(Ambrose Serle，1742—1812)，英国政府官员、日记作者、基督教诗歌与颂歌作者。塞尔于1764年加入英国皇家海军，1774年随军赴美，1776—1777年，他受命成为《纽约公报》政治版的实际操控者。——译者注

② PAYNE G H. History of journalism in the United States[M]. New York：D. Appleton & Co.，1920：120.

Adams)[1]指出:“在那些年里,《纽约论坛报》堪称这个国家迄今所知的,在经济和道德方面最伟大的教育者。”

四、独立报纸

报刊权力在旧式报纸那里,归根结底取决于编辑们创建并领导一个政党的能力。观点纸就其本质而言,注定会成为某个政党的机构,或者起码会成为某个党派的喉舌。

只要政治活动是以乡村生活为基础而组织起来的,那么政党
98 制度就会行之有效。在乡村社群里,生活曾经是相对稳定不变的,现在依然如是,日常生活中的大多数急迫需求以习惯和传统作为依凭。在这样一个社群里,对日常生活常规的任何偏离都会被人觉察,任人评说,并且所有事实都人尽皆知,因此政治过程就会是一件相对简单的事情。在此情形下,报纸作为新闻的采集者和解释者,其作用不过是延伸了社群中原本通过人际交往和小道消息而自发行使的那种功能。

然而,随着我们的城市不断扩张,生活愈加复杂,结果便是,政党为了生存下去,就必须拥有一个永久性的组织。政党本应为决定诸种议题而存在,但最终,政党士气(party morale)变得比这些议题更具价值。由此而带来的影响是,政党报纸沦为政党组织的一种内部机构(house organ)。报纸不再去逐日弄清楚自己的观点是什么,编辑也不再是一个自由的行动者。沃尔特·惠特曼(Walt

---

① 查尔斯·弗朗西斯·亚当斯(Charles Francis Adams, 1807—1886),美国外交家、政治家、作家、报纸编辑,其父亲与祖父均担任过美国总统。美国内战期间(1861—1865),他力促英国保持中立。1871—1872 年,他担任国际委员会的美国仲裁员,与英国、瑞士、意大利、巴西等多方代表在日内瓦裁决“阿拉巴马号仲裁案”(Alabama claims),判定英国因违反中立立场,需向美国赔偿 1550 万美元。该案件推动了仲裁手段在和平解决国际争端方面的使用,并阐明了中立国对于交战国所负的某些义务。——译者注

Whitman)从被制服的《论坛报》身上，发明了一个术语，即“被圈养的编辑”(the kept editor)。

在大城市的生活状况中，就在党派政治出于迫切需求而最终建立起政治机器(political machine)[①]之时，一些更为独立的报纸却开始揭竿而起了。这便是独立报纸(independent press)的起源。作为彼时的独立报纸之一，《纽约时报》(*New York Times*)在漫画家托马斯·纳斯特(Thomas Nast)的帮助下，率先攻击并最终瓦解了特威德集团(the Tweed Ring)[②]，这是美国党派政治产生以来最早、也最暴烈的政治机器。目前，报纸(特别是有别于乡村报纸的都市报纸)已经普遍摆脱了政党的统治。党派忠诚不再是一种美德。

与此同时，一股新的政治力量已经崛起，并在报刊上崭露头角。这股力量不是体现为社论和社论作者，而是体现为新闻和记者。尽管报刊的声望迄今为止仍然端赖于它作为大众事业捍卫者的角色，但那些旧式报纸却不再为人们所阅读了。

普通人对于新闻比对于政治教条或抽象概念感兴趣得多。H. L. 门肯(H. L. Mencken)[③]指出了一个引人注目的事实：对于“出

---

① 政治机器是指一种政党组织，由一个老板或一个小型独裁团体为首，通过把持充足的选票来维持地方的政治和行政秩序。自19世纪以来，美国城市的扩张和移民潮给当地市政府带来了诸多问题，在此情况下，诸如坦慕尼协会(Tammany Hall)等政治机器通过提供就业和住房等公共服务来保持忠诚而稳定的选民队伍。“政治机器”一词意指这些组织能够像机器那样高效率而准确地选举候选人和制定管理措施，但因涉及权力滥用、与犯罪集团勾结等问题，该词也带有一定的贬损意味。——译者注

② 特威德集团(the Tweed Ring)是指以威廉·马西·特威德(William Marcy Tweed)为首的政治机器。自19世纪中叶以来，该集团控制了纽约市的财政，以就业与劳动合同换取选民的政治支持。集团老板特威德还控制了纽约市的地方检察院、警署、法院以及大多数报纸，并于1858年当选为坦慕尼协会会长。特威德后被指控，借由政治腐败窃取纽约市财政款项高达2亿美元，因此被送进监狱。——译者注

③ 全名为亨利·路易斯·门肯(Henry Louis Mencken，1880—1956)，美国记者、讽刺作家、批评家、美式英语学者，他广泛评论社会现象、文学、音乐以及政治等，被誉为20世纪上半叶最有影响力的美国作家之一。——译者注

99 自一般政治演说者或神职人员之口”的那些话，普通人最多只能理解三分之二。

正如《星期六晚邮报》(*Saturday Evening Post*)所发现的那样，普通人是透过各种具体的形象、轶事、图片以及寓言来进行思考的。他们发现，阅读一篇没有戏剧性、不具备报纸所谓的“故事”形式的长文章，既困难也令人厌倦。“新闻故事”(news story)和“小说故事”(fiction story)是现代文学的两种形式，现在它们如此相像，以至于有时候都难以区分了。

举例而言，《星期六晚邮报》就采用小说形式来写新闻，而日报则经常以新闻形式来写小说。当不能以一种具体而戏剧化的故事形式来表达观点时，受普通读者欢迎的做法是，用一个小段落来表达观点。

《底特律新闻报》(*Detroit News*)的创办人詹姆斯·E. 斯克里普斯(James E. Scripps)[1]致力于经营二级城市的下午报，据说其整个报系建立在一个极其简单的心理学原理之上，即普通人阅读报纸上面的新闻条数与新闻长度成反比。因此，他衡量报纸效率的方法就是，计算报纸所刊登的新闻条数。新闻条数最多的报纸便是最好的报纸。这恰恰与赫斯特先生的方法截然相反，赫斯特的报纸上面刊登的新闻条数比其他报纸更少。

旧时代的记者往往轻视新闻。新闻不过是他写作社论的基础材料而已。倘若上帝没有让事情按其所设想的那样发生，那么他干脆就将它们抹杀掉。对于那些他认为本不该发生的事情，他拒绝承担让读者去了解它们的责任。

---

① 全名为詹姆斯·艾德蒙·斯克里普斯(James Edmund Scripps，1835—1906)，美国报纸发行人、慈善家。自1862年起，他先后执掌《底特律论坛报》(*Detroit Tribune*)、《底特律每日广告人报》(*Detroit Daily Advertiser*)，继而创办《底特律新闻报》。他指导记者，要“像人们说话”那样来写新闻。该报尽管为同行所不屑，但却在底特律大获成功。除新闻事业以外，斯克里普斯还大力协助创办了底特律艺术博物馆。——译者注

在约瑟夫·普利策接手《纽约世界报》(*New York World*)并将其变为黄色报纸之前，这份报纸的编辑曼顿·马布尔(Manton Marble)就曾说过，在纽约市，一份办得很好的报纸，其服务的读者数不超过18,000人。他认为，如果发行量超过那个数字，这份报纸就肯定出了什么问题。在普利策先生接管《纽约世界报》之前，其发行量实际上已经跌至10,000份。旧版《纽约世界报》一直保持着其保守的高雅报纸(high-brow paper)特色，直至19世纪80年代。然而彼时，大城市中政治上独立的报纸已经成为一种广为接受的报纸类型。

早在后来所谓的独立报纸崛起之前，纽约就出现过两份报纸， 100
它们是当今报纸的先驱。1883年，本杰明·戴(Benjamin Day)与几个同事一道，创办了一份“总体上面向技术工人和一般大众”的报纸。这份报纸售价一美分，而出版商则希望通过较大的发行量和广告收入，来弥补低售价所造成的损失。当时，纽约的其他大多数报纸售价均为六美分。

然而，《纽约先驱报》(*New York Herald*)创办人詹姆斯·戈登·贝内特的事业却在新式新闻业中独领风骚。事实上，在对美国报纸迄今为止唯一充分的描述中，威尔·欧文(Will Irwin)①就指出：“詹姆斯·戈登·贝内特发明了我们现在所了解的这种新闻。”像其他那些为现代新闻业作出重大贡献的人一样，贝内特也是一个觉醒的人，并且正因为如此，他或许还是一个冷酷无情、愤世嫉俗的人。他在宣布其新事业时声称：“我宣布放弃一切所谓的原则。”他所说的原则，或许指的是编辑政策(editorial policies)。他的开场白同时也是告别词。在宣布新式新闻业的目标时，他就

---

① 全名为威廉·亨利·欧文(William Henry Irwin，1873—1948)，美国作家、记者，曾先后任职于《纽约太阳报》《麦克卢尔杂志》(*McClure's Magazine*)、《柯里尔》杂志(*Collier's*)等。1911年，他在《柯里尔》杂志上发表了一系列深刻分析美国新闻业的文章。第 次世界大战爆发后，他是第一批远赴欧洲进行报道的美国记者之一。——译者注

在向旧式新闻业的目标和愿景告别。自此以后，编辑就成了新闻采集者，报纸的未来就要靠采集、印刷和发行新闻的能力了。

新闻是什么？对此已有许多答案。我认为，正如查尔斯·A.达纳所言：“新闻就是任何能让人们谈论的东西。”该定义至少表明了新式新闻业的目的。其目的在于，出版任何能使人谈论和思考的东西，因为大多数人要到开口讲话时才会进行思考。而思考毕竟是一种内在的交谈。

后来出现了相同定义的另一个版本，即“新闻就是任何让读者说‘哎呀！’的东西”。这是阿瑟·麦克尤恩(Arthur McEwen)[1]下的定义，他是协助赫斯特建立报系的人之一。同时，这也是最晚近且最成功的报纸类型——黄色报纸(yellow press)的新闻定义。当然，并非所有成功的报纸都是黄色报纸。譬如，《纽约时报》就不是黄色报纸。不过，《纽约时报》尚未成为一种报纸类型。

五、黄色报纸

正如沃尔特·李普曼观察到的那样，报纸读者似乎有两种类型，即“那些认为自己的生活很有趣的人”和“那些认为自己的生活
101 乏味而想活得更刺激的人”。相应地，报纸也分为两种类型：一种报纸按照读者主要对阅读有关自身的新闻感兴趣这一原则来进行编辑，另一种报纸按照读者——他们想要些许地逃离自身乏味的生活常规——对任何能够提供给他们如精神分析学家所说的“逃避现实”(a flight from reality)的内容感兴趣这一原则来进行编辑。

地方性报纸是第一类报纸的代表，它们报道婚礼、葬礼、地方会议、牡蛎晚餐，以及小镇上的各种大小事情。而都市报纸是第二

[1] 阿瑟·麦克尤恩曾任《旧金山考察家报》(*San Francisco Examiner*)的编辑，是赫斯特报系的主要人物之一。——译者注

类报纸的代表，它们在单调的城市生活中不懈地寻求浪漫与生动，戏剧化地描绘恶行与犯罪，并持续地关注有几分神秘的上流社会中名人们的活动。

直至19世纪的最后四分之一，即是说直到1880年左右，大多数报纸——即便在我们的大城市中——都还是遵循这样一种理论在运行：死亡布告或婚礼通告乃一份报纸所能发表的最好新闻。

直到那个时候，报纸仍然未能进入公寓住户家中，大多数报纸订阅者都是住宅户（homes），而非公寓户（apartments）。电话尚未普及，汽车闻所未闻，城市一如我们现在那些说着外语的社群一样，仍由小型街区组合而成，城中居民依然维持着小镇上的某些乡土观念（provincialism）。

然而，巨变来临在即。独立报纸已将一些旧式报纸逼至绝境，报纸数量超出了公众或广告商愿意支持的地步。就在此时，就在这种形势之下，报人们发现，以新闻形式创作的文学作品能够大幅增加报纸发行量。尽管查尔斯·A. 达纳已在《纽约太阳报》（*New York Sun*）上这样做了，但达纳先生手下的年轻记者们写作的优雅作品，对于很大一部分人来说，仍然是阳春白雪。

黄色报纸的成长是为了赢得这样一批公众，这批公众读过的文学作品仅限于家庭故事报或廉价小说。它面临的问题是，要以一种诉诸本能性情的方式来写作新闻。而方案则是：给女性以爱情和浪漫，给男性以体育和政治。

采用这个方案所带来的效果是，报纸发行量得以极大地增加， 102
不仅在大城市如此，而且举国皆然。这些变化主要是在两个人的领导之下取得的，即约瑟夫·普利策和威廉·伦道夫·赫斯特。

当普利策还在担任《圣路易斯邮讯报》（*St. Louis Post Dispatch*）的编辑时，他就已经发现，为大众事业而奋斗的方法不是在社论版上进行鼓吹，而是要在新闻栏里进行突出，即详细描述这些大众事业。普利策发明了“扒粪”(muckraking)的做法。[1]正是凭借这种扒粪新闻，普利策才得以在六年时间里，将他刚接手时死气沉沉的旧版《纽约世界报》变成纽约市街谈巷议最多的报纸——倘若不是发行量最大的报纸的话。

与此同时，远在旧金山的赫斯特先生已成功地令垂死挣扎的旧版《考察家报》[2]重获新生，使之成为太平洋沿岸最广为阅读的报纸。

在赫斯特先生麾下，写伤感文章的记者(sob sister)[3]风靡一时。1911年2月18日，威尔·欧文在《柯里尔》杂志上讲述了她的故事：

> 钱伯林(《考察家报》执行总编)认为市医院管理不善。他从初出茅庐的记者中挑选了一名瘦得像纸片一样的女孩，并派她去进行调查。这名女记者发明了她自己的调查方式，她假装晕倒在街上，被人送往医院治疗。据此，她写了一篇新闻，“字里行间都充满着对不幸病人的同情”。[4]这就是“安妮·劳里”(Annie Laurie)或威妮弗雷德·布莱克(Winifred Black)的职业开端，也是新的报纸写作方式的开端。有很多人模仿她，但没有谁能像她那样善于激起人们的同情和怜悯的原始情绪；她一个人就是一个“伤感小组”(sob squad)。确实，在发掘这种富有同情心的“女性写作”(woman writing)的过程中，赫斯特破茧而出，找到了他所追求的东西。

---

① 又译为“扒粪新闻”、黑幕揭发报道等。——译者注

② 全名为《旧金山考察家报》(*San Francisco Examiner*)。——译者注

③ 尤指写伤感文章以博取眼球的女记者。——译者注

④ 引文翻译部分参考：埃默里 M，埃默里 A，罗伯茨.美国新闻史：大众传播媒介解释史(第九版)[M]. 展江，译.北京：中国人民大学出版社，2009.——译者注

带着在旧金山办《考察家报》的经验和从父亲那里继承的一大笔财产，赫斯特于 1896 年打入纽约。直到他抵达纽约并着手把《纽约新闻报》(*New York Journal*)打造成为全美阅读量最大的报纸，黄色新闻才达到了巅峰状态。

对于黄色新闻，普利策的主要贡献是“扒粪”，而赫斯特的主要贡献则在于“喧嚣”(jazz)。其时，报纸仍然在沿袭这样一种理论，即报纸的任务在于教导。赫斯特则拒绝接受这一观念。他直率地诉诸感情，而非理智。对他而言，报纸完全就是一种娱乐(entertainment)。 103

就在黄色报纸致力于将读报习惯推广到包括彼时仍不读报的女性和移民在内的大众时，百货公司也开始变得引人注目了。

从某种意义上讲，百货公司是星期日报纸的一个产物。可以说，要不是星期日报纸替它打广告，百货公司几乎不会形成今日之潮流。妇女们阅读星期日报纸，然后做家务，这两者之间的关联至关重要，因为她们就是买主。

黄色新闻的那些办法首先在星期日报纸上大获成功。这些办法主要归功于莫里尔·戈达德(Morrill Goddard)和阿瑟·布里斯班(Arthur Brisbane)。戈达德雄心勃勃，想要办出一份即使读者读不懂也会购买的报纸。他热衷于使用图片，先是黑白图片，后来是彩色图片。《星期日世界报》(*Sunday World*)首创七栏的印刷版式，接着又采用连环漫画专版(comic section)以及其他一切我们所熟知的手段，从而使那些头脑沉闷且不情不愿的公众也来阅读报纸。

当这些方法在星期日报纸上奏效之后，就被引入日报当中。黄色报纸的最终胜利体现在布里斯班的“心连心社论”(Heart-to-Heart Editorials)上，这是一个刊登老生常谈和道德说教的专栏，其中有半个版的示意图和插图，用以强化文字内容。这里比其他任何地方都更为彻底地实现了赫伯特·斯宾塞(Herbert Spencer)的箴言：写作艺术乃注意力经济(the art of writing is economy of attention)。

沃尔特·李普曼在近期有关舆论的研究中,提请人们注意一个事实:社会学家至今尚未写出一本关于新闻采访的著作。让他觉得非常不可思议的是,像报刊这样一种我们寄望如此之多、被满足得却如此之少的机构,竟然一直未能得到更客观的研究。

诚然,我们还没有像生物学家研究马铃薯甲虫(举例来说)那样来研究过报纸。不过,这句话也同样适用于每一种政治机构,报纸也是一种政治机构,就跟坦慕尼协会和市政委员会是政治机构一样。我们抱怨我们的政治机构,有时我们诉诸某些神奇的立法
104 手段,来恐吓和驱逐那些掌控这些机构的恶魔。但总体而言,我们还是倾向于视政治机构为神圣的存在,并将对它们的任何根本性批评视为一种亵渎。倘若出了什么问题,那并不是这些机构的过错,而是我们选举出来管理机构的那些人的过错,以及人类的劣根性之过错。

那么,何时才会有改进报纸现状的措施呢?别无办法。人道地讲,现在的报纸几乎已经达到它们所能达到的最佳状态了。假如报纸还想有所改进,那就要通过对人们的教育和对政治信息以及情报的组织才能实现。李普曼先生说得好,"目前,记录在案的社会现象只是少数,分析工具甚为粗糙,而概念也常常模糊不清且未加批判"。我们必须要完善我们的记载,这是一项严肃的任务。不过,我们必须首先学会客观地看待政治生活与社会生活,而不再完全从道德方面来进行思考。倘若如此,我们的新闻会更少一些,但报纸会更好一些。

日常生活中的事件被普通报纸描述得如此煽情,真正的原因在于:我们对人类生活如此知之甚少,以至于没有能力解释从报纸上读到的那些生活事件。可以肯定地说,凡令我们感到震惊的事物,我们就还没有理解它。

第三章　新闻与人情味故事[1] 105

现代科学在理性解释和理性控制的范围内，明显成功地带来了越来越多难以估量的力量——或为个人性的，或为政治性的，我们总是可以觉察到这些力量的存在，但以前却不能对它们予以衡量。因此，我们已经获得了相对有效的技术来开展各种活动，诸如测量舆论、维持工厂纪律、组织罢工以及煽动革命。与此同时，我们还创立了某种类似于广告和宣传科学的东西，并已在商界和政界取得了惊人的成果。

在这一领域的这些以及其他研究中，舆论是一个人们广为感兴趣的研究题目。然而，除了李普曼的《自由与新闻》(*Liberty and the News*)[2]一书以外，几乎没有人尝试去考察新闻的本质及其政治功能与社会功能。鉴于舆论总体上只能从对新闻的讨论和对那些往往打破日常生活常规事件的讨论中产生出来这一事实，这就更加引人注目了。

---

① Reprinted by permission of the publisher from HUGHES H M. News and the human interest story[M]. Chicago: University of Chicago Press, 1940: 11-23.

② LIPPMANN W. Liberty and the news[M]. Montana: Kessinger Publishing LLC, 1920.

106 如今,科学的特征在于,它最先和最后要问的问题之一必定是:这门特定的科学以及这项特定的研究主要关注的是什么?

本文的目的之一,在于试图以一种相当基本的方式来回答这一问题:新闻是什么?这可以说是一项探索性研究,旨在揭示,就新闻的不同类型及其用途而言,人们已经说了些什么,已经大致了解了些什么。不管怎样,要在新闻这一领域中开展系统的研究,就需要一个操作性概念,这一概念要将新闻与有关当前事件的信息开始广泛传播时所借助的其他形式——例如谣言与流言,以及宣传——明确地区分开来。

本研究的兴趣聚焦于新闻的两种基本类型之间的差异,或许也可以说,新闻的两个基本面向之间的差异。为此,以一种引介的方式,罗列出一般性新闻中的某些东西,罗列出对于见诸报端的人情趣味和新闻趣味的任何讨论都必然会牵涉到的一些偶然的相关题材,似乎是恰当的做法。由于任何一项始于具体且据实的事物并预期达至一种相对抽象的观念之研究,必须同时要为研究对象实际所处的一般领域给出某种定义,因此这么做就更加重要了。

在有关人性的研究变得系统而科学之前,哲学家们惯于观察到并记录在案的有关人性的那些事实中,有这么一个奇怪的事实,即我们大多数人想要出版的东西却并非我们想要阅读的东西。我们可能会急于把有教化意义——或者看起来有教化意义——的东西印刷出来,但我们想要阅读的却是有趣的东西。这就是为什么跟《时代》(*Time*)杂志、《纽约新闻报》(*New York News*)以及一般的商业报纸比起来,《国会记录》(*Congressional Record*)杂志和《民族》(*Nation*)杂志[①]发行量如此之少的原因——至少是原因之一。其实,我们能拥有现代意义上的报纸,原因在于,一百多年以前(确切地说是1835年),纽约和伦敦的几位报纸发行人发现:(1)大多

① 又译为《国家》杂志,参见舒德森. 发掘新闻:美国报业的社会史[M].陈昌凤,常江,译.北京:北京大学出版社,2009:235. ——译者注

数人——倘若他们能够阅读的话——发觉新闻比社论更容易阅读;(2)普通人宁可被娱乐,而不愿被教化。在当时,这具备了一项真正的发现所应有的特性和重要性,就像后来好莱坞发现绅士们 107
偏爱金发碧眼的女人一样。无论如何,现代报纸的当前特征及其作为一个物种的存活,都应归功于对这种发现所涉及的原则的持续运用。只要生存牵涉到活跃的发行量竞争,那么这就是毋庸置疑的。然而,由于在许多地方,现存报纸都取得了对新闻和发行的垄断,那么竞争发行量的情形就不复存在了;并且,果如是,报界的生存竞争就具有了一种不同的性质。

据说,报人跟诗人一样,是天生的,而非培养出来的。与民间智慧的其他大多数例子不同,这一说法的正确性可能不足百分之五十。毫无疑问,有些人比其他人有着更为敏捷的新闻敏感(news sense)。然而,新闻编辑室里所熟悉的"新闻嗅觉"(nose for news)并不是一种人类的天性。相反,它通常是一种来之不易的习得(acquisition),这种习得更有可能是在工作中而非在课堂上——哪怕是新闻学院的课堂上——学到的。

新闻记者在报纸从业经历的过程中,最终学到的是这样一种技艺,即把事件看作是发展中事物的迹象,而不试图去评价事件的全部意义。毫无疑问,有关任何一个事件的全部真相都要包括一个终极而确切的论断,指出对此应该做些什么。然而,这样的论断假定,我们掌握了全部的相关事实。此外,一则新闻报道的本质似乎正是在于,这则新闻不是终极论断,它只是宣告事件,而非解释事件。解释新闻是社论作者、历史学家和公众要发挥的功能。一旦这些权威人士开口了,哪怕他们只是对这些事件匆匆打量一番,这些事件也就不再是新闻,而变成了历史。

再者,当一个记者习得了"新闻嗅觉",他便学会了以一种或多或少客观中立的方式来看待各种事件:将事件看作是它们自身有可能对公众有吸引力,而非仰仗于从他自己抑或其他任何通常以自我为中心的人士的幼稚视角来解释,这些事件才得以显现。

此外，公众并非像有时所假定的那样只有一个，而是有很多
个。实际上，一家报社从社会专栏到体育专版的每一个部门都各
108 有其公众，各有其关于何谓新闻的观念以及何谓事实的定义。同
样有趣的是，与阅读头版的公众相比，阅读分版新闻(departmental news)的公众对于所读内容总是更加了解，更有批判性。总之，我想要表达的观点是，每一个报人都必须了解他的公众，并且能够不带主观色彩和不加评判地呈现事实，除非确有必要带上主观色彩和评论，才能让事实对于公众而言更明白易懂、更具可读性。

初出茅庐的记者必须要学会的首要也是最困难的事情之一是，他必须删去那些伤感性的材料，让读者去为他的故事赋予寓意。写作的艺术在于，要以这样一种方式讲故事，即允许读者而非作者拥有恰如其分的情绪。报道的艺术则在于，要陈述事实，以便让一件事情所牵涉的双方都能接受这些事实，尽管他们对于事实所作的解释可能并不一致。

正如时常发生的那样，假如不同的人从同一个新闻故事中读出了不同乃至相互矛盾的寓意，那么这就是新闻了，就是如查尔斯・A. 达纳所言，让人们谈论的某种东西。新闻肯定不是那种让人们打呼噜的东西。

当一则新闻报道在同一群公众的不同成员中间同时激起猛烈的赞同和激烈的反对，那么这一事实至少可以证明，事件得到了客观的报道。从报社的角度来看，客观性已经臻于极致了。事实毕竟只有在某一个话语场中才能成其为事实，同时我已指出，每一个公众都有其眼中的事实。然而，这只不过是将相对性的一般原则应用于日常俗事，应用于个人生活中那些虽平凡但不乏重要性的方面。

或许我要在这里补充一下，报社也有其客观性准则。例如，各家报社都要求，每一则新闻都要有时间和地点，也要求其中提及的人物以真名出现。这么做的原因，与为了使一篇科学调查报告具有科学效度而要求它必须详述取得研究发现的操作程序的原因如

出一辙。让事实可以被核查,如此而已。采用匿名或化名发表的真实故事和生平传记,虽然可以成为人类档案(human documents),但它们却不是新闻。

当然,并非报纸上发表的任何东西都是新闻。其中,有些是广 109
告,有些是社论,还有很多只是"仅次于广告"的读物。报纸研究者们偶尔会试图评估和比较不同报纸的内容,他们所面临的主要难点在于,难以对报纸版面上发表的不同类型的材料加以清楚地区分和描述。事实上,随着时间的推移,商业报纸已经变成了一种纯粹世俗的事物——一种事实上的公共载体,它随时准备传播任何付费发表的东西,譬如小说、图片和连环漫画。

显然,社论版和新闻栏的功能迥然有别。事实上,两者如此不同,以至于社论办公室和新闻编辑室之间极少达成完全的理解。从社论办公室的角度来看,只有当新闻显示出对于一般事务的一些睿智评价,抑或当它成为一篇支持报社编辑政策或方案——倘若有政策或方案的话——的主要社论的主题之时,新闻才是有意思的。而从记者和新闻编辑室的角度来看,每一则新闻都是——或者应该是——根据它本身的情况来进行报道:根据新闻可能激发起最广大读者的兴趣程度来报道,而完全不必理会任何人的政策或者新闻对于个体或公众的任何潜在后果。

记者乐于承认的唯一原则是,迫使每一个公众人物——若非每一位普通公民的话——在犀利而冷酷的媒体视线之下生活与工作,仿佛每天都是审判日一样。

记者一旦学会并喜欢上这个游戏,他就会带着一种热情的、非个人化的兴趣,像猎犬追逐兔子一样地追逐新闻。于他而言,报纸并不是一个职业。报纸并未强加任何责任,也不为其所要求的事业心和奉献提供持久或充足的报偿。如同艺术之于艺术家一样,报纸之于记者而言,与其说是一种职业,倒不如说是一种刺激形式和一种生活方式。

获取事实——迅速而完整地获取事实——的必要性,为记者的工作赋予了游戏性质。时间和地点乃新闻的本质特征,用新闻编辑室的话来讲,这恰恰是新闻故事与小说故事的区别所在。

另一种关于两者区别的讲法是这样的:新闻关乎真实世界里
110 的事件,这一事实是新闻重要性的来源——且不论重要性如何。而小说与艺术通常具有象征性质,它们关注超越时空的理想世界中的事件。正因为如此,在“重要性”这一术语之于新闻的这个意义上,小说与艺术并不具备这种重要性。

这种重要性的观念似乎最终成了新闻这一概念的独特且决定性的要求。事件若想在读者那里具备新闻特征,它们就必须不仅有趣,而且还要重要。不过,重要性似乎跟冷热之特性相似,即是说,存在时空范围内的相对性。在经验世界中,并不存在绝对或永恒的重要性。在此时是新闻的事件,在彼时不再成为新闻,因为记录在案的事件已不再有趣。历史常常跟新闻一样有趣。但历史记载的事件却不再重要,因为人们已不能再为它们做些什么了。而另一方面,一旦人们不能再为报上所载之事做点什么,那么它们便不再成其为新闻了。

报人们之所以对新闻一见即知,是因为他们出于本能就可以知道,在其身处世界的某个特定时空中,什么对于自己的公众而言才是重要的。为此,他们有必要对所报道的那个世界了然于胸,但又不至于陷入不能以一个明智旁观者的中立视角来看待事件的地步。事实上,若报人们对于所报道事件缺乏内行的或专业的兴趣,那他们就需要去习得一种特殊的知识,即关于某种东西——一旦发表的话——会不会被自己为之写作的一般公众或特殊公众视为新闻的这种知识。另一方面,众所周知,外行们——专业人士、商人、改革者,甚至政治家——对于报纸上的报道触达普通公众之后可能产生的影响,往往知之甚少。

正因为报人们拥有这种特殊的知识,在过去七十五年间,美国才成长起了一种新的职业,这一职业似乎可以追溯至 P. T. 巴纳姆

(P. T. Barnum)[1]及其“地球上最伟大的表演”(the “Greatest Show on Earth”)。这个职业就是媒体经纪人(press agent),他们后来被叫作公共关系顾问(public relations counsel)。每一个公众人物和每一家公共机构,包括著名大学、政府部门以及美国总统在 111
内,都有自己的媒体经纪人:他们的职业是了解何时以及如何向公众发表声明,这些声明发表之后又将如何为公众所接受。在美国,新闻机构、媒体经纪人,以及大量通过报刊来运作的所谓压力团体在舆论的形成过程中,已或多或少地取代了国会,同时在法律制定过程中,也多少间接地取代了国会。

这些公共关系专家中的大部分人以前都是报纸从业者,他们放弃了身为当代生活之报道者的事业,成为公私机构管理者和负责人的私人顾问。作为术士,他们的职责在于,为我们时代的伯沙撒们(Belshazzars)[2]破解我们墙上的不详之书,亦即日报上所载事件的新闻故事。

伯沙撒当时的新闻趣味似乎完全是实用主义的。而今天,报上所载之事,对于冷静达观的读者和任何一个暂且成功地从个人紧迫的实际关切中解脱出来的人而言,常有一种完全不同的趣味。人们在闲暇时刻阅读报纸的趣味,与他们透过窗户观望大街上熙熙攘攘的人群时的趣味或许如出一辙。读报时,人们或许并不在

---

① P. T. 巴纳姆全名为菲尼亚斯·泰勒·巴纳姆(Phineas Taylor Barnum,1810—1891),美国知名马戏团“巴纳姆和贝利马戏团”(Barnum & Bailey Circus)的创始人,兼政治家、商人、作家、报纸发行人,曾通过宣传并展演“斐济美人鱼”(后被揭发为造假)、侏儒等奇人异物而大获成功。1850 年前后,他聘请了一位瑞典歌唱家,并冠以“瑞典夜莺”的名号大肆宣传,在美国和加拿大巡回演出,获得了丰厚的利润。除了演艺事业之外,巴纳姆还热心政治,于 1865 年当选为康涅狄格州立法委员。1875 年,他当选为康涅狄格州布里奇波特市市长,为当地市政建设作出了积极贡献。——译者注

② 伯沙撒是新巴比伦国的最后一位统治者,于公元前 539 年被入侵的波斯人杀死。据《圣经》记载,伯沙撒在举行最后一次盛大宴会时,看见墙上有一只手用阿拉姆语写了这几个字:“mene, mene, tekel, upharsin”。先知丹尼尔(Daniel)将其解释为上帝对伯沙撒王的审判,预言巴比伦城即将毁灭。——译者注

意新闻的重要性。这种新闻的最佳例子,便是《时代》杂志上的那些奇闻趣事,这些内容选自全国各地报纸,间或刊于“杂录”(Miscellany)标题之下。下面这则故事出自 1938 年 8 月 22 日那一期。

脚　下

> 在华盛顿大学的亨利美术馆附近,一座 16 英尺高的华盛顿雕像被安放在了 27 英尺高的基座上,这座雕像出自已故雕塑家莱若多·塔夫脱(Lorado Taft)之手,已在华盛顿州西雅图的“泥地”里有失体面地蹲坐了 29 年。[①] 在华盛顿雕像脚下,有三个不庄重的物件:一个威士忌酒瓶盖,一只被刺破的气球,以及一张致“亲爱的哈利”的沾满泥巴的便条。便条上写道:“嘿,伙计……你最近都干什么了呢?还在像我们从前那样长途跋涉吗?别了,你这只白蝙蝠。[②] 你能读到这张便条吗?假如我觉得你能读到的话,我会叫出你的许多绰号。给你一片嘘声。米基。”

这便是可以被称为“信不信由你”的那种新闻的一个例子。这些新闻对于最初刊载它们的报纸的读者来讲,可能具有某种新闻
112 趣味,但当它们出现在《时代》杂志上时,却无论如何都毫无重要性可言。它们是事实,想必也是新闻的一部分。不过,人们之所以会阅读它们,仅仅因为它们离奇有趣或滑稽可笑,又或者因为它们反映了生活中那些对于我们来讲具有相对普遍和永恒之兴趣的方面。不管是在缅因州的阿鲁斯图克(Aroostook)还是在华盛顿州的沃拉沃拉(Walla Walla),这些新闻读起来都一样趣味横生。像

---

① 这尊华盛顿雕像完成于 1909 年,曾因缺乏资金修建基座而被搁置了 29 年,后收到社会各界捐款,才得以修建基座并落成雕像。——译者注

② Cocaine addict.

这样的新闻之所以有趣，不在于人们能为此做些什么，它们无论如何都不是那种紧迫到需要人们改变计划或态度的事情。相反，它们不过是让人浮想联翩，仿佛将我们从此时此地的俗事世界投射到一个奇思妙想的永恒世界之中去。它们之有趣，与《爱丽丝梦游仙境》(*Alice in Wonderland*)或者沃尔特·迪士尼(Walt Disney)的荧幕梦幻有异曲同工之处。

然而，新闻中也会出现一些其他的事情，这些事情既不能划归为奇闻轶事，也不能划归到"信不信由你"类型的故事之中。由于有某种东西令它们变得很重要，并多少赋予其某种普遍的和象征的特性，因此它们注定会被人们记住，被重复，被广泛传播，而不受其发生的时间和地点的影响。最终，这些新闻会在超越地方历史语境之外的一般观念体系中，找寻到一席之地。倘若如此，它们可以以民间故事的形式出现，或者经过进一步变形之后，作为正式的文学与艺术的某些主题而重新出现。

如同本·赫克特(Ben Hecht)在《芝加哥的1001个下午》(*1001 Afternoons in Chicago*)和西奥多·德莱塞(Theodore Dreiser)在《美国的悲剧》(*American Tragedy*)中写作的那样，有时候，作家们懂得如何在不受时间和距离干预的情况下，将治安法庭的肮脏惨案转译为自觉而老道的文学语言与风格。然而，就像更早出现的流行民谣一样，对这些案件的报道大体上只能成为一种通俗文学，用以娱乐和教化城市里的无产阶级公众。

用报社的行话来讲，这些悲惨的插曲就是"人情味故事"，就像奇闻轶事一样，人们仅仅出于其内在趣味来阅读这些故事，而甚少考虑它们得以发生于其中的世界里的人物和事件。在人情味故事中，最低级也最受欢迎的形式无疑是此前已提及的"信不信由你"类型的故事。

每一个报人都知道什么是一则人情味故事，尽管要他给人情味故事下一个定义可能有点困难。人情味故事就是赋予新闻以故 113
事性质的那种东西，读者即便对它作为新闻毫不在乎，也会因其故事性而阅读它。人情味是新闻中的普适要素。它赋予新闻故事以象征性。正是那种发掘和解释新闻中的人情味的能力，赋予记者以文学艺术家的性质，同时也赋予新闻报道以文学的性质。也正是在人情味故事中，新闻故事与小说故事之间的区别就往往消失不见了。

具备小说形式之倾向的新闻和具备新闻性质之倾向的小说中最著名的例子，或许当属斯坦贝克最近的小说《愤怒的葡萄》，有人将这部作品描述为“一个可能成为佃农题材中的《汤姆叔叔的小屋》(*Uncle Tom's Cabin*)的故事”。

对新闻进行详细描绘并加以戏剧化的做法，是伴随所谓的黄色报纸而出现的，正是这一做法，将美国的报纸以及包括日本在内的其他国家的报纸(程度较美国更轻一些)从一种多少是严肃的事件记录转变成了一种通俗文学。可以肯定的是，不同报纸发生转变的程度有所不同。像《纽约时报》已故掌门人阿道夫·奥克斯(Adolph Ochs)那样的发行人试图将他们的报纸打造成一份事件编年史，以期报纸具有我们时代的历史记录的某种性质。而其他发行人，譬如威廉·伦道夫·赫斯特，则力图使报纸纯粹成为一种文学形式，即把新闻作为浪漫故事的一个主题——就像流行民谣里的那些故事，关于爱情与死亡的故事。

这些报纸中的每一家均按照各自不同的编辑政策来力图记录新闻。在可能的情况下，《纽约时报》都力图全文刊登各种演讲和正式文件，这是政治历史学家将来某一天可能想要参考的内容。另一方面，赫斯特先生则拼命获取人类档案；如此一来，似乎成就了一种所谓“真实故事”(true story)杂志的新风尚。可见，在《纽约时报》力图为历史保存资料之时，赫斯特先生则为文学和社会学领域作出了贡献。

114 《这些就是我们的生活》(*These Are Our Lives*)是利用生活史或人类档案来理解和解释人性与社会的最新作品，这本书在北卡罗来纳大学的支持下出版。[①]

本研究主要关注的是人情味故事，更好的说法或许是，新闻中的人情味面向。对于社会研究者和人性研究者而言，这样一个研究的重要性在于，它似乎开辟了关于报纸以及通俗文学在当代生活中的角色与影响的经验研究。迄今为止，人们一直假定，报纸的影响力仅仅存在于舆论和政治领域。但是，随着电影业的到来，随着真实故事在报纸上以及其他地方的流行，研究者们已经开始意识到，总体上，通俗文学和流行艺术对于各类机构和各种人际关系而言，具有更为微妙和更为普遍的影响。

① These are our lives: as told by the people and written by members of the federal writers' project of the works progress administration in North Carolina, Tennessee and Georgia[M]. Chapel Hill, N. C., 1939.

115 # 第四章　新闻与报界权力[①]

报界权力(the power of the press)[②]是指报纸在形塑舆论与动员社群采取政治行动方面所施加的影响力。显而易见,作为政治政策形成过程中的一个无处不在的重要工具,报界已经通过各种方式在政治过程的各个阶段都扮演着重要的角色。

在此,"政治过程"(political process)是指一个政治社会就像在与外敌交战情形下展开行动的那种过程,但它也包括那些内部的、组织的过程——即立法、行政、司法过程,还包括伴随新政策、新法律以及最终新机构的出现而来的骚动和讨论。因此,政治过程可谓始于某种骚动或社会动荡的出现,以新法律颁布、解释和执行相当长一段时间以后,习俗(mores)的某种改变而告终。新规范和新

① Reprinted by permission of the publisher from the *American Journal of Sociology*, XLVII (July, 1941), pp. 1-11.

② "The power of the press"一词本应译为报刊权力,但鉴于原文作者在本章中对该词的定义和讨论限于报纸,因此这里翻译为报界权力。——译者注

权利正是以习俗的形式被纳入它们所处社会的风气(ethos)当中。①

在这一脉络中,舆论作为政治过程中的一个事件而发挥其功能。然而,我们这里所关注的"舆论",并不仅仅指社论版上刊登的那种意见,而是指在人们试图明确表达并合理解释自己对于新闻的解读而进行的讨论中浮现出来的意见,无论这种意见是否受到了社论作者们的影响。这种狭义上的舆论就是政治舆论(political opinion),即在某种紧急情况下,当某种政治行动尚在发展过程中时所浮现出来的舆论。在舆论得到充分利用之前,也就是说,在舆论以教义、主义或法律的形式获得支持以前,它都还处于生成过程之中。舆论一旦被固定下来,被法规化,那么就变成了一种稳定且保守的力量,而非一种革新的力量。 116

在此情境下,报界的角色显然不仅要在相关议题上引导公众,而且还要形成一种集体意志和一种政治权力——就像动员社群起而行动一样——来结束争论。正是这种角色,构成了报界权力。

如果我们现在要探究这种权力的最终来源,它们显然是多种多样的,不过可以被归纳为如下几项。

---

① "希腊人使用'风气'(ethos)一词指代一个群体区别于其他群体以及体现自身个性特征的特有惯例、观念、准则与规范的总和。'伦理'(ethics)从属于风气,并因此成为正义的标准(standard of right)。在其最广泛和最丰富的含义上,罗马人使用'习俗'(mores)一词指代风俗习惯(customs),这种广泛而丰富的含义还包括这一观念——风俗习惯提供福祉并具有传统且神秘的约束力,因此是非常权威而神圣的。然而,一个非常令人惊讶的事实是,现代国家已经失去了这些词语以及存在于其中的重要示意。英语中没有'习俗'(mores)一词的派生词,也没有与之等价对应的词语。法语中的mœurs一词与'mores'相比又显得琐碎了些。德语中的Sitte一词则很不完全地表达了'mores'的意思。现代人使得道德和道德观(morals and morality)成为独立于宗教、哲学和政治的一个范畴。在这层意义上,道德就成为一个不可能存在、也不切实际的类别。它既不存在,也不会存在。'道德'一词意指那些属于或与习俗有关的事物。因此,要想对道德这一类别进行定义,就不能不参考外在于其自身的某些内容。" SUMNER W G. Folkways[M]. New York: Ginn & Co., 1907:36-37.

1.不满(Grievances)。政治家们一贯懂得如何充分利用他们所服务社群中公认的不满——公共或私人的不满。由现实政治的角度观之,公共不满实际上是一种政治资产。我了解到,针对竞争职位的甲、乙两位候选人谁更有资格利用一个特别有效的公共不
117 满这个问题,政治家们就制造过公开丑闻。我还要补充的是,希特勒及其德国人民的例子就是政治家利用不满来制造政治权力的一个明显而突出的例子。第一次世界大战后,一位理想主义的美国总统[1]那著名的"十四点"和平原则(Fourteen Points)[2]以及为兑现这些原则所承诺之目标的良好意图宣告失败,这无疑加剧与激化了德国民众的不满情绪。德国民众的幻灭,直接或间接地致使德国产生出一种政治团结以及全世界闻所未闻的一股政治力量。这股政治力量的来源虽然相对明确,但其集体意识的运行方式仍然模糊不清。

2.新闻(News)。对各种现存不满的本质与来源都非常敏感的新闻编辑和报社员工。不满会制造新闻,新闻又会制造舆论。

3.编辑政策(Editorial policy)。编辑政策以及能够合理化各种不满并最终为这些不满赋予某种事业性质的社论作者。美国黑人便是一个贴切的例子。黑人因一股长期存在的不满而团结起来,并且随着黑人的政治生活——若非还有文化生活的话——围绕这股不满而逐渐被组织起来,这种不满就具备了一种事业的形式。对于一个少数种族或少数民族而言,当一个事件能够将其主张等同于一种事业时,那么这就是其生活中的一个重要事件。当黑人这

---

① 指第28任美国总统托马斯·伍德罗·威尔逊(Thomas Woodrow Wilson,1856—1924)及其外交上的理想主义。威尔逊总统在其任期内(1913—1921)带领美国经历了第一次世界大战,他宣扬民主与世界和平,建立了外交政策上的"威尔逊主义"(Wilsonianism),包括发扬民主、鼓励民族自决、反对孤立主义等。——译者注

② 美国总统威尔逊于1918年1月8日在国会联合会上发表了一个演说,提出建立长久稳定的世界和平的美好愿景以及14项保证国家安全和世界和平的主要纲领,包括公开的和平外交、绝对的航行自由、消除所有经济壁垒、全面裁减军备、公正处理殖民地争议等,史称"十四点"和平原则或"十四点"计划。——译者注

样做时，他们就成了所有其他少数群体的领导者，这些群体也将自己的不满追溯至同一个源头，或者基于同样的原则来为自己遭受或自认为遭受的伤害寻求赔偿。

其他一些少数群体，譬如法裔加拿大人(French Canadians)，已将他们的不满转化为一个相对稳定的政党之源泉。不过，这些不满尚不具备一种事业的性质，不足以作为法裔加拿大人能够或者愿意向领土以外的世界进行呼吁的根据。

4.发行(Circulation)。要想使自己成为政治权力的来源，报纸就必须要发行。在一个稳定有序的社会中，政治舆论受到各种纪律严明、唯领袖马首是瞻的政党的支持，因此一张报纸即便只在政治精英中发行，也可以产生可观的影响。然而，在一个人人读报的民主社会里，尤其是在一个快速变化且彻底变革的时期，其间政治舆论与政治权力尚处于发展过程当中，制造舆论的就是新闻，而非社论。

简而言之，这便是我的论点。我后面所讲的内容，不过是对前 118
面已讲内容中所隐含的东西加以阐述，将其解释明白。

首先，读罢近年来人们就舆论所写的所有文章，目前显而易见的是，比起试图对之进行剖析和测量的分析家们的设想而言，舆论是一个更为复杂的事物。举例来讲，在所有舆论中，都总是存在新奇性和新闻性这两个要素。当一个人正打算为某个目的去做某件事情的时候，他真的去做这件事的可能性——哪怕大家普遍认为这件事情必须要做——会妨碍到社会集合体中的某些群体。在任何社会的任何情境下，都总是存在某些既得利益群体，他们倾向于警惕地看待任何一种变化。必须得做点什么，但做什么呢？不管新闻是在宣告已经发生的变化，抑或只是表明即将发生的变化，它都会开启对话、提出问题、制造新闻，并顺带制造政治。

舆论的另一个要素是公众情绪(public sentiment)。意见或许只是学术性的，即是说，它所关注的可能主要是一个表述的形式或者其准确性，而非其效果。但是，舆论绝不仅仅是学术性的，它始终是实践性的，始终是政治性的，始终关乎某个特定的行动——某个迫在眉睫、即将发生的行动。因此，舆论总是或多或少地掺杂着情绪。正是基于这一事实，哈佛大学校长洛厄尔[1]在其专著《舆论与民选政府》(*Public Opinion and Popular Government*)[2]中，[3]提请大家注意：舆论远远不止一个维度。它不仅具有地理上的延展性，而且还像雷暴或天气变化那样，具有方向和强度。

这一方面意味着，当某个少数群体或个体被成功说服后，其在作出政治行动的决定方面就可能比多数群体更为高效，而后者只
119 不过是因为受到某个昙花一现的事件抑或某个激动人心的演说家的调动或打动才行动起来的；即是说，后者只是被激发起来了，而不是被说服了。这也就是为什么某些政治派别和所谓的压力团体能够对立法施加巨大影响的原因，尤其当政纪崩坏、舆论冷淡之时，便更是如此。另一方面，一旦出现重大的宪政议题时，即那些已然危及既定社会秩序之存续，或者像在内战时期那样，危及国家之存亡的问题，政治派别和压力团体仍揪住局部且次要的问题不放，就会致使其影响力被削弱。一般而言，当公众心事重重、舆论

① 洛厄尔全名为阿博特·劳伦斯·洛厄尔(Abbott Lawrence Lowell，1856—1943)，法学家、教育家，曾于1909—1933年担任哈佛大学校长。在其任期内，哈佛大学的硬件设施建设、学生人数、社会捐赠金额等多创新高，他还创立了本科生主修课程制度，即要求学生在主修课程之外，辅修其他专业的课程。这一教育体系此后在美国及世界各地大学中广为采纳，直至今日。——译者注

② 有学者译为《公共意见与平民政治》，参见：罗伟尔. 公共意见与平民政治[M].范用余，译.上海：上海社会科学院出版社，2016."罗伟尔"译名为原书所译，本书译为"洛厄尔"。——译者注

③ "一个信念坚定之人，抵得过好几个信念微弱之人，这是因为，信念坚定的人更为争强好胜，因此要强迫或威慑他人，与他保持表面的一致，或者至少保持沉默与不动声色。这一现象在道德问题上或许尤为真切。很大一部分广为接受的道德准则，虽有少数人认真维持，但社群中一大半成员却对此漠不关心或心有疑虑，这并非没有的事。简而言之，舆论并非严格意义上的计数的多数意见，其表现的形式也不是测量纯粹的多数意见，因为在某种程度上，个体意见总是要经过权衡(weighed)与计算(counted)。"LOWELL A L. Public opinion and popular government[M].Longmans，Green & Co.，1913.

处于低潮之时，便正是立法改革被载入法典之时。压力团体力图使其兜售的那些提案“置身于政治之外”（他们有时就是这么说的），甚至也置身于新闻之外，这一点可谓臭名昭著。

另一方面，在危机时期，此处所界定的报界权力对于政治事务的影响力总是会达至顶点，譬如 1776 年革命时期或内战时期，便是如此。正是在这种时候，诸如《纽约论坛报》的格里利和《纽约时报》的雷蒙德那样的伟大编辑们，他们懂得如何根据事件所涉及的重大议题来对各类事件加以解释，进而对舆论和公共政策施加一种主导性影响。

即使舆论赖以产生的条件并不那么显而易见，但早已成为定论的是：除非在一个自由社会中，否则借由广大民众的参与而形成的舆论便断无可能。除非组成公众的人们对于正在实际发生的事情至少有一个大致的了解，否则关乎任何政治行动的舆论就不会存在。当然，即使在最严厉的审查制度下，人们也总是能够想方设法、间接地获悉当下发生的事情。不过，倘若那种知识只能以间接的方式传播，或者只能成形于传说或神话——它们在缺乏更直接和更准确知识的情况下出现并广为传播，那么就不会存在符合我们所熟知的舆论的那种东西了。当舆论在自由社会中发挥作用时，它是讨论的产物。而讨论又因不同个体、政党和群体对于事件所持的不同解释而起。这里又再次假定：在任何一种公众中，各方之间都存在着一种普遍理解和一种利益共同体（community of in- 120
terest），足以使讨论成为可能。

在任何一个政治社会中，但凡据以解释新闻的利益和观点多元到令讨论已不再可能时，那么也就不再有任何舆论了，至少有效的舆论是不会再有了。在那种情形下，唯有动用某种形式的武力，才能维持充分的秩序，以期各种若非正常至少也是必要的社会过程得以继续。此时，奢谈任何言论自由抑或舆论，都将徒劳无功。在我们的现代世界中，舆论在解决原本不合理的争议和矛盾方面，发挥着或貌似发挥着如此巨大的作用，我们似乎无法实现理性之治(rule of reason)。我们必须处处妥协或斗争,我们所拥有的政府和法律也总是最终以武力作为后盾。事实上,在我看来,人们必须承认,政治行动最基本的形式是战争;当发生讨论时,这种讨论不过是战争的一种替代品罢了。实际上,在现代民主国家中,使主权得以从一个阶级或政党交接至另一个阶级或政党的各种选举,也只不过是内战的一种多少更为彻底的替代品。这就是为什么内战或革命会如此频繁地尾随选举和政权交接而来,譬如,在墨西哥、南美地区以及其他一些政治上不太成熟的国家,便是如此。

这就是为什么在我们这种自由社会中,我们会容忍罢工和其他一些有限形式的暴力,以期解决政府和普通公众除了充当仲裁者之外便无意再插手的那些争端。我们务必要在这种意义上来理解沃尔特·白哲特(Walter Bagehot)所谓的"讨论的时代"(Age of Discussion)这一概念,这个概念会取代内战或王朝战争——在大多数欧洲国家其实已然如此,它不仅会成为一种决定政权更迭的手段,而且也会成为解决任何种类的争端的手段。一个讨论的时代即为一个议会政体的时代,而这种政体形式目前在世界上许多地方的确还没怎么实现。

萨姆纳(Sumner)[1]关于权利的论断,譬如言论自由的权利以及对于我们这种民主社会而言的其他基本权利,正应该在这种意义上来加以理解。萨姆纳在讨论了他所谓的"权利的教义"(dogma of rights)——即始终将权利视为武力的对立面——之后指出,"是
121 强权缔造出已有或现存的一切权利",最后又补充道,"我们若承认,目前武力已在极大程度上渗透至社会上所发生的一切事情当中,那么我们在得知它在整个文明史上的活跃程度时,便不会备感

[1] 萨姆纳全名为威廉·格雷厄姆·萨姆纳(William Graham Sumner,1840—1910),美国社会学家、经济学家、历史学家,1872—1909年任教于耶鲁大学,坚定主张经济上的自由放任主义、自由市场、个体自由以及社会达尔文主义,反对帝国主义,对美国的保守主义有着长期而深远的影响。——译者注

震惊了”。①这表面上是一个关于强权无处不在地缔造权利的论断，实则是一个关于权利只能存在于一个政治社会——亦即一个权利能够得以行使的社会——的论断。②

表面上看，舆论与“人的权利”大相径庭。但是，本文认为，二者实乃同一个或同一些政治过程的产物。舆论是集体意志在形成过程中的表现形式。而当舆论被纳入习俗惯例以后，其最终形式之一便是权利。

倘若此类观察对于报界权力似乎并未有所阐明的话，那么它们的确揭示了一种脉络，在此脉络中，人们必须在一个系统的科学框架之内来试图阐明舆论和报界，直至二者中的任何一个都能得到有益的研究。

我已指出，社论版在政治过程中所扮演的角色尽管与新闻的角色密切相关，但二者并不完全相同。社论之所以与新闻相互关联，并非仅仅因为它们刊载于同一份报纸这一事实——有时候它们并未发表在同一份报纸上面，而是因为社论意在对新闻进行补充。

事实上，社论和新闻有着不同的历史起源；除了二者皆出自同一人之手的情形以外，社论与新闻始终保持着或多或少的相互独立。报纸起源于所谓的新闻信，它们与如今从英格兰寄给我们中一些人的信件并没有什么不同：这些信由原来所在国家的通讯员写给这个国家里的朋友或亲戚，向他们提供关于正在创造历史的中心地区所发生事情的详尽的第一手描述。这便是报纸的起源。 122

---

① SUMNER W G. Folkways[M].New York：Ginn & Co.，1907：65-66.（原文简写为：Op.cit.，pp.65-66.为方便读者理解，此处补全了参考文献。——译者注）

② “严格来讲，在一个基于家族关系而形成的社会中，没有人享有权利，但所有人都担负着义务。在这样一个社会中，每一位成员都对其他成员有着某些公认的要求（claims），但这些要求是通过习俗而非武力或正式法律的形式来得以执行的。比如在中国，人际关系就较少受到西方意义上的法律的规制，而较多地受到‘礼’（li）的原则的影响。”SHU L S. The political philosophy of confucius[M].London：Routledge，1932.

最初，它只是一种在家庭成员之间或者在更广泛的朋友圈子当中传播的信件。后来，那些支付得起新闻信费用的人，尤其是那些做外贸生意的人，就雇佣通讯员定期写信给他们。

另一方面，社论则源于读者来信(letters to the editor)，那些对政治事务感兴趣的人力图通过读者来信的方式，就某些由政府计划或实施的争议性措施表达自己的观点。信件的作者们通常站在政府的对立面。在这种局面下，出版商往往只是一文不名的印刷商，如同约翰·彼得·曾格(John Peter Zenger)[①]那样。他因刊印一封这样的信件而于1735年被起诉，后被无罪释放。这一案件为这个国家确立起了一个原则，即所发表陈述的真实性在诽谤案中是一个充分的辩护理由。在英国，尽管争取言论自由的行动正如火如荼地展开，但是我相信，这一原则在那个国家尚未获得承认。

显然，社论作者和社论版的功能在于解释新闻，即告诉我们新闻意味着什么，以及我们应该为此而做些什么。我们只有在知道如何应对新闻事件以后，才会明白它们意味着什么，并且如果我们想要有效地行动，我们就必须协调一致地行动。社论版对于协调一致的政治行动的贡献程度，与编辑依据某种理性原则来解释事件的能力有关。只有通过这种方式，事件才会在最基本的意义上变得明白易懂。在政治民主的动乱中，当政府于众声喧哗之中苦苦支撑时，常常很难保持一个一往直前的航向。然而，能否成功地保持航向，则是偏航与驾驭之间的区别所在。

有一条法则宣称，在法律应该协调一致与法律应该公平合理之间，前者更为重要。在某种意义和某种程度上，编辑政策亦是如此。然而，法官和编辑有时会自我推翻。当编辑自我推翻时，报纸读者可能会感到困惑不安，并且对于出版商来讲，这有时可能是灾难性的。尽管如此，只要社论版和编辑政策能够与新闻所记录的那些事件保持关联，编辑就能对舆论的走向发挥非常重要的影响。

---

① 原文为John Peter Zenker，疑为笔误，应为John Peter Zenger。——译者注

反过来说，社论关于新闻的解释一旦被打上某种教条主义特征——正如其始终具有的那种教条倾向一样，我们就会知道，无论发生任何事情，社论版都会像布谷鸟闹钟那样老调重弹，其影响力也就衰退了。当然，社论版并不会就此消失，但其影响力跟某个一再重复的政治教条的影响力别无二致，这不是我们可以归结于动态舆论的那种影响力，动态的舆论是随着现实世界中各种事件的变化而不断变化的。 123

与社论作者相反，新闻编辑和记者们的情形则大为不同。他们无须使当天的新闻与头一天的新闻协调一致。这是因为，新闻编辑和记者们每天早晨都会开启新的一天，而这一天能发生的最好的事情，就是人们昨天不曾料想到的事情。

在报纸历史的早期阶段，新闻栏是社论版的附庸，假使某个已发生之事与报纸的编辑政策不相符合，那么编辑就可能会将它压下不发，这么做是一个公开的政策。而在现代报纸上，新闻几乎涵盖了生活的方方面面，新闻栏的重要性令社论黯然失色，新闻编辑和记者们就此取得了一种前所未有的独立性，并且，正如查尔斯·A. 达纳[①]所言，报纸几乎可以刊载上帝允许发生的任何事情。

这并不是说，与社论作者相区别的新闻编辑就毫无政策可言。恰恰相反，他是有政策的。不过，新闻编辑的政策并非由政治考量所决定，而是由他对于什么是新闻的评判所决定。对于什么是新闻这一问题，报社中包括根本不算是一个部门的头版在内的每一个部门都可能有不同的答案，这是因为，报纸需要面向最广大的读者群和最不精明老成的那些人。

报纸新闻观念的扩展带来的一个后果是，读报人数或阅读人数大大增加了。不过，在这个更为庞大的读者群中，现在已经没有多少人会阅读社论版了。

---

① 原文为 Charles S. Dana，疑有误，根据原书人名索引显示，此处应为 Charles A. Dana。——译者注

社论专栏显然是为知识分子而存在的。然而，新闻却是为绝大部分人而生，在新闻的基础上形成的舆论，代表着人们基于自己的兴趣、偏见以及偏好来对事件做出的解释，这种解释会受到与之
124 进行讨论的其他人对该事件所持解释的限定。

显而易见，由于不同的人对于新闻有着不同的解释，新闻往往会分散注意力，使讨论走出抽象而普遍的理念王国，进入普通人的理解范围和话语场之内。

如果所言非虚，那么新闻对舆论的影响就与社论对舆论的影响截然相反，社论力图将注意力聚焦于政治行动的某种原则或计划。事实上，新闻则往往会瓦解那些从早期经验中提炼出来的政治原则、政治学说和政治信条。当一个社会以这样的方式组织起来，即每一个地区、每一个社群、每一种职业以及每一门技艺都有各自的知识领袖，编辑们的观点就会经由这些知识领袖的中介，最终被人们所感受到。然而，在当前这种时期，巨大而快速的变革正在发生，编辑方案和政治政策就很难跟得上各种事件的步伐。在这种时期，是读者大众最终同意加诸事件的那种解释造就了舆论。实际上，我似乎已经注意到，特别是最近几个月，报纸专栏作家们都苦恼于既要努力使他们的作品与新闻保持协调一致，还要努力跟上新闻的发展步伐。

这种从广大报纸读者的反应中所浮现出来的舆论正是盖洛普(Gallup)和其他民意测验力图测量的对象。李普曼发表其著名论著《自由与新闻》时，心里装着的正是这种流动不居、摇摆不定的舆论。这一论著的主旨在于，只有当新闻的源泉不被宣传所污染，人民才可能保有民主社会向他们允诺的那些自由。李普曼以一种我所无法企及的出色语言阐述了这一主旨。他指出：

> 正如最有害的失序形式是由高层煽动的暴乱，最不道德的行为是政府的无道义一样，最具破坏力的谎言形式就是那些以报道新闻为业的人的诡辩与宣传。新闻栏

> 是一种公共载体。倘使控制新闻栏的那些人任凭自己的良心来行使决定何事因何目的而被报道的权利，民主就无法正常运转，舆论也遭到封锁。这是因为，人们若不再
> 能够自信地通往给予他们信息的最佳源泉，那么任何人 125
> 的猜测、任何人的谣言、每个人的希望，以及每个人的突发奇想就变成了政府之基础。①

这段话令我印象深刻，它不仅准确地道出了新闻的功能，而且也恰当地道出了新闻在我所描述的政治过程中的重要性。然而，同样正确的是，就政治而论，除非一个社群拥有一整套能够令各种事件得到正常解释的传统和共同理解，否则便不存在，也不可能存在新闻这种东西。这当中所牵涉到的考量，即使在李普曼先生关于舆论的全部著述中，也尚未得到充分的讨论。与他的其他著述相比，他在《道德序言》(*A Preface to Morals*)一书中或许更为接近这一观点。

---

① LIPPMANN W. Liberty and the news[M]. New York: Harcourt, Brace & Howe, 1920:10-11.

126

第五章　士气与新闻[1]

一、宣传

由于战争已侵入精神领域，士气因此在战争与和平时期都表现出了一种新的重要性。如今，总体战争(total war)[2]是一项如此巨大的事业，以至于交战国都发现，不仅有必要动员一切物质资源和道义资源，还有必要使当前的和平仅仅成为未来战争的一种准备状态。在这种局势下，所谓的"心理战"(psychic warfare)就显示出了重要性，这种战争能在实际交战的国家之间展开，并且还取得了一种技术效率。这种技术效率即便没有改变战争的根本性质，也已深刻地改变了和平的性质，令其更加难以开花结果。

心理战的攻击目标在于士气(morale)，相较于全副武装的将士而言，处于后方的平民百姓的士气更易成为攻击对象。这是因

---

① Reprinted by permission of the publisher from the *American Journal of Sociology*, XLVII:3 (November, 1941), pp. 360-77.

② 总体战争(total war)又译为全面战争。——译者注

为,“恐怖战略”(strategy of terror)更多地指向非战斗人员,它瞄准的是那些必须等待和忍受战争的人,而不是那些能以某种方式予以回击的人。[1] 顺带一提,由于心理战是一种精神战(war of nerves),[2]所以它会成为一种让总体战争的目标无法达成的手段。总体战争之所以失败,是因为它让每一个人都有某种事情可做;由于这一事情牵涉到人们对一项伟大集体事业的参与——哪怕只是
象征性地参与,那么它就同时是鼓舞人心和解脱痛苦之源泉。因 127
此,总体战争最终往往不仅能够增进民众的团结和士气,而且会增进军队的团结与士气。至少,总体战争在英国似乎已经不仅仅达到了这种效果。在英国,总体战争显然创造出了一种民族精神和一种民族团结,而这种民族精神和民族团结自西班牙无敌舰队(Spanish Armada)入侵英国那年[3]以来,就再也不曾存在过。

与他人一道加入集体行动的意愿,是推动人类前进的基本动机之一。参与重大事件的意识和兴奋构成了人类经验中最令人振奋和满足的体验之一。这种参与总是会在他人心中激起回响,于是每一位参与者的行动便获得了一种新的尊严、新的荣誉以及额外的道义支持。

正是在这些广泛的集体事业当中——战争、革命,或者诸如劳工运动之类的社会运动,并且借由这些集体事业,新的制度才得以出现,旧的制度有时候才得以焕发生机。对此,似乎没有人比《没有主心骨的西班牙》(*Invertebrate Spain*)一书作者何塞·奥尔特

---

① TAYLOR E.Strategy of terror[M].Boston: Houghton Mifflin Co., 1940.

② 精神战是指通过恐吓、威胁等手段制造恐惧情绪,打击对方士气,摧毁对方斗志,以达到不战而胜的目的。第二次世界大战期间,纳粹德国曾使用这种战术攻占他国。——译者注

③ 1588 年,西班牙无敌舰队入侵英国,企图在整个欧洲建立霸权统治,但被英军打败。这次海战的失败阻止了西班牙征服英格兰的图谋,削弱了西班牙国王菲利普二世的统治,而巩固了英国女王伊丽莎白一世的王权,并为英国消除了天主教的威胁,确立了宗教改革的成果。这场大捷在英格兰人心中奠定了胜利的集体意识,对后世影响深远。——译者注

加·伊·加塞特(José Ortega y Gasset)有更好的理解了。当该书于1937年出版时,没有人有更多的理由要去理解它,因为书中那些文章致力于分析西班牙帝国的分分合合与西班牙民族统一的产生过程。他关于西班牙的分析与当今世界上其他地方的局势尤为相关,也与本文的主题特别相关。这些文章中的第一篇题为《如何创造和摧毁一个国家》(*How to Make and Break a Nation*)。

他说:"昨日、传统与过去并不是一个国家的决定性力量。要拥有一个面向未来的计划,国家才能够被创造出来,并持续存在。"他补充道,对于统一和团结而言,既不重要也不必要的是,"一个社会的各个组成部分在观念和愿望上保持一致,而重要且根本的是,每个人都应该了解他人的想法和愿望,并在一定程度上,将这些观念和愿望吸纳进自己的生活当中"。[①]

相较于对某种形式的集体行动的参与,或许没有其他任何社会过程或互动形式能够将社会中各自独立的部分如此有效或如此彻底地整合起来——倘若不是将它们融于一体的话。事实上,正
128 如某些作者所构想的,只有当一个社会能够协调一致地行动时,这个社会才会存在,或者用一个航海术语来讲,它才会"处于存在状态"(in being)。[②]

所谓的"我们"群体("we" group),就是典型的行动群体。倘若人们将每一种形态的社会——种族中心主义或群体自我意识通常显现于其中——都包括在"我们"群体这一术语之下,那么这句话就尤为正确。一帮乌合之众或一群暴民不会认为自己是"我们",至少在与另一帮乌合之众或暴民产生联系或冲突之前,他们不会如此认为。在后一种情形下,这一群体立刻就会表现出一个帮派的特征,它会给自己取个名字,也许还会表现出对于自己特有的地盘拥有某种模糊的独占权。这是某些低等动物的典型特征,

---

① GASSET J O Y. Invertebrate Spain[M]. New York: Norton, 1937:19-45.

② THOMSON J A. Animal sociology[M]//Encyclopedia Britannica. 14th ed. I, 971.

尤其是鸟类。我不揣冒昧地在此关联中提及这种非常低等的社会，旨在强调这样一个事实：不但军队和国家需要某种士气，其他任何类型的社会群体同样有此需要，这些群体必须有效地行动，以便在与其他社会群体的斗争中存活下来。

欧洲近期的历史已经有力地展示了提高一个民族的士气、恢复(若非创造)一种民族精神的种种技艺和手段，以及如何削弱并最终摧毁敌国民族团结的种种办法，而这些技巧、手段与方法在当前的新闻当中，也得到了充分的说明。在观察者和参与者们写下的有关当前欧洲冲突的第一手报告中，含有一种更为现实的政治学材料。这种政治学在历史上归功于马基雅维利(Machiavelli)，而意大利社会学家帕雷托(Pareto)的著述则是这种政治学的一个更晚近、更系统的范例。对于这种现实政治科学(realistic political science)而言，对政治事件的第一手记述是一种原始资料集，譬如威廉·夏勒(William Shirer)[①]的《柏林日记》(*Berlin Diary*)即是如此。他关于纳粹党早期在纽伦堡(Nuremberg)举行的一场"动员大会"("pep-meetings")的记述，不仅于历史学有所贡献，于社会学亦有贡献。"动员大会"并不是一个形容纽伦堡典礼的贴切词语。能更好地描绘它的词语应当不那么世俗，并且更能让人联想到宗教复兴。以下段落摘自《柏林日记》，记于1934年9月5日，纽伦堡

① 威廉·夏勒全名为威廉·劳伦斯·夏勒(William Lawrence Shirer，1904—1993)，美国记者、历史学家。夏勒曾任《芝加哥论坛报》驻外记者。1937—1941年，他受聘于爱德华·默罗(Edward R. Murrow)，担任哥伦比亚广播公司广播员，向美国传达欧洲的各种危机，包括纳粹的威胁，这段经历后来收入《柏林日记》一书当中，该书翔实的记录为他赢得了广泛的声誉。20世纪50年代，夏勒开始研究纳粹德国的历史，并出版了《第三帝国的兴亡》(*The Rise and Fall of the Third Reich*)，该书以亲历亲闻的第一手材料记述了纳粹德国兴衰的历史，成为迄今为止论述纳粹德国最为经典的作品之一。1969年，夏勒出版《第三共和国的崩溃》(*The Collapse of the Third Republic*)一书，成为研究两次世界大战期间法国历史的最好作品之一。1979年，夏勒出版《甘地回忆录》(*Gandhi：A Memoir*)，回溯了他于20世纪30年代早期驻印度工作时对甘地的一系列采访。他的三部曲回忆录后来结集成为《二十世纪之旅》(*Twentieth-Century Journey*)三卷本丛书。——译者注

典礼当天。

129 我想，我开始理解希特勒之所以取得令人震惊的成功的某些原因了。他借鉴了罗马教会的经验，正在将壮丽、色彩与神秘主义重新恢复到20世纪德国人单调乏味的生活当中。今天早晨，在纽伦堡郊区吕特波尔德会堂(Luitpold Hall)举行的会议①开幕式不只是一场壮观的表演；它还带有某些神秘主义色彩，带有在一个宏伟的哥特式大教堂中举办复活节或圣诞节弥撒时才有的那种宗教狂热。整个会堂就是一个鲜艳旗帜的海洋。希特勒的出场也颇具戏剧性。乐队停止演奏。会场内，三万人鸦雀无声。随后，乐队奏起了《巴登威勒进行曲》(*Badenweiler March*)，这支曲子非常引人注目，有人告诉我，只有当希特勒盛大进场时才准予演奏。希特勒从会堂的后部现身，其部下戈林(Goring)、戈培尔(Goebbels)、赫斯(Hess)、希姆莱(Himmler)等人则紧随其后，当他缓步走过会堂中央长长的过道时，三万人举手致敬。据老前辈们说，这个仪式一直得以沿袭。然后，大型交响乐团演奏了贝多芬的《埃格蒙特序曲》(*Egmont Overture*)。巨大的弧光灯照在台上，希特勒四周环坐着一百名纳粹党的官员以及陆、海军军官。他们身后竖着一面“血旗”(blood flag)，是从发生在慕尼黑街上那场以失败告终的暴动②中

① 指1934年9月5日至10日，纳粹党在纽伦堡召开的全国党代会。——译者注

② 1923年11月8日至9日，希特勒在慕尼黑发动政变，意图夺取政权，史称啤酒馆暴动，但暴动以失败告终，希特勒被判入狱九个月，他在狱中口述了《我的奋斗》一书，由鲁道夫·赫斯执笔，并于1925年出版。——译者注

> 留存下来的。“血旗”后面，是四五百面暴风突击队[1]的旗帜。音乐结束后，希特勒最亲密的战友鲁道夫·赫斯(Rudolf Hess)站起身，缓缓念出纳粹党“烈士们”——在夺权斗争中被杀害的褐衫军队员——的名字(即对死者点名)，令在场的三万人非常动容。
>
> 毫无疑问，在这样一种气氛之下，希特勒说出的每一个字都像是至高无上的领袖圣言。此时此刻，人们(或者至少是德国人)的批判能力被一扫而光，他所说的每一个谎言都被当作至高无上的真理本身来接受。

精神战(spiritual warfare)的技艺和手段数量甚众，形式多样，并且它无疑比迄今为止任何分析所披露的都更为微妙。不过，心理战中既能进攻也能防守的武器之一就是宣传。[2] 哈罗德·拉斯韦尔(Harold Lasswell)令宣传成为一个广为研究的题目，他关于该题目的著述比我所熟知的大多数著述都更加精妙。他力图区分教育和宣传。他的区分建基于文化的两种不同要素或两个不同方面，分别谓之“技巧”(technique)和“价值”(value)。他讲道：“对于传统的价值态度所进行的谆谆教导通常称之为教育，而宣传这一术语则恰恰相反，它旨在传播那些颠覆性的、争议性的，抑或纯粹

① 德语全名为 Sturmabteilung，简称 S.A.，别名“暴风突击队”(Storm Troopers)或“褐衫军”(Brownshirts)，纳粹党的一个准军队组织。该组织由希特勒于 1921 年在慕尼黑组建，早期成员主要为退伍军人，主要任务是保护纳粹党的会议，打压反对纳粹党的异己和犹太人，在希特勒夺取政权的过程中发挥了至关重要的作用。随着 S.A.的逐渐壮大，时任 S.A.领导人的勒姆(Röhm)意欲将正规军与 S.A.整合，并统一纳入他的指挥之下，这引起了希特勒的警惕。1934 年 6 月 30 日，希特勒发动名为“长刀之夜”(Night of the Long Knives)的突击行动，消灭了 S.A.领导团体，勒姆和十几名领导人被行刑。此后，S.A.的力量被大大削弱，不再在纳粹党内发挥重要的政治作用。——译者注

② YOUNG K，LAWRENCE R D. Bibliography on censorship and propaganda[M]. Eugene：University of Oregon，1928.

130 新奇的态度。”①

这种区别大体上就是新闻与宣传的区别，或者更准确地说，就是新闻与社论的区别。社论版所力图灌输的不仅是态度，而且还有意见；社论里的那些意见可能是“颠覆性的、争议性的，抑或纯粹新奇的”，并且它们对于美国的大多数报纸读者而言，的确如此，因为读者们不会阅读这些社论意见，任何一种意见都不会读。

新闻与社论之间的差异是每一个报人都知晓的事情，即便他未必总是能给出定义，使它们的区别在任何情况下都一目了然，但当他需要区分二者时，就总是会知晓。新闻的本质或内在特质虽然令人费解，但它既非宣传，亦非社论。人们通常可能会说，新闻陈述的是事实，而社论讲述的是真相。事实可能会引起反思，促进商议，有时还会带出更多的事实。然而，真相则往往具有一种定论的性质。一旦真相大白，亦即全部真相已和盘托出，人们就会停止探究，不再反思，要么像一株植物那样沉默不语，要么就像一个人那样展开行动。宣传可能比一般的社论更具紧迫性。由于宣传谋求的是行动，因此其目标在于消除疑虑，它有时会假装真相已定，即便那还只是一个片面的真相或是一个彻头彻尾的谎言。

当事实服务于宣传者的目的时，新闻就或许是，而且经常是最好的一种宣传；然而，新闻和事实总是能够引出不止一种解释，这对于宣传来说却是致命的——反思始终是致命的。

正是因为事件能够拥有不止一种解释，我们才会对事件展开讨论。而正是从这些讨论之中，舆论才得以浮现出来。讨论不仅制造舆论，它们有时还会制造战争。但是，就我的观察所及，讨论极少制造和平。那并不像是讨论的功能。当讨论以一种有序的、学术性的方式来展开，就被称为辩证（dialectic），这种方式由苏格拉底（Socrates）最先引入，并由哲学家们维持至今。倘若辩证也能

---

① LASSWELL H. Propaganda[M]//Encyclopedia of the social sciences, XII. New York: Macmillan Reference USA, 1934:522.

被视为一种社会过程的话，其功能似乎在于对意见进行验证。人们通过查明意见在不同表达中是否一致，来验证它们。讨论的结果通常是暴露出不同意见建基其上的种种潜在假设，更不用说这 131
些假设的潜在复杂性了。这有时会促使意见达成一致，但有时也会暴露出异常深刻且充满情感和情绪的差异，以至于进一步的讨论若非绝无可能，也似乎毫无裨益。当那种情况发生于个体之间时，似乎除了打架之外，便别无继续进行争论的方式。当它发生于国家之间时，则会导致战争，正如最近发生在英国和德国的情况那样。

由此观之，无论是肉体上还是心理上的战争，都显现为辩证过程的一个例证。当讨论不再是学术性的，当它最终采取武装冲突的形式，那么，用一位新晋作家的语言来讲，这种讨论就不再止步于一种“思想的战斗，在其中，观念、意识形态、宣传以及情感以有序的排列发生碰撞，如士兵一般纪律严明”①。在这场思想和意志的战斗中，交战各方的目的都是维护并尽可能提升己方士气，同时破坏并削弱敌方士气；宣传无论是仅仅试图解释事件，还是试图灌输和捍卫那些据以解释事件的预设和意识形态，它都是一种主要的攻防武器。

二、士气

关于士气是什么以及它存在于何处的问题，似乎有着某些不确定性。它存在于个体之中还是群体之中，抑或兼而有之？无论哪种情况，士气的重要性都毋庸置疑。它在战争中很重要，但重要到什么程度？没有人能够准确获知。它是那些难以估量的事物之一，人们必须认真对待它，却又无法准确掂量它。

在军队中，士气乃“战斗的意志”（will to fight）；而在民众中，

---

① TAYLOR E. Strategy of terror[M]. Boston：Houghton Mifflin Co.，1940：1.

士气则是对于国内的艰难困苦和来自前线的坏消息的承受能力。这种关乎战斗和忍耐的意志似乎是一种复合体，包括其他几种难以估量的组成部分：勇气、信心，以及基督教美德中的信念、希望与仁爱；这里所说的“仁爱”意味着体谅，是人们期望在小型战斗单位或一个井然有序的家庭中找到的那种体谅。这种体谅是团队精神(esprit de corps)[①]的基础。众所周知，仁爱始于家国，不能推及敌人，抽象地谈论仁爱，并非一个战士应有的品格。

132 尽管士气取决于我们称之为美德的那些品质，但它并不等同于道德或习俗。道德是习惯，它像良知一样，根植于传统之中。当道德遭遇新情况时，就可能变得含混不清，陷入冲突、妥协与诡辩之中。出于良心拒服兵役者(conscientious objector)就属于这种情况。另一方面，士气是前瞻性的；它虽建立在无处不在的纪律与团结之上，但其前景是面向未来的。士气乃意志，即有机体的行动趋向，这种意志围绕一个对于未来的信念而组织起来，而非围绕对于过去的兴趣或虔诚关切而组织起来。无论在战争时期还是和平时期，士气都是一种意志，一种展开行动，并在行动过程中坚持不懈，直至激发这种意志的希望得以实现的意志。尽管我们通常将“士气”这一术语限定于行动方面，但我们也将其应用于那些看起来不受控制或引导的日常行为之中。

1933 年 3 月 12 日，罗斯福总统向美国人民发表讲话，[②]其时，

---

① 法语词汇。——译者注

② 第 32 任美国总统富兰克林·罗斯福在就任后的第八天开启了第一次广播演讲，主题围绕银行业危机展开。罗斯福总统希望广播演讲能够轻松一些，在场记者提出，可以叫“炉边谈话”(Fireside Chat)，从此，“炉边谈话”就成为罗斯福总统系列广播演讲的总称。自 1933 年至 1944 年，罗斯福总统进行了约 30 次广播演讲，主题大多围绕经济危机、工业复兴、银行业、金融业、新政、二战等议题展开 。——译者注

美国大部分银行都已歇业，大多数美国人也正处于一种恐慌状态。[1]他在讲话中谈道："归根结底，在对我们的金融系统进行重新调整的过程中，有一样东西比货币更加重要，比黄金更加重要，那就是人民的信心。"这次讲话的效果被形容为巫术般的。[2]布罗尼斯拉夫·马林诺夫斯基（Bronislaw Malinowski）在特罗布里恩群岛居民（Trobriand Islanders）中间进行的研究让他成为巫术话题方面的权威，我猜连他都会说，罗斯福总统的讲话是巫术般的。按照我对马林诺夫斯基的理解，巫术的本质就是经由语词和符号而产生的种种效果。[3] 马林诺夫斯基告诉我们，当面对某种无法预见或前所未有的事件时（就像最近奥森·韦尔斯[Orson Welles]报道的"火星人入侵地球"一样[4]），恐惧会动摇士气，而原始社会中巫师的作用之一，便是恢复士气。

这似乎再一次证明了此前常常论证过的观点，即创造并维系军队士气的语词和符号对于维系一个公民社会的士气是同等必要的。因此，我们似乎必须承认，士气是我们一切集体事业的一个影响因素。士气作为证券交易所运营的一个影响因素，跟它作为美国共产党各项活动中的一个影响因素，是差不多的。

有趣的是，就在罗斯福总统向美国人民发表历史性广播讲话 133
的同一天，新闻界宣布了纳粹党的胜利，或者更准确地说，宣布了纳粹党派在普鲁士邦选举中的胜利。《纽约时报》记者在评论此次

① 罗斯福总统就任前夕，美国的银行业在全球性经济危机的冲击下濒临崩溃，全国各地出现挤兑风潮。罗斯福就任的第二天发布总统令，要求国会宣布自3月9日起，全国银行休假4天。3月12日，在全国各大银行重新开业前夕，罗斯福发表了第一次"炉边谈话"，很大程度上缓解了人们的恐慌心理。——译者注

② 在罗斯福总统发表讲话的第二天，很多美国人把挤兑提取出来的货币和黄金又存进了银行。三天后，全美500多家银行重新开业，金融系统再次运转起来。——译者注

③ Argonauts of the Western Pacific (London, 1932).

④ CANTRIL H. The invasion from Mars[M]. Princeton, N. J.: Princeton University Press, 1940.

选举时说道："凭借国家社会党人(National Socialists)[①]和民族党人(Nationalists)的选举历史，德国自古帝国(Old Empire)时期以降，首次实现了统一。"顺带提及的是，200多人在此次竞选活动中被杀害，但这位纽约记者当时相信，"暴力已停歇"。[②]

士气不仅具有精神面向，还有其肉体面向，或者更明确地说，生理面向。由生理学或者社会学角度观之，士气似乎是指一个个体或一个社会在一段时间内保持紧张状态的能力，以及将一种行动或一项事业开展到底的能力。这种行动虽有中断，但似乎可以无限期地继续下去，这就跟一个人孜孜以求地行动以取得事业成功，或者终其一生地投身于一个项目的情形是一样的。紧张感在其最初阶段所涉入的状态，可以从观察一只猫凝神屏息地等待一只老鼠出现，或者任何一个食肉动物悄悄逼近它的猎物时推断得知。

20世纪初叶，有两个人的著述为社会学的思考与研究赋予了新的取向：意大利的西皮奥·西盖勒(Scipio Sighele)[③]和法国的古斯塔夫·勒庞(Gustav le Bon)。勒庞的小书《乌合之众》(*The Crowd*)对于这一新取向的普及，贡献甚大。他发现，在某种特定条件下，一群无共同目的似乎也无共同利益的人偶然聚集在一起，此时一旦出现某些必要条件，他们就会突然——更不用说奇迹般地——转变为一个如他所言的"单一的存在"(a single being)，而不再是一种个人的集合体(agglomeration of individuals)，这就回应了他所谓的"乌合之众精神统一律"(the mental unity of crowds)。

---

① National Socialist多译为国家社会党人(简称国社党)，也有译为民族社会党人，德语全称为：Nationalsozialistische Deutsche Arbeiterpartei，英语全称为：The National Socialist German Workers' Party，即德国国家社会主义工人党或德国民族社会主义工人党，简称纳粹党。纳粹(Nazi)是德语"民族的"和"社会主义的"两个词的缩写。——译者注

② F. T. Birchell, *New York Times*, March 12, 1933.

③ 西皮奥·西盖勒(Scipio Sighele, 1868—1913)，意大利社会学家、犯罪学家、群体心理学研究先驱，著有《犯罪的群体》(*The Criminal Crowd*)等书。——译者注

如他所说，这一切听上去都像是不祥之兆。然而，他所描述的却是一种我们熟悉的经验。这就是一群乌合之众在兴奋状态下变为一群暴徒，变为一个非常有效的行动主体并采取非常初级的集体行动的事实，例如用私刑处死他人，而这是一个纯粹的个人集合 134
体所办不到的。人们可以在牛群或羊群中观察到大致相同的现象。玛丽·奥斯汀(Mary Austin)[①]在其小书《羊群》(*The Flock*)中就描述过这种现象：在某种危难或突如其来的恐惧的影响下，羊群有时会不安地走动，围成一个不断缩小的圈子，“直至它们窒息而死”[②]。

在这种情形下所发生的事情，正是当乌合之众中每一个人的注意力都偶然地聚焦于某个超乎寻常地令人兴奋的事物或者事件时所发生的事情。通过一种类似于羊群或牛群乱兜圈子般的心理过程，每一个人的兴趣和兴奋都会被自己下意识地对别人的显在兴趣作出的反应所加剧。在此情况下，乌合之众便表现出了一种闭合电路的性质：每个人都在回应他自己的兴奋，因为他的兴奋正显现在身边人的态度和情绪之中。这种循环反应的效果在于，它使得初始刺激能够稳定地恢复，并使得每个人的被暗示性、兴奋与紧张相应地增加，直到乌合之众变成一个集体单元，直到他们在心理上合而为一，并且能够被彻底动员起来，开展任何预期的或者碰巧表现出来的行动。无论如何，倘若一触即发的行动果真发生了，那么它将会是突然的、冲动的；同时，除非有某个局外者的操控，否则它也将是未经谋划的、意料之外的。

由于这种行动是未经谋划的、意料之外的、缺乏远景的，因此人们可能不会从“士气”一词通常所指的意义上来谈论乌合之众当中的士气。但是，当一个预定的、计划内的行动不仅要求准备就

---

① 玛丽·奥斯汀(Mary Austin，1868—1934)，美国小说家、随笔作家，作品多关注印第安文化与社会问题。——译者注

② Mary Austin, *The Flock*, quoted in PARK，BURGESS. Introduction to the science of sociology[M].2nd ed. Chicago: University of Chicago Press, 1924:881-882.

绪，还要求在面临长期行动中出现的所有事故、冲突以及际遇变幻时保持持续行动的意志，那么，士气一词就获得了我们在谈及军队士气或民众士气时所赋予它的意义，正如我们今天常常谈及的那样。尽管如此，士气这一术语有时也会在更加广泛的意义上得以使用，譬如当提及法国在被德国占领之前和之后的普遍心态时，人们似乎可以谈论任何社会或任何群体的士气，在其中，某种一致性借由某种交流而得以维系。在这样一个社会中，人们的紧张感会随
135 着生存状况的变化而变化；其目标方向也会随着事件的发生而变化。人类社会中总是有着各种潮流。随着潮来潮去，社会的张力也时起时落，同时，由于社会不可避免地面向新闻到来的方向，因此它也就会随着新闻中所报道的种种变化来改变对于世界的态度。

紧张感与意志在个体和社会中最普遍的一种表现形式就是气氛（mood）。无论是葬礼还是婚礼，每一种场合都有其特定的氛围。人们的每一次聚集，即便只是街头的一群人，都会受到某种情绪的支配。当人们不能分享这种情绪时，或许就更有可能注意到它。在那种情况下，无论身处悲伤的场合抑或高兴的场合，人们都感到被排斥在外，并会不可避免地寻求更多意气相投的同伴。

在阅读威廉·夏勒的《柏林日记》时，有一点不断地给我留下深刻的印象：他置身于一个适意性正在每况愈下的世界中，却似乎留意到了其中的精神境况所发生的每一个变化。这种精神氛围似乎是评判一个公民社群之士气的一个非常可靠的指标和条件，即便是在一个像常驻外国的外交官圈子那种比较小的社群中，亦是如此。无论如何，精神氛围都已经成为希特勒及其宣传机构的一个持续关切，其目的是在德国民众当中保持一种氛围，这种氛围能够支持战场上的军队士气和国内的政府计划。正是这一点，为夏勒所描绘的纽伦堡庆典赋予了重要性。显然，与纳粹运动相关的一切庆典和仪式，其目的都是为了创造出一种氛围、一种紧张感和一种期望，通过将注意力聚焦于希冀之事，从而有效抑制与希冀之

事背道而驰的任何考量。

审查机构的目的在于维持这种氛围，并保护德国人民免受如戈培尔[1]所说的外国宣传之“毒害”。而宣传机构的功能则在于，当外国对于事件的报道触达德国人民时，就对此类报道的效果予以解释和调整。

显而易见，在不同类型的社会中，冲动(impulse)——亦即行动的意志——会以截然不同的方式表现出来；也就是说，在乌合之众中，在帮派团伙中，在政治党派中，在宗教派别中，其表现方式都各不相同。事实上，在一个集体行动相继演化的各个阶段，它都可能 136
会以不同的方式表现出来。这种集体冲动在演化进程中，具备了一种思维——即一种集体思维(collective mind)——的大多数特征。因此，玛丽·奥斯汀谈到了“羊群思维”(flock mind)，勒庞描绘了“乌合之众思维”(crowd mind)的特异性。我们对“公众思维”这个词语很熟悉。倘若我们认为“集体思维”仅仅指的是令个体有可能协调一致地行动的那种团结以及紧密的相互依存，那么，这种所谓的思维或意志存在于何处？它是不是个体意识的一个阶段或一个方面——如同阶级意识那样，还是具有某种独立的存在？这些问题似乎就无关宏旨了。看来，集体行动的能力是经由传播活动中思维的相互贯通才得以产生的。

在帮派或其他关系密切的群体中，交往建立在熟悉的人际关系之上，士气表现为团队精神。在一个实质上是冲突团体或讨论团体的政治党派中，士气表现为某种政策，这种政策获得了某种正式原则的支持。在一个宗教派别中，支撑士气的是教义的权威性，或者不容置疑的教条。在纳粹党的历史进程中，它似乎经历了我

[1] 全名为保罗·约瑟夫·戈培尔(Paul Joseph Goebbels，1897—1945)，阿道夫·希特勒执掌第三帝国时期的宣传部部长(Minister of Propaganda)，精通演讲与宣传，致力于向德国民众塑造一个积极正面的纳粹政权形象。希特勒自杀之后，戈培尔担任德国总理，仅一天以后，戈培尔夫妇毒死自己的六个孩子之后双双自杀身亡。——译者注

所提及的四种社会类型表现出来的所有阶段。它最早出现于叛乱或政变(coup d'état)[1]之中,由一个几乎无异于暴民的群体所发动。接着,它在与德国共产主义者的战斗中杀出一条生路。此后,它变成了一个政党,当它的支持者们在德国国会中获得代表席位时,它也由此取得了一种新的地位。与此同时,至少在其领导层中,它或多或少地表现出了一种狂热的政治派别特征——若非宗教派别特征的话。作为一个政治派别,它试图用一个新生宗教的所有激情与狂热精神,来镇压一切形式的异见。在其指引之下,德国人民如今显然在忙于一场所谓的"圣战(holy war)",以期重组这个星球上社会生活的所有基本方面,即经济、政治和宗教等方面。

假如这种讲法有点过于简要,以至于历史事实无法得到公正对待的话,那么它至少也表明了,在今日[2]之德国这样的极权主义
137 政府之下,士气能够成为何物,而在我们美国这样一个更加世俗的社会中,士气不能成为何物。

三、新闻

在我看来,活动(activity)与行动(action)之间的区别在于,行动具有远景,有始有终——始于最初的冲动,终于最后的公然行动,而它在自始至终的转变过程中,有可能会遭遇各种事件,这些事件有时会使得行动的完成变得不太确定。简而言之,行动就是受到控制和引导的活动。这就是为什么每当且如果行动变得持久而困难时,就需要个体的"意志"和群体的"士气"来确保行动成功。这些行动及其远景赋予世界以种种面向,人们可能会说,生活实际上正是在这个世界中继续下去的,而在与之相区别的学术世界中,

---

① 法语词汇。——译者注

② 1933 年至 1945 年间,德国处于希特勒及其领导的纳粹党的专制统治之下。此文发表于 1941 年,因此"今日"泛指 1933 年至 1941 年间。——译者注

继续下去的是为行动所准备的思想,而非生活。

我们每个人都生活在一个以自我为中心的世界,这个世界的种种维度是由新闻距离我们的远近和方向所界定的。这是因为,新闻不单单是新的东西,而且还是重要的东西;当新闻朝我们而来时,往往带着一种要求行动的紧迫性,哪怕这种行动只不过是态度的改变,或者观点的重申。

除非新闻显示出与人们活跃其中,并以某种方式对其有序存在负有亲身责任的世界存在相关性,否则所有这些都无关紧要。从其他地方——即我们的世界以外或者外部界限——以事件记录的方式朝我们而来的东西,主要是神话、传说或者文学;这种东西或许本身很有趣,但它并不具有如此即刻的重要性,以至于需要为它做些什么。正因为我们所生活的世界就是如此,所以我们才发现,当我们的实际利益和行动远景延伸之后,环绕我们的世界正在明显地变大。

在当前的战争过程中,这些远景已经被多么深刻地改变了啊!法国陷落以后,这个星球仿佛突然之间变小了,而我们的世界仿佛变大了。我猜测,我们中的孤立主义者,就是那些出于各种不甚明了的原因而不愿或不能接受这种变化的人。我们一切伟大的集体事业——战争、革命与全国性政府,都是在一个由新闻的传播范围 138
所界定的领域内来开展的,而不是在一个由我们直接接触的世界所界定的领域内来开展的。

通过一个共同意志或共同目标来组织、激励,尤其是鼓舞广大将士和全体人民,这是一项极其复杂的任务,不过借助于现代传播手段,也并非不可能达成。至少,德国政府借助于审查制度和宣传机构,在人力所及的范围之内,似乎已经不时地成功向其军队,以及在较小程度上向其民众灌输了勒庞所说的心理上的乌合之众(psychological crowd)所具有的全体一致性。这帮助这个接连遭遇危机的国家维持住了士气。

人们听说,德国军队在复兴过程中,已经极大地民主化了。军官与士兵之间出现了一种同志情谊(comradeship),而这种情谊在国家社会党革命之前的普鲁士军队中并不存在。这种同志情谊在军队中,特别是在海军中,创造出了一种团队精神,这在第一次世界大战中是不存在的。

在历史学、人类学以及新兴的德国科学——地缘政治学(Geopolitik)——等几个社会科学领域的德国学者的帮助下,德国的政治巧匠们(political technicians)发展出了一套政治哲学,旨在为德意志民族自诩为欧洲"优等种族"这一主张进行辩护。他们把这套哲学当作自己对于民族士气的一大贡献。与此同时,他们还规划了一个政治项目,承诺这一项目若是成功的话,优等种族的主张就会兑现。由于欧洲在现代世界中已经占据了——或许仍将继续占据——一个优势地位,那么德国主宰欧洲就是暗指主宰世界。

最终,希特勒及其部下似乎已经用一种对于他们使命与命运的坚定不移的信念来鼓舞了军队——若非鼓舞了人民的话,这种信念通常只存在于宗教派别之中。希特勒及其政治集团力图借助仪式、神话,尤其是庆典来支撑那种信念,而这种庆典会不时地令最初所设想的那种欢欣鼓舞的气氛与情绪得以复活。这种对于他们使命与命运的信念也传递给了身处海外的德国人,这些人是最晚近的"上帝选民"(Chosen People),过着一种可以被描绘为大流散(Diaspora)①的生活。自这一起源以后,依照纳粹教义,那些断然不可能与"优等民族"等量齐观的其他民族,竟然也被纳粹教义所感染了。

139 正如《虚无主义革命》(*Revolution of Nihilism*)一书作者赫尔曼·劳施宁(Hermann Rauschning)所说,士气和纪律如今在德国是一种宗教,并且其强度与效力在那个国家已经达至一个前所未

① Diaspora一词来源于希腊语,指远离故土而散居在外的生活,尤指出于各种原因被迫离开故土的散居生活,例如生活在巴勒斯坦地区以外的犹太人,远赴重洋做苦工的华人或印度人,因奴隶贸易而生活在外的非洲人等。——译者注

有的高度。然而,创造和维系士气与纪律的手段与创造和维系社会团结与纪律的手段本质上如出一辙,不论在哪一种情况下,人们都被联系在一起,形成社群,并采取集体行动。

一个民族在其广阔的范围内,包含了一切我们所熟悉的一般形式的联系,即在地的、家庭的、经济的、政治的、宗教的,以及种族的联系。民族士气要解决的问题在于,对这些群体加以整合,以期他们相互合作,而非彼此冲突。用纳粹党政治巧匠们的话来讲,这是一体化(Gleichschaltung)的问题。通过把每一种局部的、较小的忠诚整合、统领并最终融合进一种对于民族国家的极权主义忠诚之中,一体化就得以实现了。即便在那些尚未真正实现一体化的群体中,就像路德教徒和天主教徒的情况那样,也已做了这方面的尝试。大量的心理学和教育学文献显示,在军队、学校以及新闻界中,对于一体化做了哪些尝试,又实现了些什么。[①]

新闻之于士气的关系,并不像报纸的另一版面——社论——之于士气的关系那样一目了然。新闻从我们以及其他读者感兴趣的世界的每一个角落来到我们面前,出现在我们阅读的报纸上。鉴于新闻之写作,不是为了让我们对新闻产生象征性与文学性的兴趣,而是产生事实性的兴趣,因此新闻通常以互不关联的条目形式出现。报人们发现,在其他条件相同的情况下,新闻的阅读率与其长度成反比。《时代》(*Time*)和《新闻周刊》(*Newsweek*)等全国性周刊发现,它们可以这样来为这些新闻条目赋予一种新的新闻兴趣:(1)将新闻条目范畴化;(2)挖掘所谓的背景材料,以便我们能看到这些新闻条目与广泛分散于时空之中的其他事件之间的关联。将一条新闻放置于一种历史事实或其他相关事实的情境之中,会赋予这条新闻一种特性,这种特性有时是历史性的,有时是社会性的。这样一则新闻一旦在历史序列中找到一席之地,它就

---

① German psychological warfare: survey and bibliography[M].New York: Committee for National Morale, 1940.

变成了历史。而这则新闻一旦被范畴化，它就阐明了社会进
140 程——无关乎这一进程所发生的地点或时间，于是就变成了社会性的。

如此处所述，新闻不会影响到政治行动或者士气。它倾向于分散和转移注意力，并由此降低紧张感，而非增加紧张感。新闻的一般功能在于，让个体和社会保持方向感，并让他们以微调的方式与世界和现实保持联系。新闻的功能通常不包括发动世俗的社会运动，这些社会运动若发展得过于迅猛，则会带来灾难性后果。另一方面，当某个足以“登上头版”并占据头条的重要事件或令人不安的事件发生后，它可能也会抓住并维持公众注意力长达数天或数周，譬如，有关林德伯格（Lindbergh）的爱子遭绑架以及随后对被指控的绑架者进行审判和处决的报道，便是如此。[1]

这样一个事件或系列事件的报道并非只是一个新闻条目，而是一个“故事（story）”——事实上是一个连载故事（a continued story）：随着每一天以及每一期报纸带来的某些新进展，这个故事

① 1932年3月1日晚，美国著名飞行员查尔斯·林德伯格（Charles Lindbergh）20个月大的儿子小查尔斯·奥古斯塔斯·林德伯格（Charles Augustus Lindbergh, Jr.）在家中的婴儿床上被人绑走，绑匪留下一张勒索信，要求付五万美元赎金且不能报警。林德伯格寻子心切，要求警方有限介入，同时自筹赎金。在林德伯格数次尝试与绑匪联络未果之后，纽约市退休教师约翰·康登于3月8日登报表示自愿充当中间人进行斡旋。4月2日晚，康登在布朗克斯的圣雷蒙德公墓用赎金交换到了孩子的位置，而赎金是当时美国财政部发行的金圆券，每一张券码都被财政部登记在案。林德伯格带队前往绑匪告知地点——马萨诸塞州马沙文雅岛上一条名叫奈利（Nelly）的船上寻找儿子，但毫无下落。5月12日，孩子严重腐烂的尸体在离林德伯格家5英里的地方被发现，验尸报告显示，孩子在被绑架过程中或不久之后即被击中头部而死。1934年，绑匪因使用被记录在案的金圆券而被警方追查到，9月19日，嫌疑人布鲁诺·豪普特曼被抓获，警方次日在其车库中发现13,000美元来自赎金的金圆券，康登也指认了豪普特曼，且笔迹分析发现嫌疑人笔迹与勒索信笔迹相同。10月8日，嫌疑人被指控犯谋杀罪。1935年1月3日，审判正式开始，一系列证据和证人都指向嫌疑人，但他拒绝认罪。在长达五周多的出庭作证与陪审团11个小时的讨论之后，豪普特曼于2月13日被判处死刑。在一系列上诉至最高法院的努力失败后，豪普特曼于1936年4月3日被送上电椅处决，至死未承认任何犯罪行为。——译者注

可能会变得愈加引人入胜。这样一来,它可能会变得如此吸引人,以至于使得地方史或当代史中影响较小的其他事件的吸引力相形见绌。作为一个故事,它之所以会变得越来越吸引人,原因正是在于被分期刊载,这为读者提供了机会去反思、推测或深究每一期连载的重要性。在此情形下,新闻读者们会根据他们对自身经历的记忆,根据他们所熟知的类似悲惨情节,来解读这些事件及其所有细节。这样一来,新闻便不再是纯粹的新闻,而获得了一种文学的重要性,一种现实主义文学的重要性,就像报业史上的通俗杂志以及更早期的民谣中的“真实故事(true stories)”那样。[1]固定和维持读者兴趣的东西往往会迷惑他、攫住他。

战争亦是如此,我们似乎可以在战争中目睹历史正在生成;国家的命运、文明的命运被卷入战争之中。当我们把注意力聚焦于这些事件——它们不是一条条的报道,而是当代史上一个个的篇章,作为旁观者的我们最终才能将心比心地卷涉其间。在这些情形下,我们不可避免地要依照我们不同的个体经验和个人偏见,来对事件与历史进行不同的解读。由于讨论往往会强调并激发种种 141
差异,并至少会暂时性地遮蔽那些能让我们团结起来的更加根本的立场,因此,我们不可避免地要偏袒一方。这或许是令人遗憾的,因为民族士气的首要要求就是,当身陷危机之时,我们应当作为一个国家而行动,应当作为一个民族而团结起来。

因此,舆论并不是士气的一个良好指标,因为舆论作为讨论的结果,反而强化了差异。舆论浮于事物之表面,并不能反映出让社群得以联合起来的那些态度与观点。舆论的存在本身就证明,此时此刻,我们并未做到一个国家或一个民族的统一体所应当做到的那些事情。然而,随着事情不断进入讨论与退出讨论,舆论在时间进程中的走向就会预示正在形成过程中的集体意志之走向。这

① HUGHES H. The human interest story[M]. Chicago: University of Chicago Press, 1940.

正是盖洛普民意测验所显示的。

在危机时期，讨论往往会变得激愤，因此关于公共政策的公众讨论就不可避免地不仅将相异的观点搬上台面，还将事件的解释所依据的记忆与原初经验也搬上台面。当人们不得不阅读读者来信中所表达的恼怒且常常荒诞的观点时，他们就会承认，这些来信是个体挫折与深层情感经历的反映，其根源常常如此晦暗不明，以至于需要精神分析专家的技巧才能找到它们。不过，一旦讨论之自由触及这种情感暴力的根源，并由此将它公开化，那么这种程度的讨论便会间接地对民族士气有所贡献。这些引起争议的来信，充当了写信人心灵的净化器，也抚慰了那些原本想写却未写的人。

在一份近期的《底特律自由新闻报》(*Detroit Free Press*)上，我偶然看到哈罗德·伊克斯(Harold Ickes)[①]写的一份非常聪明却又并非居心叵测的诉状。他被描述为这样一种人，即专给编辑写那些惹人恼怒的和被惹恼的信件的人。好吧，哈罗德·伊克斯或许就是那种人，不过他于我却是一个巨大的安慰，并且我确信他对于别人也是如此。诚然，他就像一个被惹恼的人那般夸大其词，但是他道出了某些人应该说的话，因此，我由亲身经历而断定，他正
142 在提升这个国家的士气。我回想起了他关于林德伯格这位我所钦佩的人士所发表的言论。我希望能够听到他谈论参议员杰拉尔德·奈(Gerald Nye)。[②] 我猜，他曾经抨击过这位来自北达科他州(North Dakota)的议员；但若果真如此，我也已经错过了。

正如我所表明的那样，抒发胸臆于国家是有益的。抒发胸臆可以提升士气，并且除此之外，可以肯定的是，没有哪一位倾诉了

---

① 哈罗德·伊克斯(Harold Ickes，1874—1952)，美国社会活动家，富兰克林·罗斯福总统"新政"时期的重要成员，1933年至1939年担任市政工程局(Public Works Administration，PWA)局长。——译者注

② 杰拉尔德·奈(Gerald Nye，1892—1971)，1925年至1945年担任美国北达科他州参议员，二战时期美国中立主义的主要支持者。——译者注

心中苦楚的人还会成为一名第五纵队队员(fifth columnist)。[①] 然而,这些写给新闻媒体的信件却并非舆论。它们只不过是一些个人意见。倘若这些个人意见能够伴随一个“突然的、彻底的、痛苦的”告解,而这一告解将揭示这些意见得以形成的语境,那么它们就会极大地阐明不满的根源。这些根源令我们这种由来自五湖四海的人们所组成的国家,很难精诚地团结在一起,除非是处于一种重大的国家紧急状态之下,抑或处于一种全面的极权主义政策之下,譬如,一种重大的国家紧急状态要求我们应当精诚团结。

我在本文开篇即指出,战争往往表现出一种辩证过程的性质,在此过程中扮演主导角色的是观点,而非武力。随着各种事件令最初所构想和表述的那些议题显得过时,各交战国都发现,有必要不时地重新界定它们的目标,并发掘出更为根本、更加合理的理由,来为它们选择追求的事业进行辩护。从长远来看,特别是如果冲突旷日持久,就不仅有必要圆满地解决由国内的反思所引发的种种质疑,而且还有必要向海外公众证明战争目标与战争行为的合理性,这些人或许并不完全忠于交战的任何一方。在这种情况下,战争就不再具有国际政变的性质——旨在通过闪电战(Blitzkrieg)[②]的方式向世界呈现一个既成事实(fait accompli),[③]而是越来越成为一场观念与意识形态之战。这样的战争最终不可避免地会具有革命性质。倘如此,战争的结束将不仅带来物质财产的改变,而且还会带来制度和根本生活观念的改变。事实上,这就是为什么只要战争带来了这种改变,就可以说它们在历史进程中发挥了作用。

---

① 指试图削弱国家团结的颠覆分子,又指潜伏在一方内部暂未被发现的敌方间谍。——译者注

② 德语词汇。——译者注

③ 法语词汇。——译者注

在这些情形下，由理性原则所支撑的士气，不再是一个希望或恐惧的问题，而是变成了一种士气力(morale force)。从长远来看，正是这些士气力决定了战争得以继续下去的那些议题。

第六章　舆论与社会服务[①] 143

在当前的世界大战中，我们对很多事情已知之甚多，其中之一就是，做广告是有利的。广告使得向人们直接出售政府债券成为可能，而无须通过银行作为中间人。但是，在向人们出售债券的过程中，用广告人的行话来讲，我们也同时“出售”了美国。在为自由公债（Liberty Loan）[②]做广告的过程中，政府也为其战争目标打了广告。人们在认购美国战争债券的同时，也认同了美国的战争目标，认同了建立这些目标的原则，还认同了政府实现这些目标的方法。为了向一千七百万美国人兜售自由公债，就有必要让大多数人相信，这是一场正义之战，也有必要请他们配合，以便战争得以继续下去。为营销自由公债所开展的广告宣传活动已经尽可能地做了一件事情，或许就是使美国及其盟国的事业变成了美国人民的事业。做广告对美国是有利的。

---

① Reprinted by permission of the publisher from National Conference of Social Work. Proceedings of the National Conference of Social Work 1918[C]. Chicago: University of Chicago Press, 1918.

② 第一次世界大战期间美国发行的 种债券，用以募集资金支持战争，购买债券被认为是爱国的象征。——译者注

公共机构有时不得不直接向公众筹款,这是一件好事。如今
144 已获普遍承认的是,令一个公共机构保持生存并充满活力的最有效方式之一,就是取得并维持住支持该机构的人们的兴趣与合作。为此,它就必须要做广告。还是用广告人的行话来讲吧,公共机构必须向公众兜售自己的服务工作。这种方式的筹款活动不仅成为一种集资的方法,而且还成为一种公共教育的手段。在最理想的情况下,广告总是一种教育形式,同时,正如威廉·H.艾伦(William H. Allen)所指出的那样,社会机构最有效的诉求,就是以一种或多或少公正无私的公共教育形式进行构想并实现的诉求。

这里还有另外一种考量。倘若一个政府或机构不仅做广告,而且还有效地做广告,那么它就有可能是一个民主的政府或一个民主的机构。在新的民主制度之下,即目前正从我们现存政党和议会政府的残骸中产生的这种制度,一个公共机构——即任何一个为公众所支持的机构——都不会再指望以礼品或者税收的形式从社群那里攫取资金,除非在这样一种条件下,即这个机构能够让社群居民成为其事业和任务的有才智且负责任的参与者。按照市政府的市政执政官(City Manager)计划,它期望每一个部门都要直接向人民做出解释,而在我看来,该计划的成功可能最终要取决于政府运用立体幻灯机和电影的能力。

几年前,我的一个写广告文案的朋友讲述了一则轶事,至今仍萦绕在我的记忆之中。当时,早餐食品制造商和南部与西部的水果种植商正在教导美国人用水果和谷类(对定居在城里的人来说是一种合适的配量)做早餐,而不再像我们的乡下祖辈那样用传统的火腿和鸡蛋来做早餐。几个广告人正在合力制作一则早餐谷类食品广告。其中一个人对另一个人说:“我在想,我在想人们吃这种东西是因为他们喜欢呢,还是仅仅因为我们要他们吃的呢。”

由此似乎可以得出这样的推论:我们在日常生活中如此持续不断地暴露在广告商的催眠作用下,以至于我们已不再是自由的

行动者了。然而，我自己的感受是，目前我们容易高估宣传的影响。在我看来，广告心理学作者、社会工作者和理想主义者们夸大了公众已经并且能够受到报刊、鼓动行为以及其他广告形式所操控的程度。务实的广告人对于自己的职业并没有抱持一个如此浪漫的想法。他们不会把广告作者设想成诡辩家或者巫师。他们或许会承认，清晰的表达配以充分的强调和足够的重复，可以一次性地售出任何东西。另一方面，有一句格言比有关广告的任何专门心理学都更加古老，大意是说：对于公众不想要的东西，做广告是无益的。 145

磁性的姿态

有时，在我看来，社会机构以为自己正在努力向公众兜售他们并不想要的东西，并由此而制定出其宣传政策。尽管如此，基于广告能够想方设法地变不可能为可能这个一般原则，我们或许仍可满怀希望地谈论社会广告(social advertising)。让我引用近期有关《宣传》(*Publicity*)与《社会机构的筹资》(*Financing of Social Agencies*)的一本小册子上的一段话来加以说明：

> 战争肆虐，令人沉湎，此时我们被号召起来，让更美好的情感葆有生命与活力，让我们当中每一个有财产和智慧的男女都去深切地关怀，关怀比自己更卑下的邻居，他们辛劳到腰酸背痛，却无力购买所需；关怀衰弱的孩童，他们急需医生、护士以及维持生命的营养，却不可得；关怀病人，他们躺在医院和疗养院的病床上，饱经折磨；关怀那位孤独无依的女孩，她正磕磕绊绊地前行，轻率地走向毁灭；关怀鳏寡孤独，他们不知该把头颅倚向何处。

这段话并不是广告人所言的好的"兜售辞令"。它既不令人豁然开朗，也不让人感到振奋。它表明，社会机构正处于防守之势。它对苦楚局面过分强调，而对行动方案则强调不足。让我附带补充一下，广告人所用的“兜售”一词，并不必然是一个商业术语。只要我说服了你，那我就对你进行了兜售，这不是理智性的和暂时性的兜售，而是永久性的兜售，并且可以说是习惯性的兜售。广告人试图在客户身上树立的，既不是一种意见，也不是一种理念，而是一种习惯。一个诉求倘若只是打动了一颗易于接受的心灵，却并未劝诱一个积极有为的头脑，那么它就未能“兜售”出任何东西，它没有建立起某种习惯。最终，我们学会了对痛苦和悲伤逆来顺受，特别是当痛苦并未发生在我们自己身上，而是发生在我们邻居身
146 上之时。这只不过是将学校老师关于“从做中学”的箴言运用到了广告当中。

我并不希望自己对于社会广告做出了似乎过于微妙的批评，不过在我看来，自己倒是注意到了社会机构的一种倾向，它们倾向于把战争视为一个麻烦，而非一种机会。所有这些突然之间临时成立的、试图开展战争工作的组织机构，被迫要去完成筹款任务，这无疑困难重重。但是，为这一事实做广告，却并非好的广告政策。它会在公众的意识中激起微妙无声的冲突，这又会阻碍公众情感流的充分自由流动，而一切广告项目若想取得成功，就必须要有能够承载它们的公众情感流。归根结底，我们所有的广告都是一个关乎公众意识的问题，而不是一个关乎个人意识的问题，尽管我们的广告心理学家们可能认同后者。

此外，战争工作是指一切有助于提升国家效率的事情，而对于社会效率的衡量，则是指各种合理的方法在贫困、犯罪与疾病等问题上的运用程度。当整个国家被前所未有地激发起来，需要为社群的共同利益进行更广泛、更贤明的控制，当全世界被激起一种争取国际权利和社会正义的热情，此时，要为社会机构的工作争取认可与支持，就应该会更加容易，而非更加困难。

在我看来，社会机构倾向于将其诉求过于排他性地指向所谓

更美好因而也更脆弱的本能。然而，这些更美好的情感却过于排他性地属于有闲阶级(leisure class)的奢侈品。一场经过明智指导的宣传活动应当力图将社会服务工作更加彻底地带出理想状态，并展示出它与我们日常生活中那些平凡而实际的利益之间的密切联系。社会工作者们比大多数人都更加懂得，犯罪、贫困与疾病是如何与失业这样一个如此实际的问题密切相关的。当人们丧失了他们慢慢养成的持续工作习惯——正如他们极易丧失的那样，我们就会开始懂得，文明所代表的其他每一种价值可以如此轻易地被破坏。让公众对于社会机构的工作感兴趣的一种方法是，明确地从社群损益的角度来表述社会问题。

诉求的基础：财政支持 VS. 配合协作 147

大体上，本文对社会广告的种种批评可以这样来归结：为了达到成功宣传的目的，社会机构仍然过度倾向于固守早期的、个人主义的、世俗的、福音派教会的(假如我可以在这种关系中使用这个词的话)传统。它们过分强调个人需求，对社会效用则强调不足；过分强调情感，而对行动强调不足。它们的诉求过于排他性地指向财政贡献，而非指向明智的配合协作。

事实上，在我看来，如果抛开近年来取得的进展不谈，社会科学和社会实践总体上过于排他性地关注结果而非原因。其任务仍然过多地放在救济方面，而非放在预防与对策方面。

假如社会机构并不总是能从获取社群充分配合的角度来构想它们的难题，那么它们也就没能为了最有效地抓住并维持公众的兴趣来说明自己的情况。这要部分地归咎于历史原因。社会机构之所以出现，是为了在都市生活复杂的人为条件下，引导和控制邻里协作与社群合作中的种种自然冲动；而在更小型、更原始的社群里，冲动自然而然地发挥着作用。然而，如此一来，就如同有组织的慈善机构那样，社会机构就将施与者与需求者分隔了，将个体与其困难分隔了。

在这一方面，并非只有社会机构才是如此。在政治、宗教、艺术以及体育领域，从前我们都亲自参与其中，如今却被各种代理人所代表了。从前，我们共享的一切形式的公共与文化活动，如今都被各种专业人士接管了，大多数人已不再是行动者，而只是旁观者了。正如普通人在职业政客的影响下已经沦为纯粹的纳税者角色一样，他也被社会机构化约至纯粹的贡献者地位上了。

人们普遍承认，很大一部分现代生活所特有的躁动不安与对新奇和刺激的追求，要部分地归咎于这样一个事实，即在都市生活
148 的人为条件下，我们借以表达兴趣与活力的大多数自然渠道都已被剥夺了。只要此言非虚，那么，对于包括社会机构、教会、剧院、政坛以及酒馆在内的所有目前正在争夺我们的闲暇时间的机构而言，问题的解决方案就是某种能够让个体在与之有关的体制化生活中重拾一种亲身参与感的方法。实现了这一点就实现了民主。因为归根结底，我们所说的民主，意味着实际地、富于想象力地参与到社群公共生活之中。

在当前的战争中，我们对社会广告已有所了解，对新闻局(press bureaus)也已有所了解。一个有趣的事实是，英国在战争伊始就开启了审查制度。该审查制度如此之严，以至于英国人曾一度感觉，仿佛其他任何人都比英国人民更为了解英国部队的动向。而另一边，美国宣战后，不是建立审查制度，而是组建了一个新闻局。目前，美国的新闻局叫作“公共信息委员会”(The Committee on Public Information)，[①]但该委员会正在执行着新闻局的功能，

---

① 美国公共信息委员会是第一次世界大战期间，美国政府为争取民众对参战的支持而成立的宣传机构。该委员会成立于1917年4月13日，即美国对德国宣战后一周，由著名记者、作家乔治·克里尔(George Creel)担任委员会主席，因此又称为克里尔委员会。该委员会的功能是发布政府信息，维持全民士气，并进行新闻审查。运作两年多以后，该机构于1919年8月21日被废除。——译者注

委员会主任乔治·克里尔(George Creel)[①]则是美国的媒体经纪人。

在这场战争中,新闻局变成了一种可同时用于进攻战和防御战的武器,其重要性不亚于其他任何一种武器。一支军队跟一个社群一样,士气是一个生死攸关的部分,而一个管理有方的新闻局可以削弱或者维持士气。我认为,现在是时候为社会机构组建新闻局了。事实上,这些社会机构在《调查》(*Survey*)杂志上已经有了一个新闻局。不过,应该同时组建地方性和全国性的新闻局,并且其活动范围也应加以拓展。

新闻局能够为社会机构和社群做些什么呢?

新闻局应该为社会机构做的第一件事情,是把这些机构动员和组织起来。通过在它们中间建立起一个目标社群和一种现在尚不存在的士气,新闻局就可以做到这一点。士气意味着意志,社群士气就意味着社群意志,这已超出了团队精神或者纯粹的正式组织的范畴。

这样一个新闻局应该做的第二件事情,是制造新闻——制造社会新闻。这个世界正处于重组过程之中。要让世界之于民主而言是一个安全之所,这一问题牵涉到要让民主之于世界而言是一 149
种安全制度。20世纪的诸种问题,不管是科学的还是实践的问题,主要还是社会问题与政治问题。社会机构在其日常工作中积累的经验和知识,必须要成为解决这些问题的任何科学方案之基础。每天,社会机构都在对一个缓慢成长的社会生活科学的各种法则

① 乔治·克里尔全名为乔治·爱德华·克里尔(George Edward Creel,1876—1953),美国作家、记者,第一次世界大战期间,受伍德罗·威尔逊总统之命担任公共信息委员会主任,对政府的战时宣传与公关项目贡献较大。当时,美国还没有发展出拥有即刻影响力的全国性广播网络或电视网络,于是克里尔召集了分散在全国各地的75,000余名志愿者担任"四分钟演讲者"(Four-Minute Men),这些志愿者接到来自华盛顿的最新电报之后,就会立即分散到人群集中的地方公开传递政府消息。——译者注

进行尝试。此外，社会机构还给我们带来了大部分的社会立法。要令这种立法行之有效，就必须得到社群的支持。而教育社群的方式之一，便是借助于新闻界。

要求并使用大量信息

迄今为止，报纸上关于社会机构的宣传主要由各种厄运故事组成。我们就像传统的乞丐一样，以一种让人怜悯的姿态走近公众。我们一直假定，在一则新闻中，只有新奇性和人情味才是能够抓住公众注意力并在报纸上占据一席之地的品质。

然而，事实却是，人情味故事作为黄色报纸的杰作（chef-d'oeuvre），①在报界的地位正在丧失。习惯于为日常生活中的浪漫事件赋予文学格调的报社改稿员（re-write man）已经自认失败了。这些故事被如此频繁地讲述，以至于它们如今已变得相当常规化，无法再引起公众的兴趣了。目前，报纸正热衷于社会服务工作，它们正在推出一些教育性版块，譬如，埃文斯医生（Dr. Evans）关于健康的文章就在多家报纸上广泛刊载。《芝加哥论坛报》（*Chicago Tribune*）以"人民之友"（The Friend of the People）为名，建立了一个有关市政事务的信息局，它已经主要变成了一个投诉局。它正在取代市政委员们，这些人迄今为止仍主要以权势朋友的身份在公民个体与市政府的关系中发挥着地方性的作用。此外，《基督教科学箴言报》（*Christian Science Monitor*）现在业已证明，越来越多的人对于社会福利和社会政治的兴趣，超过了对于那些半事实半虚构故事的兴趣，尽管后者仍然大量充斥于日报新闻栏之中。所有这一切都表明，我们或许可以期盼这样一个时代，即社会机构的
150 工作在日报上所占篇幅将会与华尔街和体育专栏不相上下。

然而，这里存在着两个困难。第一个困难是，社会机构不做广

---

① 法语词汇。——译者注

告，尽管它们或许应当如此。各种部门的新闻，譬如教会新闻、图书新闻和戏剧新闻，倘若能在一类专门的广告旁边找到一个位置，那就最容易在报纸上发表了。图书介绍放在书籍广告旁边，戏剧介绍放在戏剧广告旁边，不一而足。应当记住的是，现代报纸是一个商业机构，其目的是为了争夺发行量。第二个困难是，社会机构能够提供的大多数信息可能都是基于案例研究(case studies)，因此这些信息都是个体的、私人的、保密的。案例研究一般不会制造新闻，但本地研究(local studies)却会制造新闻。

在全国各地，越来越多有趣且重要的本地研究正在进行之中。其中，有些研究是由社会机构承担的，另一些研究由大学承担，而一些最重要的研究则由电话公司和其他商业机构来开展。例如，《芝加哥论坛报》出于广告目的，斥资约三万美元，绘制了一幅芝加哥的租赁地图。若能成立某个机构来收集并储存这种信息，那么它就会迅速且频繁地成为社会新闻的一个很有价值的来源，它同样也会迅速而经常地被用来解释各种地方事件。这种信息通过新闻界传播至海外，进而有望让人们对于社会问题以及顺便对于社会机构的工作，培养起一种广泛而明智的兴趣。

当社会调查以一种足以为整个社群利益谋福利的规模来开展时，其价值之一就在于，它们会为本地社群生产出大量的新闻。目前，社群公民教育课程在公立学校中广受欢迎，而这类信息可以很好地在这种课程中占有一席之地。通过这种方式，学校将会有助于为更加明智地理解社群生活中的各种事实奠定基础。倘若社会调查能够像在克利夫兰市那样，变成一个常设机构，那么它就可能且确实会履行一个常设社会研究局(permanent bureau of social research)的服务工作，并且它还会如我所构想的那样，履行一个宣

151 传局的服务工作。[1]

① 写到此处，我注意到了一个有趣的事实，即大多数用以支持社会福利事业（social welfare enterprises）的资金是由资产阶级的代表们所提供的，而很多社会工作者却是社会主义者。这表明了社会机构的诉求为何如此频繁地建立在肤浅的、感性的基础之上的一个原因。社会工作者和社会捐助者无法进入同一个话语场，因此无法就根本问题进行讨论。另一方面，有阶级意识的社会工作者并不总是能够意识到，基于他对情况的了解而不得不去支持的大多数根本性改革，都能够在国家效率（national efficiency）这一明白易懂的基础上得到完全合理的解释，而国家效率就是——或者应该是——资本家和劳工的一种共同利益。

第七章　移民社群与移民报刊[①] *152*

多年以前，一位富有进取心的芝加哥报人写了一系列文章，题为《在四十个街区里环游世界》（*Round the World in Forty Blocks*），这些文章描绘了芝加哥不同的外语社群。美国生活中一个奇特的、有趣的、重要的特征就是其外语社群。在和平涌入的一百年间，文明世界的几乎每一个语言群体都在这个国家建立起了自己的聚居地；在一种异域文化之中，一个个小巧的人口集中地奋力维持着各自的传统与语言。当一座美国城市中的犹太人数量与丹麦的丹麦人数量不相上下时，同时当该城市中的意大利人比罗马的意大利人还要多时，那么我们的历史中就确实拥有了某种创新。

在过去五六年间，我碰巧“目睹”了这样一个美国。我主要通过外语报刊的内容来观察它。外语报刊的地理分布非常重要，因为它相当精准地位于美国各个主要的移民聚居地，于是就有可能勾勒出“文化区域”（cultural areas）的轮廓，在这些文化区域内，某

---

① Reprinted by permission of the publisher from *American Review*, III (March-April, 1925), pp. 143-52.

些移民群体的影响力比在其他任何地方都更为显著。

每一个外语群体都倾向于将某座城市当作该种族的首都，譬
153 如，纽约是美国的犹太人之都，芝加哥则是美国的波兰人之都。这两座城市分别有着最多的犹太人和波兰人。与此同时，它们也是最重要的报纸以及其他种族机构的所在地。它们还是各自在最大限度上所代表的那个语言群体的文化中心。

在这些地区出版的报纸，其特征与内容同样是报纸读者特有之兴趣、抱负与社会态度的索引。这样一来，就不仅有可能界定不同的移民区域，而且还有可能粗略地勾勒出它们在精神、心理和政治上的面貌。

除了纽约和芝加哥以外，在大多数规模较大的移民聚居地，移民人口可划分为三至四个大型群体，分别由他们各自的报纸所在地来予以标记。

中西部群体由德国人和斯堪的纳维亚人所代表，其中，德国人的地带向下伸入西南部地区，直至得克萨斯州（Texas）[1]中部，而斯堪的纳维亚人的地带则向上伸至明尼苏达州（Minnesota）[2]以及西北部地区。这一移民群体还包括威斯康星州（Wisconsin）[3]和艾奥瓦州（Iowa）[4]的波希米亚农民、荷兰人小群体，以及诸如比利时佛兰德斯人（Belgium-Flemish）[5]和威尔士人之类的少数人口群体。倘若有可能用一个词语来概括这个中西部群体的特征，根据他们作为移民的态度来看，人们或许会称他们为**定居者（settlers）**。我们所谓的定居者，是指那些来到这片土地并定居下来的移民，比起那些来到这里挣钱，然后回家买地的移民来讲——大多数后来的

---

① 得克萨斯州是美国南部州。本章地名翻译参考：中国地名委员会. 外国地名译名手册（中型本）[M]. 北京：商务印书馆，2009. 以下不再赘引。——译者注

② 明尼苏达州是美国中北部州。——译者注

③ 威斯康星州是美国中北部州。——译者注

④ 艾奥瓦州是美国中北部州。——译者注

⑤ Flemish 又译为弗兰德斯、弗兰德、弗莱芒、佛兰芒、法兰德斯等。——译者注

移民都是如此，他们通过定居的方式更为彻底地切断了与祖国的联系。

第二类群体可能包括由南方跨越墨西哥边境而来的西班牙裔墨西哥人（Spanish-Mexicans），以及由北方从魁北克省（Quebec）[①]南下的法裔加拿大人（French-Canadians）。考虑到在美国接管他们现在占据的地区之前，这些移民并不能代表早期建立的聚居地——新墨西哥州（New Mexico）[②]便是如此，那么，他们最初就是作为季节性劳工（season laborers）来到这个国家的。然而，跨越边境的移民潮年复一年地流向这个国家的更深处。每当移民潮回流之时，虽会留下一定数量的永久定居者，但由此形成的人口三角洲仍然会被他们与祖国的感情和传统之间的联系牢牢束缚着。

究其原因，部分在于美国和他们各自的祖国之间缺乏天然屏
障，另一部分则在于不同文化之间的差异如此之大，以至于移民们 154
仍然处于文化上的孤立状态。根据他们对美国生活的态度来看，这些人可以被称为**移居者（colonists）**。

第三类移民群体可以用地域来界定，主要以意大利人和斯拉夫人为代表。完整的名单包括：保加利亚人、克罗地亚人、芬兰人、匈牙利人、意大利人、立陶宛人、波兰人、罗马尼亚人、俄罗斯人、塞尔维亚人、斯洛伐克人、斯洛文尼亚人以及乌克兰人。在第一次世界大战之前以及现在，这些人都构成了漂泊的劳工群体中的很大一部分。此前，他们为响应美国工业不断变化的需求，在大西洋两岸来回流动。这些人在矿场中从事着艰辛的工作，并占到了我们的工业城市中工厂人口的很大一部分。他们背井离乡，却又尚未完全在这个国家定居下来。我们可以称他们为“迁徙者”

---

① 魁北克省是加拿大东部省份。——译者注

② 新墨西哥州是美国西南部州。历史上，该地区曾长期为印第安人聚居地。1598 年，西班牙占领该地区，将其变为帝国的殖民地。1846—1848 年，墨西哥与美国爆发战争，该地区被墨西哥割让给美国，成为美国的新墨西哥领地（New Mexico Territory）。1912 年 1 月 6 日，该州正式成为美国的第 47 个州。——译者注

(migrant),以区别于那些迁入的移民(immigrant peoples)。他们是**迁徙的产业工人(migrant industrials)**。

最后一类是主要生活在大城市的少数民族,这类人要么从事贸易,要么从事更为轻型的第二产业。他们包括那些爱冒险的流动生意人,这些人最为脱离这个国家的政治生活与社会生活。他们来自近东地区(Near East),包括亚美尼亚人、亚述人、希腊人、波斯人、叙利亚人(阿拉伯语)以及土耳其人。此外,我们还可以把某些晚近的移民囊括进来:阿尔巴尼亚人、相对较小的列托人(Letts)群体,以及西海岸包括中国人、菲律宾人、印度人和日本人在内的东方人。我们可以将所有这些群体划归为异域者(exotics)。这是因为,出于种种原因,他们与其他任何移民群体相比,(似乎)都更为彻底地隔离或脱离于美国生活的交往和参与。

还有一些群体不完全隶属于以上任何分类。来自佛得角群岛(Cape Verde Islands)、在海上漫游的葡萄牙人在东西海岸都建立了小型聚居地,并创办了报纸。他们盘踞于海岸,这一事实表明,他们的居住非常具有暂时性;并且,从参与美国生活的角度来看,他们应该被归入异域者。然而,在产业上,他们却又属于迁徙的产业工人。

犹太移民貌似可以被归入这些不同类别中的任何一个,但事
155 实上他们却不能被划归于任何类别。诚然,犹太人喜好做生意,并且传统上也是城市居民。然而,就挪威是挪威人的祖国这层意义来讲,犹太人是没有祖国的,[①]正因为如此,当犹太人改变国籍时,就会诚心诚意地改变。他携带着全部家眷,携带着本民族的神祇。然而,除了中国人和日本人之外,没有哪一个民族比犹太人给这个国家带来了更为独特的文化,或者说,没有哪一个民族比犹太人能更好地使自己的文化适应于美国,并且仍然能保持自身文化免受

① 第二次世界大战之前,犹太人没有自己的国家。直到二战后的 1948 年 5 月 14 日,以色列才正式宣布建国。本文发表于 1925 年,彼时以色列尚未建国。——译者注

美国环境的瓦解作用。这并不是说犹太人事实上已经成功地做到了这一点。在美国生活最初的强烈影响之下,犹太生活的旧有结构的确在崩塌。然而,从旧式文化生活的废墟之中,却涌现出了一种新的、更丰富的、更自由的文化生活。

在这个国家中,犹太人是唯一一个创作出了能与他们的本土文学相媲美的外语文学的移民群体。这需要与下面这个事实联系起来考虑:犹太人或许在美国比在世界上其他任何地方都感觉更加自在。他们在纽约比在耶路撒冷(Jerusalem)更加自在。在纽约,犹太人创作出了一种真实地表现犹太生活的文学与艺术,这一事实便是上述观点的最佳证据。

对于美国移民聚居地的典型类型所做的这些概括,提供了有关美国的一个大体轮廓;倘若我们能够从移民自身的角度来看美国的话,那么它看上去便是如此。倘若我们对任何一个外语聚居地的内部生活看得更细致一点,那么整个图景就会变得更加有趣,更加大开眼界。

为了理解这些小型外国社群的密切生活,我们就必须了解这些聚居地是如何形成的,以及聚居地建立以后,维系它们的动力何在。移民热是极具传染性的,这一点早已得到公认。当移民热侵入一个乡村,它就会感染整个社群,并持续肆虐,直至但凡能够移民的人都迁移出去为止。于是,一个新的社群就在这个国家建立起来了,这个社群实际上正是那个乡村的聚居地,它最终会变成最初输出移民的故国省份的聚居地。

在美国,小型聚居地星罗棋布,组成每一个聚居地的人口几乎
都来自国外的某一个村落或省份。我们对于德国人的聚居地比对 156
其他民族的聚居地了解更多,这是因为,他们的定居历史被书写出来了。来自莱茵河谷(Rhine Valley)、奥尔登堡(Oldenburg)、威斯特伐利亚(Westphalia)、莱茵河流域(Rhenish)、普鲁士(Prussia)以及莱茵-黑森(Rhine-Hessen)的移民们定居在得克萨斯州的巴斯特

罗普(Bastrop),密歇根州(Michigan)[①]的威斯特伐利亚,[②]威斯康星州的罗克斯伯里(Roxbury)、[③]米德尔顿(Middleton)[④]和贝里(Berry),[⑤]以及阿肯色州(Arkansas)[⑥]的小石城(Little Rock)[⑦]。符腾堡人(Württembergers)[⑧]定居于密歇根州的安阿伯(Ann Arbor);[⑨]撒克逊人(Saxons)定居于密西西比州(Mississippi)[⑩]的奥斯纳布罗克(Osnabrock)。[⑪]而来自阿尔萨斯-洛林地区(Alsace-Lorraine)的德国人则定居于俄亥俄州(Ohio)[⑫]的洛雷恩县(Lorain)[⑬]和伊利县(Erie)。

在这些移民聚居地中,某些聚居地之间有着特别的利益关系。宾夕法尼亚州(Pennsylvania)[⑭]的伯利恒(Bethlehem)与跨越俄亥俄州边界的城市拿撒勒(Nazareth)、戈申(Goshen)和迦南(Canaan),是摩拉维亚人(Moravians)、登卡德派(Dunkards)和阿曼门诺派(Amish)信徒的早期宗教聚居地。密西西比州的蒙哥马

---

① 密歇根州是美国北部州,位于五大湖区。——译者注

② 威斯特伐利亚是密歇根州克林顿县(Clinton County)的一个镇,19 世纪早期由德国移民建立,并依德国的威斯特伐利亚省为小镇命名。美国堪萨斯州也有一个同名的城市,也是德国移民所建。——译者注

③ 原文为 Roxburg,疑有误,应为 Roxbury,罗克斯伯里镇位于美国威斯康星州南部戴恩县(Dane County)。——译者注

④ 米德尔顿是美国威斯康星州戴恩县的一个城市。——译者注

⑤ 贝里是美国威斯康星州戴恩县的一个镇。——译者注

⑥ 阿肯色州是美国南部州。——译者注

⑦ 小石城是美国阿肯色州首府,又译为小岩城。——译者注

⑧ 原文为 Wurtemburgers,疑有误,应为 Württembergers。——译者注

⑨ 安阿伯又译为安娜堡或安纳伯,是美国密歇根州的一个城市。——译者注

⑩ 密西西比州是美国南部州。——译者注

⑪ 原文为 Osnabruck,疑有误,该地名的德文为 Osnabrück,译为奥斯纳布吕克,是德国西北部下萨克森州的一个城市。美国的相似地名为 Osnabrock,译为奥斯纳布罗克,应为美国北达科他州(North Dakota)的城市,而非原文所述的密西西比州。——译者注

⑫ 俄亥俄州位于美国中东部,靠近五大湖区,但被划为美国中西部州。——译者注

⑬ 洛雷恩是美国俄亥俄州北部城市,又译为洛兰市。——译者注

⑭ 宾夕法尼亚州是美国东北部州。——译者注

利县(Montgomery)和加斯科内德县(Gasconade),得克萨斯州的新布朗费尔斯(New Braunfels)和弗雷德里克斯堡(Fredericksburg),以及威斯康星州的日耳曼尼亚(Germania)标志着在美国建立一个德国的三次尝试。密西西比州的费姆欧塞奇河(Femme Osage river)聚居地与伊利诺伊州(Illinois)[1]的贝尔维尔(Belleville)得到了定居在那里的上层阶级和受过教育人士的认可,他们中的大多数都是1848年的政治难民。[2] 这些地区被称作"拉丁人聚居地"(Latin Settlements)。

犹太人和意大利人定居在纽约市曼哈顿岛(Manhattan Island)下东区和西区,这与斯堪的纳维亚人和德国人定居于中西部农村地区如出一辙。休斯敦街(Houston Street)以下的犹太区现在是——或者最初是——小型聚居地的聚集之所,每一个聚居地由一个犹太教堂(synagogue)来代表,教堂则冠以其成员来自的外国乡村的名字。每一个意大利移民(尤其是南部的意大利人)都是从意大利的一个乡村来到该村在纽约或者其他某个城市的聚居地。

那些主要定居在城市的移民与那些定居于农村社群的移民之间的区别在于,前者的聚居地在拥塞的区域内简直挤在了一块,而后者则分散在超过美国三分之二国土上的小型农业社群当中,彼此孤立。

这就解释了学者们提到的早期移民与后期移民之间的许多代际差异。我们把早期移民称为定居者。他们是为了留下而来的,并且大部分人都定居在了农村。但是,爱尔兰人并非如此。他们 157
定居在城市里。后代移民则效仿了爱尔兰人。

---

① 伊利诺伊州是美国中西部州。——译者注

② 1848年,欧洲多国爆发一系列反对君主政体、建立独立民族国家的武装革命,首发地是意大利西西里岛,进而几乎波及整个欧洲。这些革命运动虽然均以失败告终,但为欧洲从封建社会转向现代工业社会奠定了必要的基础。这场波及面极其广泛的革命潮史称为1848年欧洲革命,又称为"民族之春""人民之春"。——译者注

现在,城市生活的第一个影响是,它摧毁了移民的地方主义,并增强了其种族团结感和民族团结感。这就解释了为什么自大流散以来,犹太人虽然讲着三种不同的外语——德语、意第绪语(Yiddish)[①]和拉蒂诺语(Ladino),[②]但他们在美国却比在其他任何地方都更为高效地取得了一定程度的团结与社群组织。

对犹太人适用的,对其他城市移民也同样适用,尽管适用程度更轻一些。来自各个省份的意大利移民们带着各自的历史差异与方言差异,在我们的大城市里聚集在一起,由此而发展出了一种在意大利都不曾存在过的民族感情和团结感。在意大利报刊上,全国性的意大利人团体大量出现在爱国主义场合之中。分析结果显示,该团体由一些更小的单位组成,而每一个小型聚居地一旦在这个国家建立起来,就会在其成员之间形成这种团体。这些团体只不过是意大利乡村中自发形成的睦邻友好关系的正式组织。

城市生活的这种影响在城市报刊上清晰可见,这些报刊的新闻栏和社论版都创造并维持着一种对于祖国政治的积极兴趣,不管是其国内政治,还是国际政治。大都市的报纸因其广泛的发行,必定不只是面向巴伐利亚人、威斯特伐利亚人,抑或撒克逊人,而是面向所有德国人;它们也不只面向热那亚人、那不勒斯人、阿布鲁奇人,[③]抑或阿格里真托人,[④]而是面向所有意大利人。如此一来,在城市里定居就打破了移民们初来乍到时所带有的本地忠诚和本省忠诚,而以一种不那么强烈但更为广泛的民族忠诚取而

---

① 意第绪语是犹太人的语言,自公元9世纪起源于欧洲中部和东部,以德语为基础,并借用希伯来语、斯拉夫语和罗曼语系等若干现代语言。——译者注

② 拉蒂诺语是西班牙系犹太人(Sephardi)的语言,也称为犹太-西班牙语(Judaeo-Spanish),是源自古西班牙语的一种罗曼语。由于拉蒂诺语很难传承下来,这一语言如今正在消失。——译者注

③ 原文为Abuzzesi,疑有误,该地名应为Abruzzi,亦写作Abruzzo,译为阿布鲁奇或阿布鲁佐,意大利中部地区,面向亚得里亚海。——译者注

④ 阿格里真托(Agrigento)为意大利西西里岛南部海岸城市,西西里语为Girgenti。——译者注

代之。

农村生活则自然趋于相反方向。农村生活强调本地差异，保存着移民们的记忆，并培养起一种对于当地社群的情感兴趣。在美国，德文地方报纸将德国的地方生活加以理想化，而这种生活已然不复存在了，它仅存于这些报纸编辑和读者们的记忆之中。

一个有趣的事实是，移民实现美国化（Americanization）的第一步，绝不是要变成美国人，而是成为一个不那么偏狭的外国人。
在美国，符腾堡人和威斯特伐利亚人都会首先变成德国人，西西里 158
人和那不勒斯人会变成意大利人，而犹太人则会变成犹太复国主义者（Zionists）。这个关于人性的有趣事实，很早就被在海外开展爱国主义和民族主义运动的领袖们认识到了。阿加顿·吉勒（Agaton Giller）[1]是 1863 年波兰国家政府[2]的前成员，他在 1879 年致《芝加哥波兰报》（*Gazeta Polska of Chicago*）的一封信中写道：

> 每一个波兰农民，不论他来自波兰的哪一个省份，即便来自一个长久以来与全国性机构相分离的省份（譬如上西里西亚或者东普鲁士），当他转移到一片周围都是外国人的陌生国土时，就会发展出一种波兰情感，发展出他的民族性（national character）的意识。在国内目睹这位毫无民族责任意识的农民的那些人会觉得，这个现象是不可思议的。然而，这一现象相当正常。身处异国他乡，由于感受到了自己的讲话方式、习俗和观念都与周围那些人迥然不同，他心中便自然而然地产生出了民族意识……

① 阿加顿·吉勒（Agaton Giller，1831—1887），波兰政治家、历史学家、记者，在波兰独立运动和 1863 年起义中扮演了重要角色。——译者注

② 1863 年 1 月 22 日，波兰起义军为反对俄国的严苛统治与压迫，发起了全国性起义，同时成立临时性全国政府。这次起义以失败告终，并导致俄国对波兰更为严酷的控制。——译者注

> 当他心中形成民族观念和民族情感之后，倘若有人能够向他解释这种民族性的内涵，能让他明白从这种民族性当中所生发出来的种种责任，那么，这个从前对民族事业既无知又消极的普通人，将会变成一个自觉而积极地服务于建立在民族性之上的理念的人……
>
> 当美国的波兰人经由团结一致这一事实，在道义和民族性上得到了提升，并在经济上富裕了起来——这也应当是该组织的任务之一，那么它将会很好地为波兰服务，哪怕事实上它只不过是在美国出色地为波兰的名声进行了代言。当波兰人开始对美国的公共生活产生影响，当他们在美国人中间充分地传播波兰的事业观以及我们民族在历史、文学与艺术方面的信息，当他们最终成为波兰与这个强大的共和国之间的中间人，以便促进对于我们为解放波兰而付出努力的同情，进而将这种同情发展成为一种通过行动来表现的热忱时，这些服务就会逐渐变得相当可观了。

一位移民要在美国社群中获得承认——正如阿加顿·吉勒所言，“在美国出色地”为本民族的名声“代言”——的志向，是民族意识的首要典型表现之一。正因为他作为一个个体一直未能在美国获得承认，他便试图以民族之一员的身份来获取这种承认。

移民们在聚居地生活的一个原因是，他们无法离开这里。同时，他们建立各种民族主义团体，这些团体的任务之一就是试图在
159 这个国家“出色地为祖国代言”，而建立这些团体的一个原因在于，他们可以通过这种方式来参与美国生活。

假如一位移民仍然选择做一名归化的美国人（hyphenated American)，[①]那么这常常是因为，他只有通过自己的某个母语群体组织，才能在外面这个更为广阔的美国世界中取得地位与承认。作为一个移民社群的领导者，他本人及其社群得以通过作为个体的他们所无法做到的种种方式来参与美国生活，尽管他们对这个国家的语言和风俗都不熟悉。下面这段话出自尤金·S. 巴格尔(Eugene S. Bagger)[②]写的一篇有关匈牙利知识分子与领袖的文章，这段话就对此观点进行了阐释：

> 匈牙利裔美国知识分子团体生活的典型氛围是一种彻底的绝望，这源于他们意识到自己同时被孤立于美国和故国生活的主流之外，意识到悬在匈牙利裔美国人社群上方的厄运已变成现实。这是移民聚居地的一种悖论——它正不断地丧失其最佳要素，而这一要素恰恰是通过脱离故国并融入更为广阔的美国生活来彰显其优越性……不时有新的"运动"来"组织"美国的匈牙利人(American Hungariandom，匈牙利语为"amerikai magyarsag"，一个类似于德国人"Deutschtum"的集体名词)。这些运动有意识的或公开声明的目的，纯粹是试图开展有组织的艰苦工作，但在这些"领袖"中间，无疑也存在一种企图利用这些运动来谋取私利的因素。尽管如此，他

① "归化的美国人"一词出现于19世纪晚期，通常指母国并非美国的移民，在他们的母国或母民族与美国之间有时用连字符来表示，例如German-Americans、Irish-Americans和English-Americans。19世纪末至20世纪初期，这一术语主要用于贬损非美国裔的美国人，这些入籍美国的移民通常对母国抱有忠诚之心，尤其在第一次世界大战期间抱持中立态度以及对母国的忠诚。1915年，美国总统西奥多·罗斯福曾公开批评归化的美国人不是好的美国人，因此不会受到美国的欢迎。——译者注

② 尤金·S. 巴格尔全名为尤金·赛克尔斯·巴格尔(Eugene Szekeres Bagger)，生于1892年，卒年不详，匈牙利裔美国人，作家、批评家，曾出版多本人物传记。——译者注

们背后显然具有某种道德目的——从个体虚荣心和对声誉的渴望，到对精神成就虽模糊却真诚的期望等因素都有。匈牙利裔美国知识分子迷恋一种奇特的权力欲，这种权力欲以“匈牙利裔美国人”(Hungarian-Americandom)的“使命”与伟大作为核心。虽然从来没有人试图界定这个使命是什么，但它总是不断地被提起。这种权力欲仿佛是一种多重的自卑情结的一种改头换面的表达，它或许是以下情结的产物：(1)“受压迫种族”情结。马札尔人沙文主义(Magyar chauvinism)正是一种相对于奥地利的自卑感、在这个君主政体中居于次要地位的现实以及出于被欧洲人划归为巴尔干人种(Balkan race)的恐惧所共同导致的产物。(2)作为移民的自卑情结，他们是“来自中欧的人”(the hunky)。[1](3)在国内被证明是失败者的那些人本身的自卑情结。[2]

有时候，一个民族主义领袖的商业动机比出于民族主义的爱国动机更加强烈。美国移民委员会(U. S. Immigration Commission)在一份关于移民银行的报告中，提及移民银行家与移
160 民报纸的频繁联盟，该报告援引了如下案例：

对于银行家和报纸的这种联盟，最严重的指控就是，通过持续不断地诉诸移民的偏见与爱国主义，他的美国化进程不仅受到阻滞，而且被蓄意地防止了，以便使他能够持续地成为他所信任的那些人的一个收入来源。举一个恰切的例子，某个以前学神学的斯洛伐克银行家经营

① “来自中欧的人”(the hunky)一词带有种族侮辱的意味，最早指来自中欧的劳工，这些劳工大多在矿场从事艰苦的工作，后泛指斯拉夫移民。——译者注

② PARK, MILLER. Old world traits transplanted[M].105-106.

着一个规模很大、装潢精美的企业，并开了两家分店。这位银行家在他的人民当中是一位全国性的宗教领袖，在这个国家组织并领导着一个全国性的斯洛伐克团体。他还发行一份日报、一份周报、一份人文月刊、一份年鉴，此外还时不时地发行其他出版物。虽然他自己已经宣布放弃效忠匈牙利，断绝了与故国的一切政治联系，并成为一个美国公民，但他并不建议斯洛伐克同胞也这么做，相反，他在其所有出版物上宣扬一种激进而狂热的“泛斯洛伐克主义”(Pan-Slovakism)。只要斯洛伐克人仍旧维持这一身份，并经由这样的鼓动而充满对于斯洛伐克的爱国精神与狂热，那么他们就会长久地成为该银行家的利润来源。在近期的工业萧条到来以前，这位银行家通常每年代表其客户向海外转出200万至250万美元，同时每年卖出6,000张轮船票。

民族主义团体公然宣称，其目标是为祖国“保护”移民。其他那些对自己的目标秘而不宣的移民机构，则试图阻碍移民的同化(assimilation)。然而，尚不确定的是，民族主义团体在总体上是促进了移民的美国化，还是阻滞了他们的美国化。民族主义报纸虽然并不想让它们的读者变成美国人，但它们想要发行的话，就必须刊登美国正在发生的新闻，这就必然为读者成为美国公民做了准备。

波兰人为了维持移民对于祖国的兴趣，做出了比其他任何种族群体都更为决绝的斗争。尽管如此，据近期的一位波兰作家所言：

尽管所有本地团体都在不断地使用爱国的波兰标语，但是，在这次世界大战以前，对于绝大多数波兰人而言，波兰主要是一个几乎纯美学趣味的客体，与迫切的社

> 会环境相比，这个国家的原动力非常之小……即便是在这场大战之前，对于大多数身处美国的波兰人来说，波兰爱国主义都不是一件生死攸关的事情。

民族主义领袖们在自己的报刊上描述了要在这个国家维持祖国的语言和传统所面临的种种困难，我们只要读一读这些描述，就
161 会意识到，这个国家里的所有民族都朝着一种共同语言、一种共同生活和一种共同传统而去的这种趋势，是多么地缓慢，但从长远来看，这在美国生活的条件下又是全然无法抗拒的。这是一位法裔加拿大爱国者的一段话：

> 我们的语言已经遭受并且仍在遭受持续不断的、令人叹惋的损失，要承认这一点非常痛苦，但我们却不能不承认……出生在这个国家，因此生来就是美国公民的那些孩子们已经繁衍出了第三代移民，他们的思想意识与第一代移民迥然不同……诚然，有一些聪明之人，童年时没有机会接受法式教育，也鲜有机会讲法语，但他们却努力研习法语，强迫自己练习法语，也强迫自己表现出真诚的爱国精神。这些人在内心深处和骨子里欣赏本种族一切高贵的东西，并且不甘愿简单地变成美国人。

移民初来乍到时是一个外乡人，而一旦他开始关心祖国在美国的声誉，他便迈出了美国化的第一步。倘若这没错的话，那么同样正确的是，维持外乡人身份的移民同时也在最大限度上远离了美国的生活。

意大利人用"傻瓜"（caffoni[1]，simpleton）一词来形容这一类移民：他们拒绝对自己的国家满怀爱国主义情感，同时也毫不关心美

① 意大利语词汇。——译者注

国人如何看待他自己或者他的同胞们。

这些“傻瓜们”大多曾为西西里岛上的农奴，他们被自己人瞧不起，尤其被这一类意大利人瞧不起——希望留下来，并且但凡意大利声誉受损，就感觉很受伤的这类意大利人。对于这一类上层阶级来讲，意大利人的良好声誉是他们前进的必要条件。而“傻瓜们”则毫不在乎，他们想要的就只是挣钱，然后回家。所以，我们常常看到，上层阶级在会议上、在团体中以及单独地向“傻瓜们”说教与演讲，劝告他们维护意大利的名声。而“傻瓜们”听了，只是耸耸肩就完事了。“意大利人在美国有没有好名声，又不能给我带来面包。我很快就要回去了。”

人们发现，对于美国抱持最低程度的理解以及最积极的盲目仇恨的人，并不在社会主义者、无政府主义者和激进分子当中——无论他们多么激烈地痛斥美国的资本主义，而是在这些小型的、被孤立的外乡人聚居地当中，这些外乡人并不像一些德国宗教派别人士那样变成定居者，而是像意大利人那样，在我们的城市中维持 162
着一种乡下生活。

这些小型社群几乎全部由来自同一个村的村民所组成，他们完全靠故乡社群里的新闻和流言蜚语度日。每一封寄给本社群中任何一位成员的信件，对于整个社群而言都是新闻。故乡村子里所发生的任何一件事，迟早都会在该村于美国的聚居地中传开。每个人都指望着最终能返乡，哪怕只是一次回乡探访也行。倘若在美聚居地的任何成员与社群之外的人结婚，或者最终宣布他不打算回去了，那么他就会被视为“失散者”。

> 住在第六十九街的奇尼西人（Cinisari）群体中，大多数人都打算返回西西里岛。奇尼西[1]小镇永远在他们的脑海中萦绕：“我在想能不能及时赶回去，收割下一季庄

① 奇尼西又译为奇尼斯，意大利西西里岛巴勒莫省的一个小镇。——译者注

稼呢?""我希望能及时回去,好参加节日庆典。""我希望能及时赶到奇尼西,饱餐一顿印度无花果。"不一而足。收到的邮件让他们知晓了奇尼西所发生的细枝末节和一切八卦,他们也把这里发生的事情写信告知家乡。他们在写给家乡的信中记述那些违反了习俗的人:"某某某娶了个美国姑娘。美国姑娘都是放荡儿。这个小伙子非常桀骜不驯。""某某某在巴勒莫大学没念完,于是就到这儿来了。他娶了一个外地人"——外地人是指意大利其他小镇的人。如此一来,他们就把一个人在奇尼西的名声给抹黑了,这个人一旦回去,等着他的便是一个臭名声。

从这里向奇尼西所报告的名声,对于他们相当重要,因为他们还指望着回去呢。全家人早就把他们回国的日子定好了。那些公开声明想要留在这里的人,都是些美国化了的年轻人。

在这些情形下,哪怕是在美国最大城市的心脏地带,以这样的方式生活的移民自然就会对美国抱持一种非常不充分、非常不利的看法。这一点对意大利人来说,或许更为真切,因为他们对于这个国家的了解,除了来自聚居地的流言蜚语之外,大部分都来自意大利语报纸。

我在意大利语报纸上读过很多由意大利专业人士写的关于美国的文章,这些文章如果一经翻译并被发表出来,将会令人大开眼界,甚至令盲人也大开眼界。这些文章把美国描绘成一个冷酷无情、强取豪夺、虚假伪善、清教徒式的国家。美国的男人们浅薄、软弱、愚不可及,而女人们则贪慕虚荣,只管自个儿快活,却不愿做一个好妻子、好母亲。美国的教堂都是生意场所。社会工作和慈善工作的建立为无数公职人员提供了肥差。政治生活腐

> 败到了无可救药的地步。而其他的一切，都可被称作
> “Americanate”，[1]意即愚蠢之典范。一桩轰动的离婚案、 163
> 一起市政厅丑闻、道伊(Dowie)或比利·森戴(Billy Sun-
> day)，[2]每一件事都被当作抨击美国的借口。我曾见到，
> 意大利语报纸上刊登了几篇为美国唱赞歌的英语文章，
> 可没有意大利人会阅读，而这一期报纸也登了一篇美国
> 人读不懂的意大利语文章，将美国描绘得黑暗不堪。[3]

我们并没有意识到，移民的美国化早在他到达美国之前就已经开始了。在欧洲，每个乡村都有一些返乡的移民。美国寄来的信件中充斥着亲戚们和邻居们的种种奇幻冒险故事。虽然每一个乡村都拥有自身关于美国的传统，但它并非我们所知的美国，而是移民眼中的美国。

在西西里岛的卡塔尼亚(Catania)集市上，每逢赶集日，十里八乡的农民们就会聚集在此，做买卖和讨价还价，用自己不多的农产品去换取城镇人的商品。这个集市的一个显著特征就是那些职业说书人(story tellers)，每一位说书人都被一群听得如痴如醉的农民们簇拥着。最受欢迎的都是关于美国的故事，即关于美国和“黑手党”(Black Hand)的故事。

我们认为黑手党是来自西西里岛的舶来品，而西西里人却认为，这些神话般的美国故事与自己的任何经历之间，都毫无可比之处。我们大城市中的一个个“小意大利”(Little Italys)，[4]便是西西

① 意大利语词汇。——译者注

② 比利·森戴是威廉·阿什利·森戴(William Ashley Sunday)的别名，森戴(1863—1935)是美国一位基督教布道家，他进行了超过300次布道会，到场总人次约为一亿人次，他的布道会反映了美国从农业社会向工业社会转型期间大众的动荡情绪。——译者注

③ SARTORIO E C. Social and religious life of the Italians in America[M]. Boston: Christopher Publishing House, 1918

④ 小意大利指美国大城市中的意大利移民聚居区。——译者注

里岛农民所唯一了解的美国，这个美国对于我们来讲，甚至比对于他们还要更为陌生。

那么，相当清楚的一点是，倘若一位移民生活在本民族的聚居地，那是因为，在通常情况下，那里是他唯一能够生活下去的地方。他对于美国的了解，来自先于他到达美国的那些人传授的经验。长久以来，移民社群几乎是新来移民所能接触到的有关美国生活的唯一信息来源。长此以往，于他而言，这个移民社群即为美国。

倘若这个社群井然有序，倘若它处于有识之士的领导之下，倘若社群成员的平均才智与文化很高（犹太人和日本人的社群便是如此），那么，适应美国生活的这一艰难的、痛苦的且常常令人心碎的过程，就会进行得相对快速且容易一些。假如情况恰恰相
164 反——正如时常发生的那样，那么美国化进程将会被延滞，同时，对于美国制度和美国生活的天然敌意或漠不关心尽管不会彻底抑制同化的过程，但是会妨碍它。

然而事实却是，由于移民社群本身是对美国生活的一种适应，直到最近，除了公立学校之外，它几乎是唯一一个切实帮助了移民在美国安身立命的机构。公正地看，移民社群自觉或不自觉地成为美国化的一个机构。无论如何，它在这个国家的移民生活中都是一个如此必要、不可或缺的部分，因此，我们应当寻求与之合作，发挥它的作用，而不是像有人经常提议的那样，去破坏它。

不管我们想要怎样对待移民，只要我们想让他成为一个有效能、有贡献、忠心耿耿的社群成员，那么归根结底，我们唯一能做的就是帮助他“在这个国家获得成功”——我的朋友威廉·莱塞森（William Leiserson）如是说。倘若他成功了，倘若他在美国能够实现某些在其祖国未曾实现的基本愿望，那么，在我们渴望赋予“美国人”这个称呼的每一层意义上，他都终将会变成一个美国人。

第八章　外语报刊[①] *165*

在美国，移民们操持的语言或方言大约有四十三或四十四种。这一事实很重要，因为将移民联系和组织起来的基础是母语，而非出生国。这次世界大战强调了一个事实，即欧洲的旧有政治边界并未将同类民族囊括于内。它揭示出了这样一个事实：在这些政治边界之内，欧洲是基于语言以及这些语言所保存的记忆与传统而组织起来的。同样重要的是，当其他纽带发生断裂时，语言与传统仍得以维持。在欧洲分化过程中独立出来的那些国家，它们都是一个个的语言群体（language groups），而不是一个个的民族（nationalities）。

正如欧洲的情况那样，在美国，把移民人口团结在一起的是语言与传统，而非政治忠诚。操持同一种语言的人们发现，他们生活在一起很便利。仔细一审视，我们就会发现，我们的大城市是由若干小型语言群体聚居地——亦即文化飞地（cultural enclaves）——所拼接而成的，其中的每一个聚居地都在城市更为广阔的国际化

---

① Proceedings of the National Conference of Social Work 1920 [C]. Chicago: University of Chicago Press, 1923:493-500.

生活圈层之内，维持着各自的独立存在。每一个这样的小型社群都必然拥有某种类型的互助团体，它极有可能是一座教堂和一所学校，或许是一家剧院，但几乎毫无例外地会是一家报刊社。

几乎可以肯定，美国的外语报纸与其外国人口之比要大于欧
166 洲的外语报纸与其本土人口之比。确切无疑的是，相当大一部分移民人口在美国会阅读报纸，而他们在母国都是不读报的。《俄国言论报》①曾发表过一篇文章，基于一次问卷调查所获得的信息，这篇文章指出，即便是在那些拥有阅读能力的人当中，也只有大约百分之三的人在母国是习惯性读者。

在美国的俄国移民中，农民和劳工占九成多。他们当中的绝大多数在母国时，都感觉自己没有阅读报刊或者观看戏剧演出方面的需求。1910 年的人口调查显示，在十四岁以上的俄国人中，文盲占 38.4%。不过，即便是那些有阅读能力的人在俄国也很少看到报纸，戏院则更是无法企及。大多数移民都来自俄国的乡村，那里既无报刊，也无戏院。

在 312 位被调查者当中，仅有 16 人在俄国时定期读报，另有 10 人会不时地去乡政府②读报，还有 12 人是周刊订户。

当他们到了美国，所有人都成了俄语报纸的订户或读者。其中，有 200 人经常去戏院看戏，同时所有人都会去看电影。

他们中有 25%的人还会阅读用英语出版的美国报纸。不过，一些人提到了这样一个事实，即他们“只能理解其中五分之一的单词”。而其他人买一份美国的日报，只是为了浏览一下标题而已。一位受访者写道：“这些标题很容易理解，并且看看标题你也就了解了所有的新闻。”

大多数移民在母国都是农民。他们在这里则可能是劳工，或多或少都会参与到我们的现代工业城市中各种动荡不安的国际化

① 原文为 *Russkeye Slove*，疑有误，应为 *Russkoye Slovo*。——译者注

② 原文为 volost，疑有误，应为 volast，参见第二章第一节相似内容。——译者注

生活之中。在他们原来的偏僻小乡村里，生活过去是，并且现在仍
然是相对固定和安稳的。在这样的条件下，习俗和传统为日常生
活中的所有紧迫情况都做好了准备。人们的行为建基于面对面的
关系，即是说，建基于会话和邻里的闲言碎语。到了美国，这里地
域辽阔，又无传统，人口处于流动状态，万事皆在发展当中，因此，
移民就要抛弃种种习惯，习得各种“理念”。在美国，最重要的是，
移民们组织起来了。这些组织体现了他的新需求和新理念。他变 167
成了一个社会主义者、民族主义者或者兄弟会组织的成员，同时他
也读报，因为几乎每一个移民组织都出版了某种类型的报纸。

有关外语报纸的流行，还有其他一些解释。移民们之所以渴望在这个国家读到他们自己的语言，其中一个原因在于，他们在自己的国家不被允许这样做。有时候，他们在来到这里之前还没有学会阅读，而他们也没有被允许学习如何阅读。有时候，他们可能读过的那些报纸要么了无生趣，要么晦涩难懂，甚至连这些报纸也常常并不存在。

在立陶宛、德国、波兰、乌克兰、斯洛伐克以及匈牙利，土著民族的语言遭到了阻隔。这些国家都有学校和报刊，但它们是以优势种族的语言——德语、俄语和匈牙利语——来运作管理的。结果就是，农民们以一种外语来接受教育，而这种教育从未达到能令他们阅读的地步。此外，除非你已经学会用母语阅读，否则就很难学会用一种外语来阅读。

移民在母国不读报的另一个原因在于，即便这些报纸是用他自己的语言来出版的，他也读不懂它们。事实上，这些报纸并不是办给普通人看的。

然而，近期的一位作家提请大家注意这样一个事实，即普通美国人不仅不会讲书面英语，而且对于普通政治演说家或神职人员所讲的内容，他能理解的或许不会超过三分之二。

普通人之所以无法完全理解“高雅之士(the highbrow)”的谈论，原因可以归咎于谈论对象本身很深奥难懂这一事实。在那种

情况下，甚至连高雅之士自己可能也并未完全理解其谈论的对象。不过，在大多数情况下，理解失败要归咎于普通人和学究所讲的不是同一种语言这个事实，而对于任何一种非自己惯常运用的话语形式，没有哪个人能够完全理解。在这一关系中，有趣且重要的一个事实是，不论美国的书面语言和口头语言之间的差异可能有多大，这些差异在这个国家都比在世界上其他任何一个地方要小得多。

168 在完善印刷、出版与宣传的技艺方面，没有哪一个国家像美国这样花费了如此多的精力与才智。不仅报刊语言更加简单、直接与敏锐，更加贴近街头语言，而且书面语言和口头语言之间的差异也在稳步缩小，尽管"这个国家典型的文学产品仍然是一篇发表在《大西洋月刊》(*Atlantic Monthly*)上的精妙文章"。

这一观点的证据在于，诸如《星期六晚邮报》之类的报纸有着巨大的发行量，并且，在日报数量下降的同时，报纸发行量却在稳步上升。

在知识分子单独构成一个社会阶层的那些国家中（譬如俄国），即便在有学校的地方，那些学校也未能在普通大众中培养出一种阅读习惯，因为一切报刊都面向高雅之士。而美国报纸上有本地新闻、私人八卦以及人情味的奇闻轶事，故而跟外国人头脑中的新闻观念并不是一回事。

或许，正因为美国人对于本地新闻感兴趣，才足以证明美国作为一个"乡民之国"(nation of villagers)的特征。作为一个民族，我们似乎对理念并不感兴趣，而是对闲言碎语感兴趣。

哈钦斯・哈普古德(Hutchins Hapgood)[①]曾在犹太人居住区的一个咖啡馆遇到过一位犹太知识分子，这位知识分子讲述了自

---

① 哈钦斯・哈普古德(Hutchins Hapgood，1869—1944)，美国记者、作家，擅长以感性笔触描写工会会员、无政府主义者、自由恋爱鼓吹者、不受世俗陈规束缚者以及移民的世界，毕生出版了七部作品和一部自传。——译者注

己的一个谨慎观察，其意涵便正在于此。哈普古德在《犹太人居住区的精神》(*The Spirit of the Ghetto*)[①]一书(p. 282)中写道：

> 在俄国，一些真正有修养、有智慧的人来定调子，其他人则追随他们。而在这个国家，则是公众定调子，剧作家和文学家只不过是在表达公众的意思罢了。

尽管如此，在美国，编辑们仍有必要向移民的智识水平作出某些让步。

农民们多愁善感，于是编辑们就为他们出版用方言写作的诗歌。编辑们用廉价小说来充塞版面，撰写听起来很响亮的社论，并采用双倍行距，以便文章容易阅读。有时候，他们在社论版上用文学语言来写作，并讨论一些司空见惯的主题，以此作出妥协。至于报纸的其他版面，则由这些内容所组成——从满是行话术语的美国报纸上草草转译而来的内容，以及穿插着美国习语和带有外来词词尾的美国词汇的各种方言。

有时候，报纸发行人自己就是一个蒙昧之徒，或者至少不是像
美国的发行人那样，将自己的报纸视为一种广告媒介——刊印新 169
闻只是为了获得发行量——的知识分子。据说，美国最成功的华人编辑之一由于不懂文学语言，因此无法阅读自己报纸上发表的社论。一些办得最成功的外语报纸是由这样的人出版的：他们并不自诩受过教育，并且还被他们所雇佣的写作者们视为无知之徒。尽管如此，这些人却了解他们的公众，坚持在报纸上刊载订户们感兴趣并且能够阅读的内容。报纸的写作者们有时候既瞧不起他们的雇主，又蔑视他们的公众；倘若如此，对于他们成功生产出来的报纸，就没有太多可期待的了。

---

① 《犹太人居住区的精神》一书初版于1902年，描述了居住在纽约下东区的犹太人的精神生活与文化生活，是描述现代美国之形成的重要作品。——译者注

外语报纸普遍降低了自己的调门，这带来的效果是，在这个国家创造出了一个公众群体，这一群体由那些在母国鲜少或完全不阅读的人所组成。所有的外语报纸都对于培养移民的阅读习惯作出了贡献。然而，教会移民进行思考的则是社会主义报刊。

美国的外语报纸中，最有趣的当属意第绪语报纸。可以说，外语报纸是在意第绪语报纸中才得以成形的。在其他语种的移民报刊中未能得到完美展现的一切趋势和动机，在意第绪语报纸中都表现得既突出又明晰。没有其他任何外语报刊对本种族的语言进行了如此彻底的简化，抑或创造出了一个如此庞大的阅读公众群体。也没有其他任何外语报刊如此成功地反映了它所代言的人们之间的大量密切生活，或者如此有力地影响了这份报纸为之存在的公众的意见、思想与抱负。这对于纽约市的意第绪语日报来说，尤为恰切。

在犹太移民当中，犹太社会主义者们是最早想出报刊这个点子的人，他们设想通过报刊来触达广大民众，并激发起他们的兴趣。19 世纪 80 年代早期，来美国寻求庇护的移民是一些犹太学生，在 1881 年 3 月沙皇亚历山大二世(Czar Alexander II)遇刺前夕，他们参与了革命性的动乱。革命者们的计划是要教育广大民众，他们称之为“到人民中间去”(to go in among the people)，并由此为他们发动国际革命做好准备。他们效仿无处不在的千禧年信徒(millennialists)，①相信国际革命已迫在眉睫。

170 当时，在俄国的犹太人当中，虽然存在着一种意第绪语的通俗文学，但政治讨论仍然以俄语进行。以意第绪语来布道虽然存在，但是，从来没有人听过以本民族的语言来举行的政治演讲。大多数犹太移民对于社会主义或工人运动一无所知，正如他们对于现

① 千禧年信徒是指信奉千禧年主义的基督教徒，他们相信，地球上将会出现一个黄金时代或一个天堂，基督将会在最后的审判到来之前统治一千年。这种信仰的依据主要来自《启示录》第 20 章第 1—7 节。千禧年比喻也引申为宗教的或世俗的社会运动与政治运动。——译者注

代科学或现代政治思想一无所知一样。只有获准进入俄国的大学中学习的少数知识分子们，才会特别关注所有这些崇高的事情。威廉·M. 莱瑟森(William M. Leiserson)[①]曾说：

> 1882 年 7 月 27 日，俄国难民举行了首次公众集会。他们第一次有机会享有言论自由，这一天酷热难当，500 人挤在里文顿街(Rivington Street)小小的黄金法则会堂(Golden Rule Hall)[②]里面。演讲以俄语和德语进行，虽然很多与会者两种语言都不懂，但他们依然热情高涨。德语《人民报》(*Volkszeitung*)主编舍维兹(Schevitz)、德国无政府主义者内尔克(Nelke)以及俄国学生 A. 卡恩(A. Cahan)[③]在集会上发表了演讲。
>
> 在这次集会上，卡恩率先提出一个建议，即以意第绪语的行话来在犹太人中间宣传社会主义。这个建议受到了嘲笑。在场的人当中，有谁能够用意第绪语演讲呢？卡恩自告奋勇。接下来的那个星期，在第六街无政府主义者的会堂里，第一个意第绪语演讲发表了。自那以后，犹太人还举行了许多集会，不过，在很长一段时间内，卡恩都是唯一一位意第绪语演讲者。
>
> "宣传协会"(Propaganda Verein)的集会以最高涨的热情为其标志。对于大多数犹太人来讲，自由集会的权利是一种新鲜的体验；而更新鲜和更不可思议的则是以

---

① 威廉·M. 莱瑟森全名为威廉·莫里斯·莱瑟森(William Morris Leiserson，1883—1957)，美国著名劳工经济学家、劳工争议仲裁员。——译者注

② 黄金法则会堂曾是宗教集会、劳工集会和激进分子集会的会堂。——译者注

③ A. 卡恩全名为亚伯拉罕·卡恩(Abraham Cahan，1860—1951)，生于俄罗斯帝国的维尔纳(现立陶宛首都维尔纽斯)，1882 年移民美国，犹太裔美国作家、记者、改革者、社会主义领导者，1897 年协助创立纽约意第绪语日报《犹太前锋日报》(*Jewish Daily Forward*)，自 1902 年起担任该报主编长达四十余年，这份报纸帮助了新到美国的犹太移民适应美国文化与生活。——译者注

> 母语发表的种种演说。社会主义学说以前只有受过教育的人才能理解，如今已能为普通移民所理解了。[①]学生们打出了一个口号："我们必须用母语来鼓动犹太人。"一连几个月，"宣传协会"都有重大活动。

事实证明，要向一个未曾有过政治经验的民族以他们的语言来进行政治宣传，这并非易事。意第绪语中并无相应的词汇，可用以表达马克思派社会主义（Marxian socialism）的各种惯用语。无论一般大众对于新学说所允诺的知识是多么如饥似渴，俄国学生们的那种学院式讨论却未能维持住他们的兴趣。

在《美国犹太人的历史》（*History of the Jews in America*, p. 303, 1912）一书中，彼得·维尔尼克（Peter Wiernik）[②]写道：

> 在某一方面，希伯来语和意第绪语作家们正在与同
> 171 样的困难作斗争，那就是，让尽可能多的读者理解他们。盛行于俄国的写作方法是，要尽可能写得艰深难懂，或者尽可能使用高级语言，以便高智识读者——当时俄国的每一位报纸读者都在宣称这一称呼——因自己能理解所写内容而引以为傲。在印刷内容稀缺的地方，公众会急不可耐地接受任何付印的内容，但在这里，这种写作方法却无法吸引读者。希伯来语作家带着一种可以称之为贵族式的风格来到这里，而意第绪语作家却几乎没有任何风格，他们得从头开始。就鼓动者的工作而言，一切都很

---

① 斜体为原文所加。——译者注

② 原文简写为 P. Wiernik，彼得·维尔尼克（1865—1936）是美国的意第绪语记者，他生于俄罗斯帝国的维尔纳（现立陶宛首都维尔纽斯），于 1885 年移民美国，并定居芝加哥。1901—1936 年，他担任纽约最重要的意第绪语报纸《犹太晨报》（*Jewish Morning Journal*）的主编。与此同时，他还用希伯来语和英语写作，其代表作为《美国犹太人的历史》。——译者注

容易；谴责与指控总是易于理解的，而这正是它们得以广泛流行的原因之一。然而，当作家想要描述或解释那些没有受过系统学校教育的公众如饥似渴地想要读到的内容，尤其是科学性或者半科学性文章里的内容时，那么大多数作家的语言就力所不逮了，并且很容易被误解。

然而，直到《前锋日报》(*Forward*)[①]出现，直到亚伯拉罕·卡恩结束在一家美国日报的五年学徒期之后，犹太社会主义者们才得以成功创办出一份广大犹太民众——甚至女人——都能阅读的报纸。在亚伯拉罕·卡恩的率领下，《前锋日报》可以说效仿了当时的黄色报纸。不过，与其说它是对黄色报纸的一种复制，倒不如说是对其办报方法的一种应用。犹太人的《前锋日报》无疑是美国式的，但它无疑也是独一无二的。它立即受到了非比寻常的欢迎，这说明，犹太日报终于成功了。

《前锋日报》诞生于十五年前社会主义者的一场舞会上，当时卡恩和其他人为创办一份意第绪语的社会主义日报而发起募捐，并筹得 800 美元。前锋协会(Forward Association)作为合作出版公司，几乎当场就成立了。该协会承诺出版《前锋日报》，并将其全部利润用于进一步发展社会主义和这份报纸。如今，《前锋日报》及其大楼每年带来成千上万美元的利润，没有一分一毫以红利的形式分给了任何人，抑或用于任何已设定目标之外的事情。然而，十年之前，《前锋日报》不仅债台高筑，而且行将就木。

报纸管理委员会于绝望之际，请求卡恩来接手。彼时，卡恩担任着《太阳报》(*Sun*)、[②]《晚邮报》(*Evening Post*)、[③]《商业广告人报》(*Commercial Advertiser*)以及其他一些报纸的特别作家，正声

---

① 即《犹太前锋日报》(*Jewish Daily Forward*)，意第绪语报名为 *Forverts*。——译者注

② 全称为《纽约太阳报》(*New York Sun*)。——译者注

③ 全称为《纽约晚邮报》(*New York Evening Post*)。——译者注

名鹊起。他写作的犹太人生活故事刊登在一流杂志上面。他关于
172 贫民区生活的小说《耶克尔》(*Yekl*)①被威廉·迪安·豪威尔斯(William Dean Howells)②以及大西洋两岸的其他评论家称赞为一部现实主义的精湛之作。他的《白色恐怖与红色恐怖》(*The White Terror and the Red*)③和《进口新郎及其他故事》(*Imported Bridegroom and Other Stories*)④正在给他带来更为广泛的英文阅读公众。然而,一接到同志们的召唤,他就回到贫民区,投身于振兴这份行将就木的意第绪语日报的任务中去了。

他发现,这份报纸的发行量仅六千份,专栏中充斥着抽象的经济论争,语调尖刻,并且即使在贫民区中,也弥漫着一股"高雅之士"的夸张风气,像托尔斯泰、斯宾塞、达尔文以及类似作家的作品,都能够在手推车摊贩那里买到。最糟糕的是,这份报纸以一种高度理性化和德语化的意第绪语来进行写作,只有"知识阶层"才能完全看得懂。

卡恩立即把报纸语言改造成大街上、商店里、工厂中以及人们在家里所说的那种口语化、美国化的意第绪语,而报纸想要触达的正是这些人。他告诉员工:"如果你想要公众阅读这份报纸,想要他们吸收社会主义学说,那你就得写日常生活中的事物,本着他们的所见所感来写,去发现关于他们的一切。"

因此,他撤掉了论述经济决定论与阶级斗争的那些冗长而抽

---

① 原文为 Yeki,疑有误,全名应为 *Yekl*:*A Tale of the New York Ghetto*(《耶克尔:纽约贫民区的故事》)。——译者注

② 威廉·迪安·豪威尔斯(William Dean Howells,1837—1920),美国小说家、批评家、编辑,现实主义文学奠基人,《大西洋月刊》主编,与马克·吐温(Mark Twain)和亨利·詹姆斯(Henry James)等作家亦师亦友。——译者注

③ 原文为 *White Terror and Red*,疑不完整,全名应为 *The White Terror and the Red*:*A Novel of Revolutionary Russia*。——译者注

④ 该书全名又为 *The Imported Bridegroom and other Stories of the New York Ghetto*,这本小说集于 1898 年首次出版,包含了《进口新郎》在内的五篇短篇小说。——译者注

象的文章，采用短小的真实故事和来自商店、街头、市场以及家庭的新闻形式，来呈现这些内容。贫民区的人们开始在《前锋日报》的新闻专栏里读到关于他们自己的故事。人们发现，卡恩在社论版上对他们平凡日常生活中的问题展开了透彻有力而又充满同情的讨论，他们也读到了一个栏目上写给失恋者的建议，该栏目由罗丝·帕斯特(Rose Pastor)①主持，她后来还为自己的名字加上了"斯托克斯"(Stokes)的姓氏。

1912年7月27日出版的《纽约晚邮报》写道：

> 卡恩接手《前锋日报》不到八周，其发行量就三倍于前。两三年内，它就开始赢利。如今(1912年)，这份报纸的每日发行量已超过130,000份。

一份真正的大众化报纸的出现给犹太移民的生活带来了不可估量的变化。犹太学者们已在犹太教堂中枯坐了若干个世纪，他

① 罗丝·哈丽雅特·帕斯特·斯托克斯(Rose Harriet Pastor Stokes，1879—1933)，美国社会主义激进分子、作家。罗丝生于波兰，三岁随母移居英国，1890年随继父移居美国克利夫兰，在当地一家犹太劳工居多的雪茄厂工作长达十二年。继父抛弃家庭之后，她成为家中六个人中的唯一劳动力。她酷爱读书，自1901年起开始在《犹太每日新闻》(*Jewish Daily News*)上发表读者来信，并很快成为固定作者。由于她的来信广受欢迎，报纸主编招聘她去纽约做全职专栏作者，1903年，她移居纽约下东区。报社工作促使她关注政治议题，也将她带入犹太知识分子群体。在采访一位出身显贵的百万富翁詹姆斯·格雷厄姆·费尔普斯·斯托克斯(James Graham Phelps Stokes)时，两人心生情愫，并很快谈婚论嫁。由于阶层、宗教等方面的巨大差异，这段看似不可能的订婚迅速轰动一时，罗丝因此被称为"血汗工厂里的灰姑娘"。1906年，他们双双加入美国社会党，罗丝成为党内最杰出的演讲者，她利用新晋影响力帮助工人阶级，促进社会主义运动。她领导了一系列工人运动，并成为节育倡导者和反战激进分子。1918年，她因反战演讲被捕入狱，这给她的婚姻带来危机。她的激进主义与丈夫作为社会主义百万富翁的身份日渐格格不入，1926年，两人以离婚收场。由于缺少经济来源，罗丝不得不以写作度日，1927年，她与一位社会党内的犹太激进分子再婚。1930年，她查出患有恶性乳腺肿瘤，1933年在德国寻求治疗时去世。——译者注

们在神圣的烛光之下，皓首穷经于过往之事，为本种族的内在生活
173 殚精竭虑。普通人对此景象既望而生畏，又满怀崇敬。大众化报纸让犹太人的视野由内而外，转向世界。报纸是关于生活的一扇窗户。这份新的报纸的确是社会主义的，但是对于普通大众来讲，它所提供的关于生活、客观宇宙以及他们的人性世界等方面的信息，却比政治哲学要有趣得多。当时，还出现了一群致力于以其民族语言来写作科普知识的作家。这样的通俗作家有很多。亚伯拉罕·卡恩是其中一个。用笔名菲利普·克兰兹(Philip Kranz)写作的J. 龙布劳(J. Rombro)[①]是另外一个。龙布劳跟卡恩一样，也是一位俄国流亡者。在伦敦，他遇见了意第绪语诗人兼作家莫里斯·温切夫斯基(Morris Winchefsky)。[②]其时，温切夫斯基正在主编《波兰犹太人报》(*The Polish Jew*)，这是第一份在英国出版的意第绪语社会主义报纸，他于是请龙布劳写一篇文章，描述发生在俄国的反犹太人暴动。龙布劳在给利奥·威纳(Leo Wiener)的信中写道："这项工作对我来说很困难，我花了很长时间来做这件事。我从没想过用犹太行话来写作，然而造化弄人，我全部的抱负都与之背道而驰。如今，我不过是一个可怜的行话记者(jargon journalist)罢了。"对此，《意第绪语文学史》(*History of Yiddish Literature*)的作者加了这样一个评论：

引自利奥·威纳的《意第绪语文学史》(pp. 223-24，1899)：

---

① J. 龙布劳全名为雅各布·龙布劳(Jacob Rombro，1858—1922)，社会主义记者、激进分子。——译者注

② 莫里斯·温切夫斯基(Morris Winchefsky，1856—1932)，原名为 Leopold Benzion Novokhovitch，19 世纪英国与美国的著名犹太社会主义领导人。他于 1856 年生于立陶宛，1877 年移居当时的德国城市哥尼斯堡(现为俄罗斯加里宁格勒)，开始在希伯来语社会主义报纸上发表诗歌、故事与文章。在伦敦期间，他加入了共产主义工会，并创办了一份意第绪语的社会主义报纸。1894 年，他移居美国纽约，与亚伯拉罕·卡恩等人一起创办了当时全世界规模最大的意第绪语日报——《犹太前锋日报》。——译者注

> 这位作者倒霉的苦境却是人民的收获，因为他们在过去十年中所获得的大量启蒙与教化，正是得益于他不知疲倦的写作活动。

在意第绪语通俗作家中，最独特的一位人物当属谢科维奇(Shaikevitch)，是他普及了小册子(heften)。这种小册子是未署名的小说，亦即通俗故事，在日报开始连载这种故事之前，它曾风靡一时。日报之间彼此竞争，有时会同时刊登多达五六个故事，由此毁掉了小册子的流行之势。

谢科维奇在接受哈钦斯·哈普古德的采访时，这样谈论自己的作品：

> 我的作品中，一部分是关于五十年前俄国乡村中犹太人的生活图景，另一部分则是关于犹太人悠久历史的小说。五十年前，犹太人比现在更加狂热盲信。那时，他们除了研习《塔木德》(*Talmud*)、[1]祈祷与斋戒之外，什么也不干，他们蓄长须，戴假发，看起来像是猴子一样。我在小说中对这一切大加嘲讽。我试图教导蒙昧的犹太人，说他们荒唐可笑，告诫他们应当掌控现代而务实的生 174
> 活，并抛弃旧有习俗中一切流于形式、怪诞不经的东西。我教导他们，道貌岸然者可能是伪君子，行善胜于祈祷。我的作品在使蒙昧的犹太人变得现代化和教育他们方面，产生了巨大的影响。我在故事中刻画了犹太男孩如何走出小村庄，进入广阔的、非犹太人的世界当中，并成为一个有出息的人。在过去的二十五年间，犹太人已丢

---

① 《塔木德》又称犹太智慧羊皮卷或“口传圣经”，成书于公元3世纪到5世纪，是犹太古代法典、民俗、宗教、伦理、神学等内容的汇编。该书对于犹太人的重要性仅次于《圣经》。——译者注

> 掉了很大一部分狂热盲信，这要归功于我的书。那时候，除了我的书之外，他们别无可读，因此，我的讽刺文学影响甚巨。①

学问一度是少数人的特权，而凭借大众化报刊这一媒介，它已变成了许多人的共有之物。对于现代科学的这种新型接触方式引起了智识的骚动，这种骚动广为散布；同时，在新观念及其产生的动荡之影响下，犹太生活的整体结构轰然崩塌了。更年轻的一代，尤其是那些更热切、更有才智之人，都齐齐地奔着社会主义而去。社会主义给了普通人一种视角，无论如何，这一视角都让他们得以思考现实生活。这一视角令血汗工厂变成了一个知识性的问题。

在这些影响之下，社会主义本身也发生了变化。它不再只是一种政治学说，而是成为对生活的一种批判。社会主义报刊不再只是教条主义者们的喉舌，而是成为通识文化的工具。生活中一切私密的、人性的、实际的问题都在社会主义报刊的专栏中觅得了一席之地。这种报刊以普通人的生活为基础，创立起了一种新文学和新文化。

有一个关于移民的事实并未得到普遍的理解，那就是，由于对民间语言的压制和对于归化(naturalization)的某些颇为激烈的尝试，欧洲的某些地方存在一种"人为文盲"(artificial illiteracy)的特征。随着社会主义与民族主义的发展——这两种政治运动都能够为移民的各个民族所理解，广大民众当中已出现了一种智识的觉醒。事实上，在欧洲后方的所有地区，都出现了一种真正的复兴：一种普遍的求知欲望，以及参与到世界的自觉生活当中的愿望，而广大民众迄今为止都仍然被排除在这种生活之外。对于生活——
175 现代生活、科学甚至文学——的这种新鲜而生动的兴趣，被移民们

① Hutchins Hapgood, *The Spirit of the Ghetto*, chapter X, "Odd Characters," pp. 274-75.

在美国环境、大工业组织以及现代城市广阔而国际化的生活当中所发生的种种新奇、陌生、令人费解却又振奋人心的遭遇所强化。这一兴趣，正是外语报刊——尤其是社会主义、共产主义和世界产业工人联合会(I.W.W.)[①]的报刊——之诉求所在。然而，对于绝大多数所谓的激进移民报纸而言，最终可以给出的最坏评价是：它们旨在教化，结果却变得枯燥乏味。并非所有的激进报纸都是如此，意第绪语报纸也并非如此。《前锋日报》更远非如此，它在移民报纸中办得最成功，也最重要。不过，《前锋日报》早已不再是一份纯粹激进的报纸了，它比这个国家的其他任何报纸都更加彻底地变成了一种文学的形态和一种生活的写照。

---

① Industrial Workers of the World，简称 I.W.W.。——译者注

176

第九章　美国的报纸文献[1]

报纸通常被设想成纯粹是编辑个性的一种延伸。印刷机有其独立的历史,而报纸的历史常常只不过是对报纸出版人之命运际遇的记录。赫德森(Hudson)的《美国的新闻业》(*Journalism in the United States*)(16)[2]确是如此,该书是关于美国报纸的第一部记述,并且总体而言,也是迄今为止最好的一部记述。更为晚近的两部历史填补了赫德森记述中的某些空白,并一直记述到了近期,其中一部为佩恩(Payne)(32)所著,另一部为李(Lee)(18)所著。佩恩的历史记述更加简明,也更具可读性,该书的价值主要在于,它阐明了报刊在美国争取独立斗争中的作用。正是在这一时期,美国报纸赢得了来自公众的高度而稳固的尊重,并从此一直维持至今,尽管近期的失望情绪正在与日俱增。李则更为详细地记述了近年来报纸机构所发生的重大变化。然而,我们想要的与其说

---

① Reprinted by permission of the publisher from the *American Journal of Sociology*, XXXII:5 (March, 1927), pp. 806-13.

② 本章文中编号为原文所注,对应文末的参考文献编号。——译者注

是报刊的历史，倒不如说是报刊的自然历史——它不是记录一家家报纸的命运际遇，而是记述报纸作为一种社会机构的演进。

这种有关报刊自然历史的资料唾手可得。它们存在于有关这一主题的大量近期文献当中，也存在于各种不定期的出版物当中，知悉内情的报社中人偶尔会在这些出版物中记下自己的经历。 177

那么，我们首先需要一份完整的报刊文献目录。纽约公共图书馆最近出版了一份由卡尔·坎农(Carl Cannon)编纂的非常完整的文献目录，可以满足这一需要(6)。一份文献目录要广泛到足以涵盖整个领域很难，而难就难在，其各种分类无法详细到足以满足特定学者的需求。尽管如此，为了这一目标，可能要提及这样一些书，诸如布莱耶(Bleyer)的《新闻职业》(*Profession of Journalism*)(4)，克劳福德(Crawford)的《新闻伦理》(*Ethics of Journalism*)(7)，以及佩恩的《美国新闻史》(*History*)①(32)。而在露西·萨蒙(Lucy Salmon)的《报纸与历史学家》(*The Newspaper and the Historian*)(36)一书中，含有关于报刊文献的最佳回顾。有关日报这一主题，萨蒙女士似乎是最接近于饱览了所有值得一读之文献的人。对于我们认识报纸最有价值的贡献，当属就一家报纸所做的专题研究(monographic studies)，譬如奥布赖恩(O'Brien)的《〈太阳报〉的故事》(*Story of the "Sun"*)(30)。其他的一些叙述有内文斯(Nevins)的《晚邮报》(*The Evening Post*)(29)，戴维斯(Davis)的《〈纽约时报〉的历史》(*History of the "New York Times"*)(9)，以及胡克(Hooker)的《一份独立报纸的故事》(*The Story of an Independent Newspaper*)(15)，但这几本较之奥布赖恩的那本都要逊色一筹。

传记和自传并不总是关于报纸的最佳知识来源，原因在于，及至一位报人达到其故事值得被讲述的年纪和地位时，他已变成一

① 原文简写为《历史》(*History*)，参考文献显示全名为《美国新闻史》(*History of Journalism in the United States*)。——译者注

位举足轻重的人物，而不再是一位报人了。记者、本地新闻编辑、执行主编以及改稿员的故事，才是关于现代报纸的真实知识之来源。在近期出版的自传中，以弗里蒙特·奥尔德(Fremont Older)的自传为最好的一部(31)，他像许多其他的报纸作家一样，从一名记者开始，到一名改革家而告终——一位有点不抱幻想的改革家。与此形成对照的，则是“亨利主人”沃特森(“Marse Henry” Watterson)①(45)的那些亲切友善的回忆，这部作品涵盖了从内战直到近期的整个政治领域，但鲜少向我们讲到报纸及其在那段时期发生的事件中所扮演的角色。

对于研究报纸的学者来讲，更有价值的是斯通的《记者生涯五十年》(*Fifty Years a Journalist*)(42)。梅尔维尔·斯通(Melville Stone)是最早、最成功的晚报之一——《芝加哥每日新闻》
178 (*Chicago Daily News*)——的创办人，并且连续多年担任美联社(Associated Press)总经理。爱德华·P. 米切尔(Edward P. Mitchell)的回忆录精彩地讲述了《纽约太阳报》的故事(28)。由人们对于报刊的兴趣这一角度观之，唐·G. 塞茨(Don G. Seitz)的两部作品——一部写约瑟夫·普利策，另一部写霍勒斯·格里利，在现有传记中，无疑是最有价值的。怀特(Whyte)刚刚出版了威廉·T. 斯特德(William T. Stead)②的人生故事，斯特德是一个享誉国际的人物，也是我们的“扒粪者”当中最早也最杰出的人之一。他

---

① 原名为亨利·沃特森(Henry Watterson，1840—1921)，笔名“亨利主人”，美国记者，《路易斯维尔信使报》(*Louisville Courier-Journal*)创办人兼总编辑，曾任肯塔基州众议员。——译者注

② 全名为威廉·托马斯·斯特德(William Thomas Stead，1849—1912)，英国记者、编辑，著名月刊《评论回顾》(*Review of Reviews*)的创办人，1894 年出版的作品《假如基督来到芝加哥》(*If Christ Came to Chicago*!: *A Plea for the Union of All Who Love in the Service of All Who Suffer*)被认为是新闻研究的标杆之作。除新闻作品以外，斯特德还写作超自然故事。他是泰坦尼克号的遇难者之一。——译者注

的作品《假如基督来到芝加哥》(*If Christ Came to Chicago*)[①]及其后来以《揭开撒旦的隐形世界:抑或无望的民主,对大纽约区之研究》(*Satan's Invisible World Displayed: Or Despairing Democracy, A Study of Greater New York*)为题,对于莱克斯沃委员会(Lexow Committee)[②]所披露真相的评论,堪称新闻业的惊人之作,虽然这些作品并没有发表在报纸上。由于斯特德首先是一位记者,因此无论如何,他在英国的记者生涯都可以阐明美国新闻业的诸多方面,即便是作为一种对立面来阐明的。在其他报刊作家中,不仅是记者,而且也是货真价实的报人的有:菲利普·吉布斯(Philip Gibbs)(12)、塞缪尔·布莱思(Samuel Blythe)(5),以及弗兰克·科布(Frank Cobb)(14)。吉布斯与布莱思讲述了他们各自的故事,而科布在新闻业中留下的记录,则由他在《世界报》(*World*)上撰写的社论所组成。

从另一个角度来看,米尔顿·麦克雷(Milton McRae)关于斯克里普斯-麦克雷辛迪加(Scripps-McRae syndicate)的自传也很有趣(26)。麦克雷不是一位新闻记者,如其自传所言,他甚至不是一位写作者。他的故事并不仅仅是一部自传,更是一部家族史,因为麦克雷通过姻亲关系,成为斯克里普斯家族的一员,该家族拥有从克利夫兰横跨至太平洋海岸的一系列晚报。麦克雷所写的这本书,是关于家族事务和报纸财务状况的一份奇妙记录。斯克里普斯家族不同以往。从某种意义上说,他们既是报纸创办人,也是报纸经纪人——通过买入、卖出和规范其名下出版物,他们不经意地积累起了巨大的财富。所有这一切都表明,自从办报变成了一门生意,而非一种游戏,新闻领域发生了何其深远的变化。

---

① 原文书名为 *If Christ Should Come to Chicago*,疑有误,应为 *If Christ Came to Chicago*。——译者注

② 原文为 Luxow Committee,疑有误,应为 Lexow Committee,该委员会存在于 1894—1895 年,是为调查纽约市警察贪腐案而成立的委员会,以该委员会主席、州参议员克拉伦斯·莱克斯沃(Clarence Lexow)的姓氏命名。——译者注

在报刊商业方面，更晚近也更系统的一本书是塞耶（Thayer）先生的《报纸经营管理》（*Newspaper Management*）（43）。广告在决定美国日报的性质方面具有积极的影响，编辑则在扩大发行量
179 方面有积极的进取心，此二者的积极程度不相上下。事实上，发行与广告是现代报纸整体结构所仰赖的两大支柱。这一领域的另一部重要作品是贾森·罗杰斯（Jason Rogers）的《报纸的创立》（*Newspaper Building*）（35）。

在大量有关报纸的批判性书籍当中，维拉德（Villard）的《一些报纸和报人》（*Some Newspapers and Newspaper-Men*）（44）以及辛克莱的《财团贿金》（*The Brass Check*）（40）是其中的两本。这两本书或许比其他书更为重要，倒不是因为作者们对于所批判的机构拥有任何独到的见解，而是因为他们比其他作者都更为有力地反映和表达了我们的知识界对于美国报纸与美国生活中正在发生的根本变革的那种愤懑之情。公众对于报纸不断变化的态度，是报刊史上的一个重要篇章。报纸不再是过去那种程度上的意见喉舌了。它们变成了资本主义大企业，寻求发行量，再将发行量卖给广告主。记者取代编辑，成为报刊的主导人物，记者在当日报纸上发表的新闻，其对舆论的影响力要大于编辑在社论版上发表的评论。

对于这种变革的重要意义似乎有所意识的作家，仅有威尔·欧文和沃尔特·李普曼。1911 年春，威尔·欧文在《柯里尔》周刊（17）上发表了系列文章，尽管这是迄今为止对于美国报纸作出的最睿智的描述，但遗憾的是，这些文章并未结集成册。沃尔特·李普曼对于报刊不断变化的思索，记录于不同时间出版的三本书当中：《自由与新闻》（*Liberty and the News*）（22）、《舆论》（*Public Opinion*）（23）和《幻影公众》（*The Phantom Public*）（21）。洛厄尔校长的早期著作《舆论与民选政府》（*Public Opinion and Popular*

Government)跟戴西(Dicey)[①]的《英格兰法律与民意》(*Law and Opinion in England*)[②](10)一样，讨论的都是同一个主题，但它们却都未试图界定报刊的角色。斯科特-詹姆斯(Scott-James)[③]的《报刊之影响力》(*Influence of the Press*)(37)一书研究了报纸不断变化的特性及其与公共事务之间的关联。若谈及这一关联，一个恰当的做法是提及麦克多纳(MacDonagh)的《记者旁听席》(*The Reporters' Gallery*)(25)，这本书讲述了英国报纸为争取发表议会辩论记录之权利进行漫长斗争的故事。该书的内容名副其实，甚至还不止于此。实际上，它是一个关于一场伟大的宪法改革的故事，这一改革不仅深刻地改变了报刊的性质，而且也改变了英国议 180
会本身。

同样的，乔治·克里尔的《我们如何为美国做广告》(*How We Advertised America*)(8)一书不只是描述了我们的战时新闻局——公共信息委员会——的工作。当政府出于维持民族士气的目的而设立新闻局时，它就创造出了一种新型的政治机构。事实上，克里尔受命于威尔逊总统政府，承担着公共关系顾问的工作，他的身份就是某一类现在所称的宣传员(publicity man)。自罗斯福起，每一任总统都有一位这样或那样头衔的媒体经纪人，总统可以或多或少地通过他来直接面向公众讲话。这一职位设置的效果在于，它极大地提高了总统的声望，并且让总统相对于国会而言，

---

① 全名为艾伯特·维恩·戴西(Albert Venn Dicey，1835—1922)，英国著名法学家，1882—1909年在牛津大学担任英国法瓦伊纳教授，1885年出版的《英宪精义》(*Lectures Introductory to the Study of the Law of the Constitution*)被视为英国宪法的一个重要部分。——译者注

② 全名为《19世纪英格兰法律与民意之关系的讲座》(*Lectures on the Relation Between Law & Public Opinion in England During the Nineteenth Century*)，该书于1905年出版。——译者注

③ 全名为罗尔夫·阿诺德·斯科特-詹姆斯(Rolfe Arnold Scott-James，1878—1959)，英国记者、编辑、文学评论家，他于1908年出版《现代主义与罗曼史》(*Modernism and Romance*)一书，被认为是最早使用"现代主义"(modernism)一词的人。——译者注

保有了一种前所未有的优势。不过，克里尔为威尔逊总统所做的工作，其他人已经为其他公众人物与公共机构做了，并且仍然在做。这已经成为现代生活的一种特征，以至于报纸上有关公共事务的任何报道，若闭口不提媒体经纪人，那就是不完整的。目前健在的媒体经纪人当中，最有名的当属艾维·李(Ivy Lee)，他在其小书《宣传：它是什么和不是什么》(*Publicity: Some of the Things It Is and Is Not*)(18)中，讨论了这种新型职业的特征。这一领域的其他参考书还有里斯(Riis)和邦纳(Bonner)合著的《宣传》(*Publicity*)(34)以及伯奈斯(Bernays)的《舆论的结晶》(*Crystallizing Public Opinion*)(3)。

在有关报纸研究的资料来源当中，面向新闻专业学生的书籍已越来越多。大多数这样的书籍由拥有报纸从业经验的那些人所写。尽管他们关心的主要是报纸的技能或伦理，但却常常囊括了一些说明性材料，这些材料对于学习政治、舆论和社会机构的学生而言，都具有实际价值。这一领域中，更为晚近的一些专著有莫尔斯比(Maulsby)的《获取新闻》(*Getting the News*)(27)、哈林顿(Harrington)的《特稿写作》(*Feature Writing*)(13)以及利奇(Leech)与卡罗尔(Carroll)合著的《何谓新闻?》(*What's the News?*)(20)。

在大量有关新闻技能的教科书当中，在我看来，乔治·巴斯琴(George Bastian)的《编辑每日新闻》(*Editing the Day's News*)(2)是最有教益的一本书，即最接近于向读者提供报刊"真相"的书。它一方面告诉我们一个"政策性新闻(policy story)"是什么，
181 另一方面也告诉我们为什么——这一点是很重要的。这一类书籍即使不能服务于其他什么目的，也至少为读者创造出了报人所生活与工作的那种氛围。若想了解报纸，就必须置身于报纸本身的那个环境当中，去研究它。一些关注报纸的虚构作品写得如此贴近事实，以至于可以被视为一种原汁原味的描绘。其中，最好的作品也许是《每日新闻》(*Daily News*)执行主编亨利·贾斯汀·史密

斯(Henry Justin Smith)的《截稿期限》(*Deadline*)(41)和塞缪尔·霍普金斯·亚当斯(Samuel Hopkins Adams)的《号角》(*The Clarion*)。

在有关报纸伦理的书籍当中,弗林特(Flint)和克劳福德的两本书透彻地讨论了采集与印刷新闻时所面临的种种困难;在强调报刊的某些错误与失败的同时,他们也描绘了职业标准和职业精神如何在公众批评的影响下逐渐显现。就报刊一方而言,毫无疑问,它已日渐意识到自己对于公众所负之责任,而公众一方则日益坚称,私人所有的报纸仍然是一种公器(public servant)。在此情形下,报纸已不再仅仅是编辑个性的延伸,也不再只是某个政党的领地。它已经变成了一种真正意义上的公共机构。

本章文献目录

1.Adams, Samuel Hopkins.*The Clarion*. Illustrations by W. D. Stevens. Boston: Houghton Mifflin Co., 1914. Pp. ix + 418.

2.Bastian, George C.*Editing the Day's News*. An introduction to newspaper copyediting, healing-writing, illustration, make-up, and general newspaper methods. Forwarded by H. F. Harrington. New York: The Macmillan Co., 1923. Pp. xii + 252.

3.Bernays, Edward L.*Crystallizing Public Opinion*. New York: Boni & Liveright, 1923. Pp. 218.

4.Bleyer, Willard Grosvenor, Ph.D.*The Profession of Journalism*. A collection of articles on newspaper editing and publishing. Taken from the *Atlantic Monthly*. Boston: Atlantic Monthly Press, 1918. Pp. xxiii + 292. 182

5.Blythe, Samuel G. *The Making of a Newspaper Man*. Philadelphia: Henry Altemus Co., 1912. Pp. 239.

6.Cannon, Carl L. (compiled by). *Journalism*. A bibliography. New York: New York Public Library, 1924. Pp. vi + 360.

7.Crawford, Nelson Antrim. *The Ethics of Journalism*. New York: Alfred A. Knopf, 1924. Pp. ix + 259.

8.Creel, George. *How We Advertised America*. The first telling of the amazing story of the committee on public information that carried the gospel of Americanism to every corner of the globe. New York: Harper & Bros., 1920. Pp. xvi + 467.

9. Davis, Elmer. *History of the New York Times, 1851-1921*. Illustrated. New York: The New York Times, 1921. Pp. xvii + 434.

10.Dicey, A. V., K. C., Hon. D. C. L. *Lectures on the Relation between Law and Public Opinion in England during the Nineteenth Century*. St. Martin's Street, London: Macmillan & Co., 1914. Pp. xciv + 506.

11.Flint, Leon Nelson. *The Conscience of the Newspaper*. A case book in the principles and problems of journalism. New York: D. Appleton & Co., 1925. Pp. ix + 470.

12. Gibbs, Philip. *Adventures in Journalism*. New York: Harper & Bros., 1923. Pp. 363.

13.Harrington, H. F., Director of the Medill School of Journalism. *Chats on Feature Writing*. By members of the Blue Pencil Club of professional writers, including a selection of special articles, with interpretative comment. Introduction by Chester S. Lord, Managing Editor of the *New York Sun*, 1880-1913. New York: Harper & Bros., 1925. Pp. xiii + 611.

14. Heaton, John L. *Cobb of "The World": A Leader in Liberalism*. Compiled from his editorial articles and public addresses. New York: E. P. Dutton & Co., 1924.

15. Hooker, Richard: *The Story of an Independent Newspaper*. New York: The Macmillan Co., 1924. Pp. xii + 287.

16. Hudson, Frederic. *Journalism in the United States from 1690-1872*. New York: Harper & Bros., 1873. Pp. 789.

17.Irwin, Will. In *Collier's Weekly*: "The Power of the Press," XLVI (January 21, 1911), 15; "The Fourth Current," XLVI, (February 18, 1911), 14; "The Spread and Decline of Yellow Journalism," XLVI (March 4,
183 1911), 18; "What is News?" XLVI (March 11, 1911), 16; "The Reporter and the News," XLVII (April 22, 1911), 21; "All The News That's Fit to

Print," XLVII (May 6, 1911), 17; "Advertising Influence," XLVII (May 27, 1911), 15; "The Unhealthy Alliance," XLVII (June 3, 1911), 17; "The Foe Within," XLVII (July 1, 1911), 17; "The New Era," XLVII (July 8, 1911), 15; "The Voice of a Generation," XLVII (July 20, 1911), 15; "The Press Agent," XLVIII (December 2, 1911), 24.

18.Lee Ivy L. *Publicity: Some of the Things It Is and Is Not*. New York: Industries Publishing Co., 1925. Pp. 64.

19.Lee, James Melvin. *History of American Journalism*. Boston and New York: Houghton Mifflin Co., 1917. Pp. xii + 462.

20.Leech, Harper, "Scrutator," staff writer, *Chicago Tribune*, and John C. Carrol, instructor, Medill School of Journalism.*What's The News*? Chicago: Pascal Covici, 1926. Pp. xviii + 183.

21.Lippmann, Walter.*The Phantom Public*. New York: Harcourt, Brace & Co., 1915. Pp. 205.

22. ---.*Liberty and the News*. New York: Harcourt, Brace & Co., 1920. Pp. vii + 104.

23. ---.*Public Opinion*. New York: Harcourt, Brace & Co., 1922. Pp. x + 427.

24. Lowell, A. Lawrence, President of Harvard University. *Public Opinion and Popular Government*. New York: Longmans, Green, & Co., 1913. Pp. xiv + 415.

25. MacDonagh, Michael.*The Reporters' Gallery*. New York, London, and Toronto: Hodder & Stoughton, 1913. Pp. xii + 445.

26. McRae, Milton A., of the Scripps-McRae League of Newspapers. Illustrated.*Forty Years in Newspaperdom: The Autobiography of a Newspaper Man*. New York: Brentano's, 1924. Pp. xviii + 496.

27. Maulsby, William S.*Getting the News*. New York: Harcourt, Brace & Co., 1925. Pp. 310.

28. Mitchell, Edward P. *Memoirs of an Editor: Fifty Years of American Journalism*. Illustrated. New York: Charles Scribner's Sons, 1924. Pp. xii + 458.

29. Nevins, Allan. *The Evening Post: A Century of Journalism*. New York: Boni & Liverigt, 1922. Pp. 590.

184 30. O'Brien, Frank M. *The Story of the "Sun."* With an Introduction by Edward Page Mitchell, Editor of the *Sun*. Illustrations and facsimiles. New York: George H. Doran Co., 1918. Pp. xx + 455.

31. Older, Fremont. *My Own Story*. New York: The Macmillan Co., 1926. Pp. xx + 340.

32. Payne, George Henry. *History of Journalism in the United States*. New York: D. Appleton & Co., 1920. Pp. xx + 453.

33. Radder, Norman J. *Newspapers in Community Service* (1st ed). New York: McGraw-Hill Book Co., Inc., 1926. Pp. x + 269.

34. Riis, Roger William, and Charles W. Bonner. *Publicity: A Study of the Development of Industrial News*. New York: J. H. Sears & Co., 1926. Pp. xii + 176.

35. Rogers, Jason. *Newspaper Building*. New York: Harper & Bros., 1818. Pp. xi + 312.

36. Salmon, Lucy Maynard. *The Newspaper and The Historian*. New York: Oxford University Press, 1923. Pp. xliii + 566.

37. Scott-James, R. A. *Influence of The Press*. London: S. W. Partridge & Co., Ltd., 1913. Pp. ix + 320.

38. Seitz, Don C. *Horace Greeley*. Founder of the *New York Tribune*. Illustrated. Indianapolis: Bobbs-Merrill Co., 1926. Pp. 433.

39. ---. *Joseph Publitzer: His Life and Letters*. New York: Simon & Schuster, 1924. Pp. xii + 478.

40. Sinclair, Upton. *The Brass Check: A Study of American Journalism*. Pasadena, California: published by the Author, 1920. Pp. 445.

41. Smith, Henry Justin. *Deadlines*. Chicago: Covici-McGee, 1922. Pp. 249.

42. Stone, Melville E., LL.D. *Fifty Years a Journalism*. Half-tone illustrations from photographs. Line cuts by Paul Brown. Garden City, New York: Doubleday, Page & Co., 1921. Pp. xiv + 371.

43. Thayer, F., M.A. *Newspaper Management*. New York: D. Appleton & Co., 1926. Pp. xxi + 481.

44. Villard. Oswald Garrison, Litt. D., LL. D. *Some Newspapers and Newspaper-Men*. New York: Alfred A. Knopf, 1923. Pp. 345.

45. Watterson, Henry. "*Marse Henry*": *An Autobiography* (two volumes in one). New York: George H. Doran, 1919. Pp. 314.

46. Whyte, Frederic. *The Life of W. T. Stead* (in two volumes). New York: Houghton Mifflin Co., 1925. Pp. 345 and 368.

343

本书各章节原文出处①

Chapter 7. “News as a Form of Knowledge：A Chapter in the Sociology of Knowledge,” *American Journal of Sociology*，XLV：5（March，1940），669-96

Chapter 8. “The Natural History of the Newspaper,” *American Journal of Sociology*，XXIX：3（November，1923），273-89；also in Park，Burgess and McKenzie，*The City*（Chicago：University of Chicago Press，1925），pp. 80-98

Chapter 9. “Introduction” to Helen MacGill Hughes，*News and the Human Interest Story*（Chicago：University of Chicago Press，1940），pp. xi-xxiii

Chapter 10. “News and the Power of the Press,” *American Journal of Sociology*，XLVII：3（November，1941），360-77

Chapter 11. “Morale and the News,” *American Journal of Sociology*，XLVII：3（November，1941），260-77

---

① 此处各章编号均保留了原书的章节编号。为方便读者阅读，本书按照原书顺序，依次编为第一至第九章。——译者注

Chapter 12. "Methods of Forming Public Opinion Applicable to Social Service Welfare Publicity," *Proceedings of the National Conference of Social Work*, 1918.

Chapter 13. "The Immigrant Community and the Immigrant Press," *American Review*, III (March-April, 1925), 143-52

Chapter 14. "Foreign Language Press and Social Progress," *Proceedings of the National Conference of Social Work*, 1920

Chapter 15. "Topical Summaries of Current Literature: The American Newspaper," *American Journal of Sociology*, XXXII: 5 (March, 1927), 806-13

人名索引[①]

（所注页码均为英文原书页码，即本书边码）

① 由于本书是罗伯特·E. 帕克论文集的部分选译，因此人名索引和主题索引仅包括英文原书中对应部分，具体为原书第 71—184 页里涉及的人名与主题词。——译者注

C

D

F

G

① 原文写作 Ocho,疑有误,应为 Ochs。——译者注

Y

主题索引

（所注页码均为英文原书页码，即本书边码）

E

F

G

H

I

J

K

L

① 原书索引未标注页码，此页码为译者对照原文后添加。——译者注

N

R

S

---

① 英文原书页码标注为 89—81,疑有误,应为 89—91。——译者注

W

Y

译后记

翻译是一段珍贵的修心旅程，这是我过去一年来的真实写照。

2017年1月，我接到中国传媒大学出版社编辑李唯梁博士寄来的出版合同，约定年底交稿。年后的春季学期，时间被快节奏地揉碎在上新课、毕业论文指导、答辩、写研究报告等诸多日常事务当中，完全无暇他顾。倏忽已至六月上旬，惊觉这一年已过一半，我方才痛下决心，着手翻译本书。当时，我手边有一个从牛津大学波德林图书馆(Bodleian Library)对面的纪念品商店买来的牛皮书签，长条形状，黑底金纹，面上印着波德林图书馆的窗花图案，底部做成了流苏样式。这枚书签在翻译时派上了特殊用场。由于翻译需要字斟句酌，为防止看串行，我把书签横过来当尺子用，在英文原书上一行一行地往下挪。此后一年里，这枚小小的牛皮书签见证了书中那一字一句、一行一页的跨语际转换。翻译此书的心路历程，一如当年写博士论文时的情境：日复一日，心无旁骛，"绝望地"在电子文档上踽踽独行。及至译稿完成之时，我除了感觉稍许的轻松愉快之外，更觉内心笃定，像是慢慢地结成了一层保护膜，为克服往后学术道路上的艰难险阻又增添了些许定力。这样一段修炼心性的旅程，我想，一辈子大概并不会太多。

幸运的是，在这一段旅程中，师兄黄顺铭教授始终热情相助。我和顺铭师兄相识于2011年9月，彼时我刚刚进入香港城市大学媒体与传播系，师从张讚国教授攻读博士学位，顺铭师兄则在导师李金铨教授的传播研究中心进行最后半年的博士后项目。当时系里一共只有不到30位博士生，我们这一级有7个，大家的办公室都挨在一起，每日朝夕相处，因此不分师门，相交甚密。每到饭点，大家常常相约去食堂，周末和节假日有时也会在宿舍的公共厨房一起吃火锅（香港人称"打边炉"）。在枯燥和焦虑常伴左右的苦读日子里，"吃饭"是博士生们主要的社会互动场景，"火锅"则是日常生活里的"嘉年华"。毕业三年多了，每当想起在城大的日子，我的脑海中一定会浮现某一场饭局。因此，若说我们的友谊是"火锅之谊"或"饭饭之谊"，那是一点也不错的。

这种看似肤浅的友谊，实则是我们大家在求学道路最为艰险的一段路上，彼此相伴、相互鼓励的见证，因此也奠定了我们之间发自内心地互相帮助的基础。2013年年底，我正处于毕业论文和工作去向的"两面夹击"之中，当我流露出想要回乡工作的意愿时，顺铭师兄很快就向学院（四川大学文学与新闻学院，正是我现在的工作单位）推荐，后来我也顺利获得职位。2016年年底，在一次与师兄的火锅聚会中，我坦露对于科研成果不足的担忧，他随即帮忙联系中国传媒大学出版社的李唯梁博士，推荐我翻译一套译丛中的一本，这便是本书的由来。后来，在唯梁老师的热情邀约之下，顺铭师兄应允做本书校译，这立时让我宽心许多。在此后的翻译和校译工作中，顺铭师兄纠正了我初稿中的许多错译和不当翻译。若没有他严谨细致的校译，本书可能要贻笑大方了。

在翻译本书的过程中，我得到了许多师友和家人的关怀与支持，谨此一一致谢。

感谢我的博士生导师张讚国教授，在我攻读博士学位期间以及毕业之后，他都在学术上给予了我最大的支持与鼓励。张老师对我的严格要求与系统训练，正是本书得以完成的基础。他的为师之道与为人处世之道，是我学习效仿的楷模。

感谢我的老师李金铨教授，在香港城市大学读书期间，李老师多次向我们讲授罗伯特·E. 帕克教授关于“作为一种知识的新闻”之理念。本书第一章中，有关“日常熟悉知识”和“系统理解知识”这两个关键概念的翻译，正是借鉴了李老师的译法。

感谢我在四川大学的指导老师操慧教授，自从我进入新闻系工作以来，操老师一直给予我最真诚的关心、帮助与支持。操老师于我亦师亦友，她总是真诚温暖地提携我、指点我，让我在学术生涯的初始阶段少了很多曲折与痛苦。

感谢我的同事兼朋友喻宛婷副研究员、王一平副研究员和宋雯博士，她们在紧张而繁忙的工作之际，仍然慷慨地给予我德语和英语翻译方面的热情帮助。这种来自青年教师共同体的支持，让我既温暖又感动。感谢我的硕士研究生田辉帮忙收集整理有关罗伯特·E. 帕克的研究论文，为“译者序言”的写作提供了必要的参考资料。

感谢我的先生李官博老师，他总是站在我的角度来考虑事业与家庭之间的平衡关系，给予了我最温暖的支持与关怀。感谢我们的四位父母，他们尽已所能地为我们分忧解难，让我能够安心于学术工作，免于为家庭事务担忧。

特别感谢本书编辑李唯梁博士给予我的宽容、理解与支持。当我未能按照约定时间交稿时，他表达了充分的谅解。当我担忧翻译出现错误，恐遭同仁批评之时，他又鼓励我说，批评也是建立在已有工作的基础之上，先做事的人总是有功劳的。寥寥数语，却甚是安慰我心。没有唯梁老师认真细致、专业严谨的编辑和审校，本书很难得以面世。

本书选译的九篇文章均发表于1918年至1941年之间，距今少则七十多年，多则已一个世纪。除却中西文化差异可能导致的错译或不当翻译之外，英语语言本身的使用也在随着时代的发展而变化，这给本书的翻译工作增加了一些难度。此外，原书作者罗伯特·E. 帕克教授专长于社会学领域，书中所录文章又广泛涉猎20世纪上半叶之前的历史、政治、文化、语言等诸多方面，这给译者和读者都带来了不少理解上的困难。为便于读者理解，本书在各个章节都增加了大量脚注。

本书人名翻译主要参考新华通讯社译名室编撰、商务印书馆出版的英语、法语、德语、西班牙语、意大利语、俄语姓名译名手册，字典里无法查到的人名则由译者自行译出；地名翻译参考中国地名委员会编撰、商务印书馆出版的《外国地名译名手册》(中型本)。

本书经我初译，黄顺铭教授校译，最后由我统筹校对。因此，若有任何错误或疏漏之处，文责完全在我。恳请读者方家不吝批评指正。

刘　娜

2018年5月

成都，望江

PART TWO: *News and Opinion*

CHAPTER 7

NEWS AS A FORM OF KNOWLEDGE

I

THERE are, as William James and certain others have observed, two fundamental types of knowledge, namely, (1) "acquaintance with" and (2) "knowledge about." The distinction suggested seems fairly obvious. Nevertheless, in seeking to make it a little more explicit, I am doubtless doing injustice to the sense of the original. In that case, in interpreting the distinction, I am merely making it my own. James's statement is, in part, as follows:

> *There are two kinds of knowledge* broadly and practically distinguishable: we may call them respectively *knowledge of acquaintance* and *knowledge-about*. . . . In minds able to speak at all there is, it is true, *some* knowledge about everything. Things can at least be classed, and the times of their appearance told. But in general, the less we analyze a thing, and the fewer of its relations we perceive, the less we know about it and the more our familiarity with it is of the acquaintance-type. The two kinds of knowledge are, therefore, as the human mind practically exerts them, relative terms. That is, the same thought of a thing may be called knowledge-about it in comparison with a simpler thought, or acquaintance with it in comparison with a thought of it that is more articulate and explicit still.[1]

At any rate, "acquaintance with," as I should like to use the ex-

---

Reprinted by permission of the publisher from the *American Journal of Sociology*, XLV:5 (March, 1940), pp. 669-86.

1. William James, *The Principles of Psychology* (New York: Henry Holt & Co., 1896), I, 221-22.

pression, is the sort of knowledge one inevitably acquires in the course of one's personal and firsthand encounters with the world about him. It is the knowledge which comes with use and wont rather than through any sort of formal or systematic investigation. Under such circumstances we come finally to know things not merely through the medium of our special senses but through the responses of our whole organism. We know them in the latter case as we know things to which we are accustomed, in a world to which we are adjusted. Such knowledge may, in fact, be conceived as a form of organic adjustment or adaptation, representing an accumulation and, so to speak, a funding of a long series of experiences. It is this sort of personal and individual knowledge which makes each of us at home in the world in which he elects or is condemned to live.

It is notorious that human beings, who are otherwise the most mobile of living creatures, tend nevertheless to become rooted, like plants, in the places and in the associations to which they are accustomed. If this accommodation of the individual to his habitat is to be regarded as knowledge at all, it is probably included in what we call tact or common sense. These are characters which individuals acquire in informal and unconscious ways; but, once acquired, they tend to become private and personal possessions. One might go so far as to describe them as personality traits—something, at any rate, which cannot well be formulated or communicated from one individual to another by formal statements.

Other forms of "acquaintance with" are: (1) clinical knowledge, in so far at least as it is the product of personal experience; (2) skills and technical knowledge; and (3) anything that is learned by the undirected and unconscious experimentation such as the contact with, and handling of, objects involves.

Our knowledge of other persons and of human nature in general seems to be of this sort. We know other minds in much the same ways that we know our own, that is, intuitively. Often we know other minds better than we do our own. For the mind is not the mere stream of consciousness into which each of us looks when, introspectively, he turns his attention to the movements of his own thoughts. Mind is rather the divergent tendencies to act of which each of us is more or less completely unconscious, including the ability to control and direct those tendencies in accordance with some more or less conscious goal. Human beings have an extraordinary ability, by whatever mechanism it operates, to sense these tendencies in others as in themselves. It takes a long time, however, to become thoroughly acquainted with any human being, including ourselves, and the kind of knowledge of which this acquaintance consists is obviously not the sort of knowledge we get of human behavior by experiments in a psychological laboratory. It is rather more like the knowledge that a salesman has of his customers, a politician of his clients, or the knowledge which a psychiatrist gains of his patients in his efforts to understand and cure them. It is even more the sort of knowledge which gets embodied in habit, in custom, and, eventually--by some process of natural selection that we do not fully understand--in instinct; a kind of racial memory or habit. Knowledge of this sort, if one may call it knowledge, becomes, finally, a personal secret of the individual man or the special endowment of the race or stock that possesses it.[2]

One may, perhaps, venture this statement since the type of intuitive or instinctive knowledge here described seems to arise out of processes substantially like the accommodations and adaptations which, by some kind of natural selection, have produced the different racial varieties of mankind as well as the plant and animal species. One may object that what one means by knowledge is just what is not inherited and not heritable. On the other hand, it is certain that some things are learned much more easily than others. What one inherits therefore is, perhaps, not anything that could properly be called knowledge. It is rather the inherited ability to acquire those specific forms of knowledge we call habits. There seems to be a very great difference in individuals, families, and genetic groups as to their ability to learn specific things. Native intelligence is probably not the standardized thing that the intelligence tests might lead one to believe. In so far as this is true studies of intelligence in the future are, I suspect, more likely to be con-

---

2. "The biologist ordinarily thinks of development as something very different from such modification of behavior by experience, but from time to time the idea that the basis of heredity and development is fundamentally similar to memory has been advanced. . . . Viewed in this way the whole course of development is a process of physiological learning, beginning with the simple experience of differential exposure to an external factor, and undergoing one modification after another, as new experiences in the life of the organism or of its parts in relation to each other occur" (C. M. Child, *Physiological Foundations of Behavior*, pp. 148-49; quoted by W. I. Thomas in *Primitive Behavior* [New York: McGraw-Hill Book Co., 1937], p. 25).

cerned with in the idiosyncrasies of intelligence and the curious individual ways in which individual minds achieve essentially the same results than in measuring and standardizing these achievements.

It is obvious that this "synthetic" (i.e., the knowledge that gets itself embodied in habit and custom, as opposed to analytic and formal knowledge) is not likely to be articulate and communicable. If it gets itself communicated at all, it will be in the form of practical maxims and wise saws rather than in the form of scientific hypotheses. Nevertheless, a wide and intimate acquaintance with men and things is likely to be the bulwark of most sound judgment in practical matters as well as the source of those hunches upon which experts depend in perplexing situations and of those sudden insights which, in the evolution of science, are so frequently the prelude to important discoveries.

In contrast with this is the kind of knowledge that James describes as "knowledge about." Such knowledge is formal, rational, and systematic. It is based on observation and fact but on fact that has been checked, tagged, regimented, and finally ranged in this and that perspective, according to the purpose and point of view of the investigator.

"Knowledge about" is formal knowledge; that is to say, knowledge which has achieved some degree of exactness and precision by the substitution of ideas for concrete reality and of words for things. Not only do ideas constitute the logical framework of all systematic knowledge but they enter into the very nature of the things themselves with which science—natural as distinguished from the historical science—is concerned. As a matter of fact, there seem to be three fundamental types of scientific knowledge: (1) philosophy and logic, which are concerned primarily with ideas; (2) history, which is concerned primarily with events; and (3) the natural or classifying sciences, which are concerned primarily with things.

Concepts and logical artifacts, like the number system, are not involved in the general flux of events and things. For precisely that reason they serve admirably the purpose of tags and counters with which to identify, to describe, and, eventually, to measure things. The ultimate purpose of natural science seems to be to substitute for the flux of events and the changing character of things a logical formula in which the general character of things and the direction of change may be described with logical and mathematical precision.

The advantage of substituting words, concepts, and a logical order for the actual course of events is that the conceptual order makes the actual order intelligible, and, so far as the hypothetic formulations we call laws conform to the actual course of events, it becomes possible to predict from a present a future condition of things. It permits us to speculate with some assurance how, and to what extent, any specific intervention or interference in a pressent situation may determine the situation that is predestined to succeed it.

On the other hand, there is always a temptation to make a complete divorce between the logical and verbal description of an object or a situation and the empirical reality to which it refers. This seems to have been the cardinal mistake of scholasticism. Scholasticism has invariably tended to substitute logical consistency, which is a relation between ideas, for the relation of cause and effect, which is a relation between things.

An empirical and experimental science avoids a purely logical solution of its problems by checking up its calculation at some point with the actual world. A purely intellectual science is always in danger of becoming so completely out of touch with things that the symbols with which it operates cease to be anything more than mental toys. In that case science becomes a kind of dialectical game. This is a peril which the social sciences, to the extent that they have been disposed to formulate and investigate social problems in the forms in which they have been conventionally defined by some administrative agencies or governmental institution, have not always escaped. Thus investigation has invariably tended to take the form of fact-finding rather than of research. Having found the facts, the agencies were able to supply the interpretations; but they were usually interpretations which were implicit in the policies to which the agencies or institutions were already committed.

These are some of the general characteristics of systematic and scientific knowledge, "knowledge about," as contrasted with the concrete knowledge, common sense and "acquaintance with." What is, however, the unique character of scientific knowledge, as contrasted with other forms of knowledge, is that it is communicable to the extent that common sense or knowledge based on practical and clinical experience is not. It is communicable because its problems and its solutions are stated not merely in logical and in intelligible terms but in such forms that they can be checked by experiment or by reference to the empirical reality to which these terms refer.

In order to make this possible, it is necessary to describe in detail and in every instance the source and manner in which facts and findings were originally obtained. Knowledge about, so far at least as it is scientific, becomes in this way a part of the social heritage, a body of tested and accredited fact and theory in which new increments, added to the original fund, tend to check up, affirm, or qualify, first of all, in each special science and, finally, in all the related sciences, all that has been contributed by earlier investigators.

On the other hand, acquaintance with, as I have sought to characterize it, so far as it is based on the slow accumulation of experience and the gradual accommodation of the individual to his individual and personal world, becomes, as I have said, more and more completely identical with instinct and intuition.

Knowledge about is not merely accumulated experience but the result of systematic investigation of nature. It is based on the answers given to the definite questions which we address to the world about us. It is knowledge pursued methodically with all the formal and logical apparatus which scientific research has created. I might add, parenthetically, that there is, generally speaking, no scientific method which is wholly independent of the intuition and insight which acquaintance with things and events gives us. Rather is it true that, under ordinary circumstances, the most that formal methods can do for research is to assist the investigator in obtaining facts which will make it possible to check up such insights and hunches as the investigator already had at the outset or has gained later in the course of his researches.

One of the functions of this methodical procedure is to protect the investigator from the perils of an interpretation to which a too ardent pursuit of knowledge is likely to lead him. There is, on the other hand, no methodical procedure that is a substitute for insight.

II

What is here described as "acquaintance with" and "knowledge about" are assumed to be distinct forms of knowledge—forms having different functions in the lives of individuals and of society—rather than knowledge of the same kind but of different degrees of accuracy and validity. They are, nevertheless, not so different in character or function—since they are, after all, relative terms—

that they may not be conceived as constituting together a continuum—a continuum within which all kinds and sorts of knowledge find a place. In such a continuum news has a location of its own. It is obvious that news is not systematic knowledge like that of the physical sciences. It is rather, in so far as it is concerned with events, like history. Events, because they are invariably fixed in time and located in space, are unique and cannot, therefore, be classified as is the case with things. Not only do things move about in space and change with time but, in respect to their internal organization, they are always in a condition of more or less stable equilibrium.

News is not history, however, and its facts are not historical facts. News is not history because, for one thing among others, it deals, on the whole, with isolated events and does not seek to relate them to one another either in the form of causal or in the form of teleological sequences. History not only describes events but seeks to put them in their proper place in the historical succession, and, by doing so, to discover the underlying tendencies and forces which find expression in them. In fact, one would not be far wrong in assuming that history is quite as much concerned with the connections of events—the relation between the incidents that precede and those that follow—as it is with the events themselves. On the other hand, a reporter, as distinguished from a historian, seeks merely to record each single event as it occurs and is concerned with the past and future only in so far as these throw light on which is actual and present.

The relation of an event to the past remains the task of the historian, while its significance as a factor determining the future may perhaps be left to the science of politics—what Freeman calls "comparative politics"[3]—that is to say, to sociology or to some other division of the social sciences, which, by comparative studies, seeks to arrive at statements sufficiently general to support a hypothesis or a prediction.[4]

---

3. Edward A. Freeman, *Comparative Politics* (London, 1873).

4. The sociological point of view makes its appearance in historcial investigation as soon as the historian turns from the study of "periods" to the study of institutions. The history of institutions—that is to say, the family, the church, economic institutions, political institutions, etc.—leads inevitably to comparison, classification, the formation of class names or concepts, and eventually to the formulation of law. In the process history becomes natural history, and natural history passes over into natural science. In short, history

News, as a form of knowledge, is not primarily concerned either with the past or with the future but rather with the present—what has been described by psychologists as "the specious present." News may be said to exist only in such a present. What is meant here by the "specious present" is suggested by the fact that news, as the publishers of the commercial press know, is a very perishable commodity. News remains news only until it has reached the persons for whom it has "news interest." Once published and its significance recognized, what was news becomes history.

This transient and ephemeral quality is of the very essence of news and is intimately connected with every other character that it exhibits. Different types of news have a different time span. In its most elementary form a news report is a mere "flash," announcing that an event has happened. If the event proves of real importance, interest in it will lead to further inquiry and to a more complete acquaintance with the attendant circumstances. An event ceases to be news, however, as soon as the tension it aroused has ceased and public attention has been directed to some other aspect of the habitat or to some other incident sufficiently novel, exciting, or important to hold its attention.

The reason that news comes to us, under ordinary circumstances, not in the form of a continued story but as a series of independent incidents becomes clear when one takes account of the fact that we are here concerned with the public mind—or with what is called the public mind. In its most elementary form knowledge reaches the public not, as it does the individual, in the form of a perception but in the form of a communication, that is to say, news. Public attention, however, under normal conditions is wavering, unsteady, and easily distracted When the public mind wanders, the rapport, grapevine telegraph, or whatever else it is that insures the transmission of news within the limits of the public ceases to function, tension is relaxed, communication broken off, and what was live news becomes cold fact.

A news item, as every newspaperman knows, is read in inverse ratio to its length. The ordinary reader will read a column and a half of two- or three-line items about men and things in the home town before he will read a column article, no matter how advertised in the headlines, unless it turns out to be not merely news

---

becomes sociology (R. E. Park and E. W. Burgess, *Introduction to the Science of Sociology* [Chicago: University of Chicago Press, 1921], p. 16).

but a story, i.e., something that has what is called technically "human interest."

News comes in the form of small, independent communications that can be easily and rapidly comprehended. In fact, news performs somewhat the same functions for the public that perception does for the individual man; that is to say, it does not so much inform as orient the public, giving each and all notice as to what is going on. It does this without any effort of the reporter to interpret the events he reports, except in so far as to make them comprehensible and interesting.

The first typical reaction of an individual to the news is likely to be a desire to repeat it to someone. This makes conversation, arouses further comment, and perhaps starts a discussion. But the singular thing about it is that, once discussion has been started, the event under discussion soon ceases to be news, and, as interpretations of an event differ, discussions turn from the news to the issues it raises. The clash of opinions and sentiments which discussion invariably evokes usually terminates in some sort of consensus or collective opinion--what we call public opinion. It is upon the interpretation of present events, i.e., news, that public opinion rests.

The extent to which news circulates, within a political unit or a political society, determines the extent to which the members of such a society may be said to participate, not in its collective life—which is the more inclusive term—but in its political acts. Political action and political power, as one ordinarily understands these terms, are obviously based not merely on such concert and consensus as may exist in a herd or in a crowd. It rests ultimately, it seems, on the ability of a political society, aside from whatever of military or material resources it possesses, to act not only concertedly but consistently in accordance with some considered purpose and in furtherance of some rational end. The world of politics, it seems, is based, as Schopenhauer has said of the world in general, on the organic relation of will and idea. Other and more material sources of political power are obviously merely instrumental.

Freeman, the historian, has said that history is past politics and politics is present history. This puts a great deal of truth into a few words, even if the statement in practice needs some enlargement and some qualification. News, though intimately related to both, is neither history nor politics. It is, nevertheless, the stuff which makes political action, as distinguished from other forms of collective behavior, possible.

Among other kinds of collective behavior are the recognized and conventional forms of ceremonial and religious expression—etiquette and religious ritual—which, in so far as they create unanimity and maintain morale, play directly and indirectly an important role in politics and in political action. But religion has no such intimate connection as politics with the news. News is a purely secular phenomenon.

III

There is a proverbial saying to the effect that it is the unexpected that happens. Since what happens makes news, it follows, or seems to, that news is always or mainly concerned with the unusual and the unexpected. Even the most trivial happening, it seems, provided it represents a departure from the customary ritual and routine of daily life, is likely to be reported in the press. This conception of news has been confirmed by those editors who, in the competition for circulation and for advertising, have sought to make their papers smart and interesting, where they could not be invariably either informing or thrilling. In their efforts to instil into the minds of reporters and correspondents the importance of looking everywhere and always for something that would excite, amuse, or shock its readers, news editors have put into circulation some interesting examples of what the Germans, borrowing an expression from Homer, have called *geflügelte Wörter*, "winged words." The epigram describing news which has winged its way over more territory and is repeated more often than any other is this: "Dog bites man"—that is not news. But "Man bites dog"—that is. *Nota bene!* It is not the intrinsic importance of an event that makes it newsworthy. It is rather the fact that the event is so unusual that if published it will either startle, amuse, or otherwise excite the reader so that it will be remembered and repeated. For news is always finally, what Charles A. Dana described it to be, "something that will make people talk," even when it does not make them act.

The fact that news ordinarily circulates spontaneously and without any adventitious aids—as well as freely without inhibitions or censorship—seems to be responsible for another character which attaches to it, distinguishing it from related but less authentic types of knowledge—namely, rumor and gossip. In order that a report of events current may have the quality of news, it should not merely circulate—possibly in circuitous underground channels—but should be published, if need be by the town crier or the public press. Such publication tends to give news something of the character of a public document. News is more or less authenticated by the fact that it has been exposed to the critical examination of the public to which it is addressed and with whose interests it is concerned.

The public which thus, by common consent or failure to protest, puts the stamp of its approval on a published report does not give to its interpretation the authority of statement that has been subjected to expert historical criticism. Every public has its local prejudices and its own limitations. A more searching examination of the facts would quite possibly reveal to a more critical and enlightened mind the naïve credulity and bias of an unsophisticated public opinion. In fact, the naïveté and credulity thus revealed may become an important historical or sociological datum. This, however, is merely another and further illustration of the fact that every public has its own universe of discourse and that, humanly speaking, a fact is only a fact in some universe of discourse.[5]

An interesting light is thrown on the nature of news by a consideration of the changes which take place in information that gets into circulation without the sanction which publicity gives to it. In such a case a report, emanating from some source not disclosed and traveling to a destination that is unknown, invariably accumulates details from the innocent but mainly illicit contributions of those who assist it on its travel. Under these circumstances what was at first mere rumor tends to assume, in time, the character of a legend, that is, something which everyone repeats but no one believes.

When, on the other hand, reports of current events are published with the names, dates, and places which make it possible for anyone concerned to check them, the atmosphere of legend which

5. A universe of discourse is, as the term is ordinarily used, no more than a special vocabulary which is well understood and appropriate to specific situations. It may, however, in the case of some special science include a body of more precisely defined terms or concepts, which in that case will tend to have a more or less systematic character. History, for example, employs no, or almost no, special concepts. On the other hand, sociology, and every science that attempts to be systematic, does. As concepts assume this systematic character they tend to constitute a "frame of reference."

gathers about and clothes with fantastic detail the news as originally reported is presently dispelled, and what is fact, or what will pass for fact, until corrected by further and later news reports, is reduced to something more prosaic than legend and more authentic than news, i.e., historical fact.

If it is the unexpected that happens, it is the not wholly unexpected that gets into the news. The events that have made news in the past, as in the present, are actually the expected things. They are characteristically simple and commonplace matters, like births and deaths, weddings and funerals, the conditions of the crops and of business, war, politics, and the weather. These are the expected things, but they are at the same time the unpredictable things. They are the incidents and the chances that turn up in the game of life.

The fact is that the thing that makes news is news interest, and that, as every city editor knows, is a variable quantity—one that has to be reckoned with from the time the city editor sits down at his desk in the morning until the night editor locks up the last form at night. The reason for this is that the news value is relative, and an event that comes later may, and often does, diminish the value of an event that turned up earlier. In that case the less important item has to give way to the later and more important.

The anecdotes and "believe it or nots" which turn up in the news are valuable to the editor because they can always be lifted out of the printer's form to make way for something hotter and more urgent. In any case it is, on the whole, the accidents and incidents that the public is prepared for; the victories and defeats on the ball field or on the battlefield; the things that one fears and things that one hopes for—that make the news. It is difficult to understand, nevertheless, considering the number of people who are killed and maimed annually by automobile accidents (the number killed in 1938 was 32,600) that these great losses of life rarely make the front page. The difference seems to be that the automobile has come to be accepted as one of the permanent features of civilized life and war has not.

News, therefore, at least in the strict sense of the term, is not a story or an anecdote. It is something that has for the person who hears or reads it an interest that is pragmatic rather than appreciative. News is characteristically, if not always, limited to events that bring about sudden and decisive changes. It may be an incident like that of the colored family in Philadelphia, Frances and Ben Mason, who won a fortune in the Irish sweepstakes recently.[6] It may be a tragic incident like the battle off the coast of Uruguay which resulted in the destruction of the German battleship, the "Graf Spee," and the suicide of its captain. These events were not only news—that is, something that brought a sudden decisive change in the previously existing situation—but, as they were related in the newspapers and as we reflected upon them, they tended to assume a new and ideal significance: the one a story of genuine human interest, the other that of tragedy, something, to use Aristotle's phrase, to inspire "pity and terror." Events such as these tend to be remembered. Eventually they may become legends or be recorded in popular ballads. Legends and ballads need no date line or the names of persons or places to authenticate them. They live and survive in our memories and in that of the public because of their human interest. As events they have ceased to exist. They survive as a sort of ghostly symbol of something of universal and perennial interest, an ideal representation of what is true of life and of human nature everywhere.

Thus it seems that news, as a form of knowledge, contributes from its record of events not only to history and to sociology but to folklore and literature; it contributes something not merely to the social sciences but to the humanities.

IV

The sociological horizon has recently taken on new dimensions. Social anthropology, no longer interested in primitive society merely, has begun to study not only the history but the natural history and function of institutions, In doing so it has appropriated more and more the field of sociological interest and research. Psychiatry, likewise, has discovered that neuroses and psychoses are diseases of a personality which is itself a product of a social milieu created by the interaction of personalities. Meanwhile there has grown up in the United States and in Europe a sociology of law which conceives as natural products the norms which the courts are seeking to rationalize, systematize, and apply in specific cases. Finally, there have been some interesting recent attempts to bring the subject of knowledge itself within the limits of a sociological discipline.

Theories of knowledge have existed since the days of Parmen-

6. See *Time*, December 25, 1939, p. 12.

ides. They have, however, been less interested in knowledge which is a datum than in truth or valid knowledge which is an idea and an ideal. The question with which the sociology of knowledge is concerned is not what constitutes the validity of knowledge—of a statement of principle or of fact—but what are the conditions under which different kinds of knowledge arise and what are the functions of each.

Most of the forms of knowledge that have achieved the dignity of a science are, in the long history of mankind, of very recent origin. One of the earliest and most elementary forms of knowledge is news. There was a period, and not so long ago, either, when there was neither philosophy, history, nor rational knowledge of any sort. There was only myth, legend, and magic. What we now describe as the exact sciences did not exist until the Renaissance. The social sciences have, roughly speaking, only come into existence in the last fifty years. At least they have only begun within the last half-century to achieve, with the wider use of statistics, anything like scientific precision.

News, so far as it is to be regarded as knowledge at all, is probably as old as mankind, perhaps older. The lower animals were not without a kind of communication which was not unlike news. The "cluck" of the mother hen is understood by the chicks as signifying either danger or food, and the chicks respond accordingly.

This is not to suggest that every kind of communication in a herd or flock will have the character of news. What is ordinarily communicated is merely a kind of contagious excitement—sometimes merely a sense of well-being and security in the gregarious association of the herd, at others a sense of unrest or malaise, manifested and often intensified in the milling of the herd. It seems likely that this pervasive social excitement, which is essential to the existence of the herd as a social unit, serves, also, to facilitate the communication of news, or what corresponds to it in the herd.

There is in naval parlance an expression, "the fleet in being," which means, apparently, that the ships which constitute a fleet are in communication and sufficiently mobilized, perhaps, to be capable of some sort of concerted action. The same expression might be applied to a community, a society, or a herd. A society is "in being" when the individuals that compose it are to such an extent *en rapport* that, whether capable of united and collective action or not, they may be described as participating in a common or collective existence. In such a society a diffuse social excitement tends to envelope, like an atmosphere, all participants in the common life and to give a direction and tendency to their interests and attitudes. It is as if the individuals of such a society were dominated by a common mood or state of mind which determined for them the range and character of their interests and their attitudes or tendencies to act. The most obvious illustration of this obscure social tension or state of mind in a community is the persistent and pervasive influence of fashion.

At certain times and under certain conditions this collective excitement, so essential to communication if not to understanding, rises to a higher level of intensity and, as it does so, tends to limit the range of response but to increase the intensity of impulses not so inhibited. The effect of this is the same as in the case of attention in the individual. Exclusive attention to some things inhibits responses to others. This means in the case of a society a limitation of the range and character of the news to which it will either collectively or individually respond.

The rise of social tension may be observed in the most elementary form in the herd when, for some reason, the herd is restless and begins to mill. Tension mounts as restlessness increases. The effect is as if the milling produced in the herd a state of expectancy which, as it increased in intensity, increased also the certainty that presently some incident, a clap of thunder or the crackling of a twig, would plunge the herd into a stampede.

Something similar takes place in a public. As tension arises, the limits of public interest narrows, and the range of events to which the public will respond is limited. The circulation of news is limited; discussion ceases, and the certainty of action of some sort increases. This narrowing of the focus of public attention tends to increase the influence of the dominant person or persons in the community. But the existence of this dominance depends upon the ability of the community, or its leaders, to maintain tension. It is in this way that dictators arise and maintain themselves in power. It is this that explains likewise the necessity to a dictatorship of some sort of censorship.

News circulates, it seems, only in a society where there is a certain degree of rapport and a certain degree of tension. But the effect of news from outside the circle of public interest is to disperse attention and, by so doing, to encourage individuals to act on their own initiative rather than on that of a dominant party or personality.

Under ordinary circumstances—in a time of peace rather than of war or revolution—news tends to circulate over an ever widening area, as means of communication multiply. Changes in society and its institutions under these circumstances continue to take place, but they take place piecemeal and more or less imperceptibly. Under other conditions—in war or revolution—changes take place violently and visibly but catastrophically.

The permanence of institutions under ordinary conditions is dependent upon their ability, or the ability of the community of which they are a part, to adapt themselves to technological and other less obvious changes. But these changes and their consequences manifest themselves not only directly but rather indirectly in the news. Institutions like the Catholic church or the Japanese state have been able to survive the drastic changes of time because they have been able to respond to changes in the conditions of existence, not merely those physically and obviously imposed upon them but those foreshadowed and reflected in the news.

I have indicated the role which news plays in the world of politics in so far as it provides the basis for the discussions in which public opinion is formed. The news plays quite as important a role in the world of economic relations, since the price of commodities, including money and securities, as registered in the world-market and in every local market dependent upon it, is based on the news.

So sensitive are the exchanges to events in every part of the world that every fluctuation in fashion or the weather is likely to be reflected in the prices on the exchanges. I have said that news is a secular phenomenon. But there come times when changes are so great and so catastrophic that individuals and peoples are no longer interested in worldly affairs. In such case men, frustrated in their ambitions and their hopes, turn away from the world of secular affairs and seek refuge and consolation in a flight from the great world into the security of the little world of the family or of the church. The function of news is to orient man and society in an actual world. In so far as it succeeds it tends to preserve the sanity of the individual and the permanence of society.

Although news is an earlier and more elementary product of communication than science, news has by no means been superseded by it. On the contrary, the importance of news has grown consistently with the expansion of the means of communication and with the growth of science.

Improved means of communication have co-operated with the vast accumulations of knowledge, in libraries, in museums, and in learned societies, to make possible a more rapid, accurate, and thoroughgoing interpretation of events as they occur. The result is that persons and places, once remote and legendary, are now familiar to every reader of the daily press.

In fact, the multiplication of the means of communication has brought it about that anyone, even in the most distant part of the world, may now actually participate in events—at least as listener if not as spectator—as they actually take place in some other part of the world. We have recently listened to Mussolini address his fascist followers from a balcony of Rome; we have heard Hitler speaking over the heads of a devout congregation in the Reichstag, in Berlin, not merely to the President, but to the people, of the United States. We have even had an opportunity to hear the terms of the momentous Munich agreement ten seconds after it had been signed by the representatives of four of the leading powers in Europe and the world. The fact that acts so momentous as these can be so quickly and so publicly consummated has suddenly and completely changed the character of international politics, so that one can no longer even guess what the future has in store for Europe and for the world.

In the modern world the role of news has assumed increased rather than diminished importance as compared with some other forms of knowledge, history, for example. The changes in recent years have been so rapid and drastic that the modern world seems to have lost its historical perspective, and we appear to be living from day to day in what I have described earlier as a "specious present." Under the circumstances history seems to be read or written mainly to enable us, by comparison of the present with the past, to understand what is going on about us rather than, as the historians have told us, to know "what actually happened."

Thus Elmer Davis in a recent article in the *Saturday Review* announces as "required reading" for 1939 two volumes: Hitler's *Mein Kampf* and Thucydides' *History of the Peloponnesian War* (431 B.C.). He recommends the history of the Peloponnesian War because, as he says, "Thucydides was not only a brilliant analyst of human behavior both individual and collective" but was at the same time "a great reporter."[7]

One notes, also, as characteristic of our times, that since news, as reported in American newspapers, has tended to assume the character of literature, so fiction—after the newspaper the most popular form of literature—has assumed more and more the character of news.[8]

Emile Zola's novels were essentially reports upon contemporary manners in France just as Steinbeck's *The Grapes of Wrath* has been described as an epoch-making report on the share-cropper in the United States.

Ours, it seems, is an age of news, and one of the most important events in American civilization has been the rise of the reporter.

7. "Required Reading," *Saturday Review of Literature*, October 14, 1939.
8. See Helen MacGill Hughes, *News and the Human Interest Story* (Chicago: University of Chicago Press, 1940).

CHAPTER 8

NATURAL HISTORY OF THE NEWSPAPER

I. THE STRUGGLE FOR EXISTENCE

THE newspaper has a history; but it has, likewise, a natural history. The press, as it exists, is not, as our moralists sometimes seem to assume, the wilful product of any little group of living men. On the contrary, it is the outcome of a historic process in which many individuals participated without foreseeing what the ultimate product of their labors was to be.

The newspaper, like the modern city, is not wholly a rational product. No one sought to make it just what it is. In spite of all the efforts of individual men and generations of men to control it and to make it something after their own heart, it has continued to grow and change in its own incalculable ways.

The type of newspaper that exists is the type that has survived under the conditions of modern life. The men who may be said to have made the modern newspaper—James Gordon Bennett, Charles A. Dana, Joseph Pulitzer, and William Randolph Hearst—are the men who discovered the kind of paper that men and women would read and had the courage to publish it.

The natural history of the press is the history of this surviving species. It is an account of the conditions under which the existing newspaper has grown up and taken form.

Reprinted by permission of the publisher from the *American Journal of Sociology,* XXIX:3 (November, 1923), pp. 80-98; also in Park, Burgess and McKenzie, *The City* (Chicago. University of Chicago Press, 1925), pp. 80-98.

A newspaper is not merely printed. It is circulated and read. Otherwise it is not a newspaper. The struggle for existence, in the case of a newspaper, has been a struggle for circulation. The newspaper that is not read ceases to be an influence in the community. The power of the press may be roughly measured by the number of people who read it.

The growth of great cities has enormously increased the size of the reading public. Reading, which was a luxury in the country, has become a necessity in the city. In the urban environment literacy is almost as much a necessity as speech itself. That is one reason there are so many foreign-language newspapers.

Mark Villchur, editor of the *Russkoye Slovo*, New York City, asked his readers how many of them had read newspapers in the old country. He found that out of 312 correspondents only 16 had regularly read newspapers in Russia; 10 others from time to time read newspapers in the Volast, the village administration center, and 12 were subscribers to weekly magazines. In America all of of them were subscribers or readers of Russian newspapers.

This is interesting because the immigrant has had, first and last, a profound influence on the character of our native newspapers. How to bring the immigrant and his descendants into the circle of newspaper readers has been one of the problems of modern journalism.

The immigrant who has, perhaps, acquired the newspaper habit from reading a foreign-language newspaper is eventually attracted to the native American newspapers. They are for him a window looking out into the larger world outside the narrow circle of the immigrant community in which he has been compelled to live. The newspapers have discovered that even men who can perhaps read no more than the headlines in the daily press will buy a Sunday paper to look at the pictures.

It is said that the most successful of the Hearst papers, the *New York Evening Journal*, gains a new body of subscribers every six years. Apparently it gets its readers mainly from immigrants. They graduate into Mr. Hearst's papers from the foreign-language press, and when the sensationalism of these papers begins to pall, they acquire a taste for some of the soberer journals. At any rate, Mr. Hearst has been a great Americanizer.

In their efforts to make the newspaper readable to the least-instructed reader, to find in the daily news material that would thrill the crudest intelligence, publishers have made one important discovery. They have found that the difference between the high-brow and the low-brow, which once seemed so profound, is largely a difference in vocabularies. In short, if the press can make itself intelligible to the common man, it will have even less difficulty in being understood by the intellectual. The character of present-day newspapers has been profoundly influenced by this fact.

II. THE FIRST NEWSPAPERS

What is a newspaper? Many answers have been given. It is the tribune of the people; it is the fourth estate; the Palladium of our civil liberties, etc.

On the other hand, this same newspaper has been characterized as the great sophist. What the popular teachers did for Athens in the period of Socrates and Plato the press has done in modern times for the common man.

The modern newspaper has been accused of being a business enterprise. "Yes," say the newspaper men "and the commodity it sells is news." It is the truth shop. The editor is the philosopher turned merchant.) By making information about our common life accessible to every individual at less than the price of a telephone call we are to regain, it is urged—even in the complicated life of what Graham Wallas calls the "Great Society"—some sort of working democracy.

The advertising manager's notion is again something different. For him the newspaper is a medium for creating advertising values. The business of the editor is to provide the envelope which incloses the space which the advertising man sells. Eventually the newspaper may be conceived as a sort of common carrier, like the railway or the post office.

The newspaper, according to the author of the *Brass Check,* is a crime. The brass check is a symbol of prostitution. "The brass check is found in your pay envelope every week—you who write and print and distribute our newspapers and magazines. The brass check is the price of your shame—you who take the fair body of truth and sell it in the market place, who betray the virgin hopes of mankind into the loathsome brothel of big business."

This is the conception of a moralist and a socialist—Upton Sinclair.

Evidently the newspaper is an institution that is not yet fully understood. What it is, or seems to be, for any one of us at any time is determined by our differing points of view. As a matter of fact, we do not know much about the newspaper. It has never been studied.

One reason we know so little about the newspaper is that as it exists today it is a very recent manifestation. Besides, in the course of its relatively brief history, it has gone through a remarkable series of transfigurations. The press today is, however, all that it was and something more. To understand it we must see in its historic perspective.

The first newspapers were written or printed letters; news-letters they were called. In the seventeenth century English country gentlemen used to employ correspondents to write them once a week from London the gossip of the court and of the town.

The first newspaper in America, at least the first newspaper that lasted beyond its first issue, was the *Boston News-Letter*. It was published by the postmaster. The village post-office has always been a public forum, where all the affairs of the nation and the community were discussed. It was to be expected that there, in close proximity to the sources of intelligence, if anywhere, a newspaper would spring up. For a long time the position of postmaster and the vocation of editor were regarded as inseparable.

The first newspapers were simply devices for organizing gossip, and that, to a greater or less extent, they have remained. Horace Greeley's advice to a friend who was about to start a country paper is as good today as it was then.

> Begin with a clear conception that the subject of deepest interest to an average human being is himself; next to that, he is most concerned about his neighbors. Asia and the Tongo Islands stand a long way after these in his regard. It does seem to me that most country journals are oblivious as to these vital truths. If you will, so soon as may be, secure a wide awake, judicious correspondent in each village and township of your county, some young lawyer, doctor, clerk in a store, or assistant in a post office who will promptly send you whatever of moment occurs in his vicinity, and will make up at least half your journal of local matter thus collected, nobody in the county can long do without it. Do not let a new church be organized, or new members be added to one already existing, a farm be sold, a new house be raised, a mill be set in motion, a store be opened, nor anything of interest to a dozen families occur, without having the fact duly though briefly chronicled in your columns. If a farmer cuts a big tree, or grows a

mammoth beet, or harvests a bounteous yield of wheat or corn, set forth the fact as concisely and unexceptionally as possible.

What Greeley advises friend Fletcher to do with his country paper the city editor of every newspaper, as far as it humanly is possible, is still trying to do. It is not practicable, in a city of 3,000,000 and more, to mention everybody's name. For that reason attention is focused upon a few prominent figures. In a city where everything happens every day, it is not possible to record every petty incident, every variation from the routine of the city life. It is possible, however, to select certain particularly picturesque or romantic incidents and treat them symbolically, for their human interest rather than their individual and personal significance. In this way news ceases to be wholly personal and assumes the form of art. It ceases to be the record of the doings of individual men and women and becomes an impersonal account of manners and life.

The motive, conscious or unconscious, of the writers and of the press in all this is to reproduce, as far as possible, in the city the conditions of life in the village. In the village everyone knew everyone else. Everyone called everyone by his first name. The village was democratic. We are a nation of villagers. Our institutions are fundamentally village institutions. In the village, gossip and public opinion were the main sources of social control.

"I would rather live," said Thomas Jefferson, "in a country with newspapers and without a government than in a country with a government and without newspapers."

If public opinion is to continue to govern in the future as it has in the past, if we propose to maintain a democracy as Jefferson conceived it, the newspaper must continue to tell us about ourselves. We must somehow learn to know our community and its affairs in the same intimate way in which we knew them in the country villages. The newspaper must continue to be the printed diary of the home community. Marriages and divorce, crime and politics, must continue to make up the main body of our news. Local news is the very stuff that democracy is made of.

But that, according to Walter Lippmann, is just the difficulty. "As social truth is organized today, so he says, "the press is not constituted to furnish from one edition to the next the amount of knowledge which the democratic theory of public opinion demands. . . . When we expect it to supply such a body of truth, we employ a misleading standard of judgment. We misunderstand the limited nature of news, the illimitable complexity of society; we overestimate our own endurance, public spirit, and all-round competence. We suppose an appetite for uninteresting truths which is not discovered by any honest analysis of our own tastes. . . . Unconsciously the theory sets up the single reader as theoretically incompetent, and puts upon the press the burden of accomplishing whatever representative government, industrial organization, and diplomacy have failed to accomplish. Acting upon everybody for thirty minutes in twenty-four hours, the press is asked to create a mystical force called 'public opinion' that will take up the slack in public institutions."[1]

It is evident that a newspaper cannot do for a community of 1,000,000 inhabitants what the village did spontaneously for itself through the medium of gossip and personal contact. Nevertheless the efforts of the newspaper to achieve this impossible result are an interesting chapter in the history of politics as well as of the press.

III. THE PARTY PAPERS

The first newspapers, the news-letters, were not party papers. Political journals began to supersede the news-letters at the beginning of the eighteenth century. The news with which the reading public was most concerned at that time was the reports of the debates in Parliament.

Even before the rise of the party press certain prying and curious individuals had made a business of visiting the Strangers' Gallery during the sessions of the House of Commons in order to write up from memory, or from notes taken down surreptitiously, accounts of the speeches and discussions during an important debate. At this time all the deliberations of Parliament were secret, and it was not until 100 years later that the right of reporters to attend the sessions of the House of Commons and record its proceedings was officially recognized. In the meantime reporters were compelled to resort to all sorts of subterfuges and indirect methods in order to get information. It is upon this information, gathered in this way, that much of our present history of English politics is based.

---

1. Walter Lippmann, *Public Opinion*, pp. 361-62.

One of the most distinguished of these parliamentary reporters was Samuel Johnson. One evening in 1770, it is reported, Johnson, with a number of other celebrities, was taking dinner in London. Conversation turned upon parliamentary oratory. Someone spoke of a famous speech delivered in the House of Commons by the elder Pitt in 1741. Someone else, amid the applause of the company, quoted a passage from this speech as an illustration of an orator who had surpassed in feeling and beauty of language the finest efforts of the orators of antiquity. Then Johnson, who up to that point had taken no part in the discussion, spoke up. "I wrote that speech," he said, "in a garret in Exeter Street."

The guests were struck with amazement. He was asked, "How could it have been written by you, sir?"

"Sir," said Johnson, "I wrote it in Exeter Street. I never was in the gallery of the House of Commons but once. Cave had interest with the doorkeepers; he and the persons employed under him got admittance; they brought away the subjects of discussion, the names of the speakers, the side they took, and the order in which they rose, together with notes of the various arguments adduced in the course of the debate. The whole was afterward communicated to me, and I composed the speeches in the form they now have in the "Parliamentary Debates," for the speeches of that period are all printed from Cave's magazine."[2]

Someone undertook to praise Johnson's impartiality, saying that in his reports he seems to have dealt out reason and eloquence with an equal hand to both political parties. "That is not quite true," was Johnson's reply. "I saved appearances tolerably well; but I took care that the Whig dogs should not have the best of it."

This speech of William Pitt, composed by Johnson in Exeter Street, has long held a place in school books and collections of oratory. It is the famous speech in which Pitt answered the accusation of the "atrocious crime of being a young man."

Perhaps Pitt thought he delivered that speech. At any rate there is no evidence that he repudiated it. I might add that Pitt, if he was the first, was not the last statesman who is indebted to the reporters for his reputation as an orator.

The significant thing about this incident is that it illustrates the manner in which, under the influence of the parliamentary

2. Michael MacDonagh, *The Reporter's Gallery*. Pp. 139-40.

reporters, something like a constitutional change was effected in the character of parliamentary government. As soon as the parliamentary orators discovered that they were addressing not only their fellow-members but, indirectly, through the medium of the press, the people of England, the whole character of parliamentary proceedings changed. Through the newspapers the whole country was enabled to participate in the discussions by which issues were framed and legislation was enacted.

Meanwhile, the newspapers themselves, under the influence of the very discussions which they themselves instigated, had become party organs. Whereupon the party press ceased to be a mere chronicle of small gossip and came to be what we know as a "journal of opinion." The editor, meanwhile, no longer a mere newsmonger and humble recorder of events, found himself the mouthpiece of a political party, playing a rôle in politics.

During the long struggle for freedom of thought and speech in the seventeenth century, popular discontent had found literary expression in the pamphlet and broadside. The most notable of these pamphleteers was John Milton, and the most famous of these pamphlets was Milton's *Areopagitica: A Defence of the Liberty of Unlicensed Printing*, published in 1646; "the noblest piece of English prose" it has been called by Henry Morley.

When the newspaper became, in the early part of the eighteenth century, a journal of opinion, it took over the function of the political pamphlet. The opinion that had formerly found expression in a broadside was now expressed in the form of editorial leading articles. The editorial writer, who had inherited the mantle of the pamphleteer, now assumed the rôle of a tribune of the people.

It was in this rôle, as the protagonist of the popular cause, that the newspaper captured the imagination of our intelligentsia.

When we read in the political literature of a generation ago references to "the power of the press," it is the editor and the editorial, rather than the reporter and the news, of which these writers are thinking. Even now when we speak of the liberty of the press it is the liberty to express an opinion, rather than the liberty to investigate and publish the facts, which is meant. The activities of the reporter, upon which any opinion that is relevant to existing conditions is likely to be based, are more often regarded as an infringement of our personal rights than an exercise of our political liberties.

The liberty of the press for which Milton wrote the *Areopagitica* was the liberty to express an opinion. "Give me the liberty," he said, "to know, to alter, and to argue freely according to conscience, above all liberties."

Carlyle was thinking of the editorial writer and not of the reporter when he wrote: "Great is journalism! Is not every able editor a ruler of the world, being a persuader of it?"

The United States inherited its parliamentary government, its party system, and its newspapers from England. The rôle which the political journals played in English politics was re-enacted in America. The American newspapers were a power with which the British government had to reckon in the struggle of the colonies for independence. After the British took possession of New York City, Ambrose Serle, who had undertaken to publish the *New York Gazette* in the interest of the invaders, wrote as follows to Lord Dartmouth in regard to the patriot-party press.

> Among other engines which have raised the present commotion, next to the indecent harangues of the preachers, none has had a more extensive or stronger influence than the newspapers of the respective colonies. One is astonished to see with what avidity they are sought after, and how implicitly they are believed by the great bulk of the people.[3]

It was nearly a century later, in the person of Horace Greeley, editor of the *New York Tribune* during the anti-slavery struggle, that the journal of opinion reached its highest expression in America. America has had better newspaper men than Horace Greeley, although none, perhaps, whose opinions exercised so wide an influence. "The *New York Tribune*," says Charles Francis Adams, "during those years was the greatest educational factor, economically and morally, this country has ever known."

IV. THE INDEPENDENT PRESS

The power of the press, as represented by the older type of newspaper, rested in the final analysis upon the ability of its editors to create a party and lead it. The journal of opinion is, by its very nature, predestined to become the organ of a party, or at any rater the mouthpiece of a school.

So long as political activities were organized on the basis of

3. George Henry Payne, *History of Journalism in the United States*, p. 120.

village life, the party system worked. In the village community, where life was and still is relatively fixed and settled, custom and tradition provided for most of the exigencies of daily life. In such a community, where every deviation from the ordinary routine of life was a matter of observation and comment and all the facts were known, the political process was, at any rate, a comparatively simple matter. Under these circumstances the work of the newspaper, as a gatherer and interpreter of the news, was but an extension of the function which was otherwise performed spontaneously by the community itself through the medium of personal contact and gossip.

But as our cities expanded and life grew more complicated, it turned out that political parties, in order to survive, must have a permanent organization. Eventually party morale became a greater value than the issues for the determination of which the parties are supposed to exist. The effect upon the party press was to reduce it to the position of a sort of house organ of the party organization. It no longer knew from day to day just what its opinions were. The editor was no longer a free agent. It was of this subjugated *Tribune* that Walt Whitman was thinking when he coined the phrase, "the kept editor."

When, finally, the exigencies of party politics, under conditions of life in great cities, developed the political machine, some of the more independent newspapers revolted. This was the origin of the independent press. It was one of the independent papers, the *New York Times* of that day, that first assailed and eventually overthrew, with the aid of a cartoonist, Thomas Nast, the Tweed Ring, the first and most outrageous of the political machines that party politics in this country has so far produced. Presently there was a general breaking away, particularly by the metropolitan, as distinguished from the country, papers, from the domination of the parties. Party loyalty ceased to be a virtue.

Meanwhile a new political power had arisen and found expression in the press. This power was embodied, not in the editorial and the editorial writer, however, but in the news and the reporter. In spite of the fact that the prestige of the press, up to this time, had rested on its rôle of champion of popular causes, the older newspapers were not read by the masses of the people.

The ordinary man is more interested in news than he is in political doctrines or abstract ideas. H. L. Mencken has called attention to the fact that the average man does not understand more than two-thirds of what "comes from the lips of the average political orator or clergyman."

The ordinary man, as the *Saturday Evening Post* has discovered, thinks in concrete images, anecdotes, pictures, and parables. He finds it difficult and tiresome to read a long article unless it is dramatized and takes the form of what newspapers call a "story." "News story" and "fiction story" are two forms of modern literature that are now so like one another that it is sometimes difficult to distinguish them.

The *Saturday Evening Post,* for example, writes the news in the form of fiction, while the daily press frequently writes fiction in the form of news. When it is not possible to present ideas in the concrete, dramatic form of a story, the ordinary reader likes them stated in a short paragraph.

It is said that James E. Scripps, founder of the *Detroit News,* which specializes in afternoon papers in secondary cities, built up his whole string of papers upon the basis of the very simple psychological principle that the ordinary man will read newspaper items in the inverse ratio to their length. His method of measuring the efficiency of his newspapers, therefore, was to count the number of items they contained. The paper that had the largest number of items was the best paper. This is just the reverse of Mr. Hearst's methods; his papers have fewer items than other papers.

The old-time journalist was inclined to have a contempt for news. News was for him simply material upon which to base an editorial. If God let things happen that were not in accordance with his conception of the fitness of things, he simply suppressed them. He refused to take the responsibility of letting his readers learn about things that he knew ought not to have happened.

Manton Marble, who was editor of the *New York World* before Joseph Pulitzer took it and made it yellow, used to say there were not 18,000 people in New York City to whom a well-conducted newspaper could offer to address itself. If the circulation of the paper went above that figure he thought there must be something wrong with the paper. Before Mr. Pulitzer took it over, the circulation had actually sunk to 10,000. The old *New York World* preserved the type of the old conservative high-brow paper down to the eighties. By that time in the larger cities the political independent newspapers had become the accepted type of journal.

Long before the rise of what was later to be called the independent press, there had appeared in New York two journals that were the forerunners of the present-day newspapers. In 1883 Benjamin Day, with a few associates, started a paper for "mechanics and the masses generally." The price of this paper was one cent, but the publishers expected to make up by larger circulation and by advertising the loss sustained by the lower price. At that time most of the other New York papers were selling for six cents.

It was, however, the enterprise of James Gordon Bennett, the founder of the *New York Herald*, who set the pace in the new form of journalism. In fact, as Will Irwin says in the only adequate account that has ever been written of the American newspaper, "James Gordon Bennett invented news as we know it." Bennett, like some others who have contributed most to modern journalism, was a disillusioned man, and for that very reason, perhaps, a ruthless and cynical one. "I renounce all so-called principles," he said in his announcement of the new enterprise. By principles he meant, perhaps, editorial policies. His salutatory was at the same time a valedictory. In announcing the purposes of the new journalism he bade adieu to the aims and aspirations of the old. Henceforth the editors were to be news gatherers and the newspaper staked its future on its ability to gather, print, and circulate news.

What is news? There have been many answers. I think it was Charles A. Dana who said, "News is anything that will make people talk." This definition suggests at any rate the aims of the new journalism. Its purpose was to print anything that would make people talk and think, for most people do not think until they begin to talk. Thought is after all a sort of internal conversation.

A later version of the same definition is this: "News is anything that makes the reader say, 'Gee Whiz!' " This is the definition of Arthur McEwen, one of the men who helped make the Hearst papers. It is at the same time the definition of the latest and most successful type of journal, the yellow press. Not all successful journals are, to be sure, yellow. The *New York Times*, for example, is not. But the *New York Times* is not yet a type.

V. THE YELLOW PRESS

There seem to be, as Walter Lippmann has observed, two types of newspaper readers. "Those who find their own lives interesting" and "those who find their own lives dull, and wish to live a more thrilling existence." There are, correspondingly, two types of newspapers: papers edited on the principle that readers are mainly interested in reading about themselves, and papers edited upon the principle that their readers, seeking some escape from the dull routine of their own lives, are interested in anything which offers them what the psychoanalyists call "a flight from reality."

The provincial newspaper with its record of weddings, funerals, lodge meetings, oyster suppers, and all the small patter of the small town represents the first type. The metropolitan press, with its persistent search in the drab episodes of city life for the romantic and the picturesque, its dramatic accounts of vice and crime, and its unflagging interest in the movements of personages of a more or less mythical high society represents the latter type.

Up to the last quarter of the nineteenth century, that is to say, up to about 1880, most newspapers, even in our large cities, were conducted on the theory that the best news a paper can print is a death notice or marriage announcement.

Up to that time the newspapers had not yet begun to break into the tenements, and most people who supported a newspaper lived in homes rather than in apartments. The telephone had not yet come into popular use; the automobile was unheard of; the city was still a mosaic of little neighborhoods, like our foreign-language communities of the present day, in which the city dweller still maintained something of the provincialism of the small town.

Great changes, however, were impending. The independent press was already driving some of the old-time newspapers to the wall. There were more newspapers than either the public or the advertisers were willing to support. It was at this time and under these circumstances that newspaper men discovered that circulation could be greatly increased by making literature out of the news. Charles A. Dana had already done this in the *Sun*, but there still was a large section of the population for whom the clever writing of Mr. Dana's young men was caviar.

The yellow press grew up in an attempt to capture for the newspaper a public whose only literature was the family story paper or the cheap novel. The problem was to write the news in such a way that it would appeal to the fundamental passions. The formula was: love and romance for the women; sport and politics for the men.

The effect of the application of this formula was enormously to increase the circulation of the newspapers, not only in the great cities, but all over the country. These changes were brought about mainly under the leadership of two men, Joseph Pulitzer and William Randolph Hearst.

Pulitzer had discovered, while he was editor of the *St. Louis Post Dispatch,* that the way to fight popular causes was not to advocate them on the editorial page but to advertise them—write them up—in the news columns. It was Pulitzer who invented muckraking. It was this kind of journalism which enabled Pulitzer, within a period of six years, to convert the old *New York World*, which was dying of inanition when he took it, into the most talked about, if not the most widely circulated, paper in New York City.

Meanwhile, out in San Francisco Mr. Hearst had succeeded in galvanizing the old moribund *Examiner* into new life, making it the most widely read newspaper on the Pacific Coast.

It was under Mr. Hearst that the "sob sister" came into vogue. This is her story, as Will Irwin told it in *Collier's,* February 18, 1911:

> Chamberlain (managing editor of the *Examiner*) conceived the idea that the city hospital was badly managed. He picked a little slip of a girl from among his cub reporters and assigned her to the investigation. She invented her own method; she "fainted" on the street, and was carried to the hospital for treatment. She turned out a story "with a sob for the unfortunate in every line." That was the professional beginning of "Annie Laurie" or Winifred Black, and of a departure in newspaper writing. For she came to have many imitators, but none other could ever so well stir up the primitive emotions of sympathy and pity; she was a "sob squad" all by herself. Indeed, in the discovery of this sympathetic "woman writing," Hearst broke through the crust into the thing he was after.

With the experience that he had gained on the *Examiner* in San Francisco and with a large fortune that he had inherited from his father, Hearst invaded New York in 1896. It was not until he reached New York and started out to make the *New York Journal* the most widely read paper in the United States that yellow journalism reached the limit.

Pulitzer's principal contribution to yellow journalism was muckraking, Hearst's was mainly "jazz." The newspaper had been conducted up to this time upon the theory that its business was to instruct. Hearst rejected that conception. His appeal was frankly not to the intellect but to the heart. The newspaper was for him first and last a form of entertainment.

It was about the time the yellow press was engaged in extending the newspaper habit to the masses of people, including women and immigrants—who up to this time did not read newspapers—that the department store was beginning to attract attention.

The department store is, in a sense, a creation of the Sunday newspaper. At any rate, without the advertising that the Sunday newspaper was able to give it, the department store would hardly have gained the vogue it has today. It is important in this connection that women read the Sunday paper before they did the dailies. The women are buyers.

It was in the Sunday newspaper that the methods of yellow journalism were first completely worked out. The men who are chiefly responsible for them are Morrill Goddard and Arthur Brisbane. It was Goddard's ambition to make a paper that a man would buy even if he could not read it. He went in for pictures, first in black and white and then in colors. It was in the *Sunday World* that the first seven-column cut was printed. Then followed the comic section and all the other devices with which we are familiar for compelling a dull-minded and reluctant public to read.

After these methods had been worked out in the Sunday paper, they were introduced into the daily. The final triumph of the yellow journal was Brisbane's "Heart-to-Heart Editorials"—a column of predigested platitudes and moralizing, with half-page diagrams and illustrations to re-enforce the text. Nowhere has Herbert Spencer's maxim that the art of writing is economy of attention been so completely realized.

Walter Lippmann, in his recent study of public opinion, calls attention to the fact that no sociologist has ever written a book on news gathering. It strikes him as very strange that an institution like the press, from which we expect so much and get so little of what we expected, should not have been the subject of a more disinterested study.

It is true that we have not studied the newspaper as the biologists have studied, for example, the potato bug. But the same may be said of every political institution, and the newspaper is a political institution quite as much as Tammany Hall or the board of aldermen are political institutions. We have grumbled about our political *institutions*, sometimes we have sought by certain magical legislative devices to exercise and expel the evil spirits that possessed them. On the whole we have been inclined to regard them as sacred and to treat any fundamental criticism of them as a sort of blasphemy. If things went wrong, it was not the institutions, but the persons we elected to conduct them, and an incorrigible human nature, who were at fault.

When then is the remedy for the existing condition of the newspapers? There is no remedy. Humanly speaking, the present newspapers are about as good as they can be. If the newspapers are to be improved, it will come through the education of the people and the organization of political information and intelligence. As Mr. Lippmann well says, "the number of social phenomena which are now recorded is small, the instruments of analysis are very crude, and the concepts often vague and uncriticized." We must improve our records and that is a serious task. But first of all we must learn to look at political and social life objectively and cease to think of it wholly in moral terms! In that case we shall have less news, but better newspapers.

The real reason that the ordinary newspaper accounts of the incidents of ordinary life are so sensational is because we know so little of human life that we are not able to interpret the events of life when we read them. It is safe to say that when anything shocks us, we do not understand it.

CHAPTER 9

NEWS AND THE HUMAN INTEREST STORY

MODERN science has measurably succeeded in bringing within the limits of rational explanation and rational control more and more of those imponderable forces, personal and political, of which we have always been aware but had not previously been able to weigh. Thus we have achieved relatively effective techniques for carrying on such various activities as measuring public opinion, maintaining discipline in factories, organizing strikes, and fomenting revolutions. We have, at the same time, brought into existence something like a science of advertising and propaganda that has achieved prodigious results in the world of business and in the world of politics.

In these and other studies in this field public opinion has been the subject of much interested inquiry, although there has been, with the exception of Lippmann's *Liberty and the News*,[1] almost no attempt to investigate the nature as well as the political and social function of news. This is all the more notable in view of the fact that it is, generally speaking, only in a discussion of news and of those events that tend to break the routine of daily life that public opinion arises.

1. Walter Lippmann, *Liberty and the News* (1920).

Reprinted by permission of the publisher from Helen MacGill Hughes, *News and the Human Interest Story* (Chicago: University of Chicago Press, 1940), pp. xi–xxiii.

Now it is characteristic of science that one of the first and last questions which it is certain to ask is this: What is this thing with which this particular science and this particular inquiry are mainly concerned?

This volume is, among other things, an attempt to answer, in a rather fundamental way, the question: What is news? It might be described as an exploratory survey to discover what has been said and what is generally known in regard to news—its different types and its uses. In any case, what is needed for the purposes of systematic investigation in this field is a working concept in which news is clearly distinguished from other forms, in which information in regard to current events gets into general circulation—rumor and gossip, for example, and propaganda.

Interest in this study, however, is focused about the difference between two fundamental types, or perhaps one might say, two fundamental aspects of the news. For that reason it has seemed appropriate to set down something, by way of introduction, in regard to news in general, as well as with reference to some of the contingent and related subjects with which any discussion of human interest and news interest, as they find expression in the newspaper, is inevitably involved. This seems the more important since any inquiry which begins with what is concrete and matter of fact, with the expectation of achieving a conception that is relatively abstract, must at the same time be concerned with gaining some definition of the general field in which the thing investigated actually lies.

It is a curious fact—one of those facts about human nature that philosophers were wont to observe and record before the study of human nature became systematic and scientific—that the things which most of us would like to publish are not the things most of us want to read. We may be eager to get into print what is or seems to be, edifying, but we want to read what is interesting. That is the reason—at least that is one reason—why the *Congressional Record* and the *Nation* have so little circulation as compared with *Time*, the *New York News*, and the commercial press generally. In fact, the reason we have newspapers at all, in the modern sense of the term, is because about one hundred years ago, in 1835 to be exact, a few newspaper publishers in New York City and in London discovered (1) that most human beings, if they could read at all, found it easier to read news than editorial opinion and

(2) that the common man would rather be entertained than edified. This, in its day, had the character and importance of a real discovery. It was like the discovery, made later in Hollywood, that gentlemen prefer blonds. At any rate, it is to the consistent application of the principle involved that the modern newspaper owes not merely its present character but its survival as a species. This was certainly true as long as survival involved an active competition for circulation. However, since the existing press has in so many places gained a monopoly both of news and of circulation, this situation no longer exists and, so far as this is true, the struggle for existence in the newspaper world has assumed a different character.

It has been said that newspapermen, like poets, are born, not made. This is a saying that, unlike most other examples of popular wisdom, is probably less than 50 per cent true. No doubt some men have a quicker news sense than others. However, what is known in the newsroom as a "nose for news" is not an original trait of human nature. On the contrary, it is usually a hard-won acquisition and one which is more likely to be learned on the job than in the classroom, even of a school of journalism.

What the reporter learns, finally, in the course of his newspaper experience, is the art of looking at events as evidences of things in progress, the full significance of which he does not seek to assess. Doubtless the whole truth in regard to any event includes a final and definite statement as to what ought to be done about it. Such a statement assumes, however, that we are in possession of all the pertinent facts. Besides, it seems to be in the very nature of a news report that it is not final and that the news announces events rather than interprets them. It is the function of the editorial writer, the historian, and the public to interpret the news. Once these authorities have spoken, even if they have merely given them the once-over, events cease to be news and become history.

A reporter, moreover, as he acquires a "nose for news," learns to look at events in a more or less impersonal way, seeing them as they are likely to look to his public and not as they would appear if interpreted from his own naïve point of view or that of any other normally egocentric individual.

Furthermore, there is not, as is sometimes assumed, one public, but many. In fact, every department of a newspaper, from the society column to the sporting page, has its own public, each with its own concept of what is news and its own definition of what is fact. It is interesting, also, that the publics that read the departmental news are invariably better informed and more critical in regard to what they read than the public which reads the first page. In any case, and that is the point I was coming to every newspaperman has to know his public and be able to present the facts without color and without comment, except such as is necessary to make them intelligible and readable to the public to which they are addressed.

Some of the first and the most difficult things that the cub reporter has to learn are that he must cut out the sob stuff and let the reader supply the moral to his story. It is the art of writing to tell a story in such a way as will permit the reader rather than the writer to have the appropriate emotions. It is the art of reporting to state the facts so that both parties to an issue will accept them as facts, though they may disagree as to the interpretation to be put upon them.

If, as frequently happens, different individuals draw different and even contradictory morals from the same story—well, that is what news is: something, as Charles A. Dana said, that makes people talk. It is certainly not something that leaves them purring.

The fact that a news story provoked violent approval and violent disapproval from different members of the same public at the same time is at least an evidence that the events were reported objectively. From the newspaper point of view objectivity can go no farther. Facts are, after all, only facts in a universe of discourse and, as I have suggested, every public has its own. This is, however, no more than an application of the general principle of relativity to mundane affairs and to the commonplace but no less important aspects of personal life.

I might, perhaps, add here as an aside that even the newspaper has its canons of objectivity. For example, newspapers require that every news item have a date and a location; they require also that persons mentioned appear under their true names. The reason for this is the same as the one which requires that the report of a scientific inquiry, in order to have scientific validity, must describe in detail the operations by which its findings were obtained. This is so in order that the facts may be checked up. True stories and life-histories, published anonymously or under assumed names, may be human documents but they are not news.

Not everything, of course, that is published in a newspaper is news. Some of it is advertising, some of it is editorial, and much of it is just reading matter, "next to advertising." The principal difficulty that students of the press have had in their occasional efforts to assess and compare the contents of newspapers has been the difficulty of achieving a clear distinction and description of the different types of materials which find their way into the pages of newspapers. As a matter of fact the commercial press has become, in the course of time, a purely secular affair—a kind of common carrier in fact—prepared to circulate anything—fiction, pictures, comic strips—that it pays to publish.

Obviously, the function of the editorial page and the news columns are very different. They are so different in fact that there is rarely anything like a complete understanding between the editorial offices and the newsroom. From the point of view of the editorial office news is interesting when it suggests a few bright remarks on things in general or serves as the theme for a leading editorial in support of the paper's policy or program—if it has one. From the point of view of the reporter and the newsroom every item is, or should be, reported on its individual merits in accordance with the degree of interest it is likely to awaken in the largest circle of readers, and without any reference to anybody's policy or to its ulterior consequences, either to individuals or the public.

The only policy the reporter is disposed to recognize is one which will compel every public man, if not every private citizen —as if every day were judgment day—to live and work in the light of a searching and pitiless publicity.

Once the reporter learns the game and likes it he hunts news with the same passionate and impersonal interest that a hound hunts a rabbit. The newspaper for him is not a profession. It imposes no responsibilities and offers no permanent or adequate rewards for the enterprise and devotion that it requires. It is, like art to the artist, less a career than a form of excitement and a way of life.

The thing that gives the task of the reporter the character of a game is the necessity of getting the facts—getting them quickly and completely. Time and place are the essence of news and this is precisely the difference—to use the language of the newsroom—between a news story and a fiction story.

Another way of stating the matter is this: news has to do with events in a real world and gets whatever importance it has from that fact. Fiction and art, generally, are symbolic in character and concerned with incidents in an ideal world beyond time and space. For that reason fiction and art have no importance in the sense in which that term applies to the news.

It is this notion of importance which seems, finally, to be the distinctive and the determining specification in the conception of news. Events, if they are to have for the reader the character of news, must be not merely interesting but important. Importance seems, however, to be a quality like hot and cold; that is, relative to time and space. In an empirical world there is nothing like absolute or timeless importance. What is news at one time is not news at another, because the events recorded have ceased to be interesting. History is often quite as interesting as news. But the events history records have ceased to be important because there is nothing one can do about them. On the other hand, when there is nothing to be done about the events recorded in the newspaper they have ceased to be news.

The reason newspapermen know news when they see it is that they know, by a kind of instinct, what is important at a given time and place in their world and to their public. To do this it is necessary that they be thoroughly oriented in the world whose affairs they report, but not to such an extent involved that they are not able to view events with the detachment of an intelligent spectator. As a matter of fact, newspapermen with no expert or professional interest in the matters they report acquire an extraordinary knowledge of what is or will be—once it is published—regarded as news for the general or special public for which they write. On the other hand, it is notorious that the laymen—professional men, businessmen, reformers, or even politicians—have very little notion of what the repercussions of newspaper items are likely to be after they have reached the general public.

It is because newspapermen have this special knowledge that there has grown up in the United States in the last seventy-five years a new profession—a profession which seems to have had its origin with P. T. Barnum and the "Greatest Show on Earth"—that, namely, of press agent or, as it has come to be called, public relations counsel. Every public man and every public institution, including the great universities, the departments of government, and the President of the United States, have their press agents: men who make a profession of knowing when and how to make statements to the public; of knowing also, how these statements will be received after they have been published. In the United States the press, the press agents, and the so-called pressure groups, operating largely through the press, have more or less superseded Congress in the forming of public opinion and, indirectly, in the making of laws.

Most of these experts in public relations are former newspapermen who have given up their careers as reporters of contemporary life and have become the privy counselors to the administrators and directors of our institutions, public and private. They are the wizards whose function it is to decipher, for the Belshazzars of our day, the portentous writings on our walls; that is to say, the stories of the day's events as recorded in the daily press.

Belshazzar's interest in the news of his day seems to have been wholly pragmatic. However, the day's doings, as recorded in the press, frequently have for the philosophical reader and for anyone who succeeds for the moment in freeing himself from pressing personal and practical concerns a wholly different sort of interest. One may, in an idle moment, read the newspaper with the same interest that one looks out the window at the moving throng in a crowded street. One may read the newspaper without reference to the importance of the news. Best examples of this sort of news are the quaint items which *Time* culls from the newspapers over the country and prints from time to time under the title "Miscellany." Following is an item from the issue of August 22, 1938:

UNDERFOOT

A 16-ft. statue of Washington carved by the late Sculptor Lorado Taft, which for 29 years had ignominiously squatted "in the mud" in Seattle, Wash., was upped to a 27-ft. pedestal near University of Washington's Henry Art Gallery. Found near Washington's feet were three undignified objects: a whiskey bottle cap, a punctured balloon, and a bemired note to "Dear Harry." The note: "Hiya, egg. . . . What have you been doing lately? Do you still go on those long walks like we used to? 'Bye, you snow bat.[2] Can you read this? If I thought you could I would call you a lot of names. Hisses to you. MICKEY."

This is an example of what may be called the "believe it or not" type of news. These items, which may have had a news interest for the readers of the papers in which they were originally printed,

2. Cocaine addict.

have no importance whatever in the context in which they appear in *Time*. They are matters of fact and are presumably part of the news. But one reads them merely because they are quaint or comic or because they reflect aspects of life that are relatively universal and timeless in the interest they have for us. They would be just as interesting if they were read in Aroostook, Maine, or in Walla Walla, Washington. Items like these are interesting not because there is anything to be done about them; not anything that is urgent enough at any rate to require a revision of one's plans or one's attitudes. On the contrary, they are merely suggestive and seem to project us out of the world of temporal and local affairs into the timeless world of ideas and fancies. They are interesting, but in somewhat the same way in which *Alice in Wonderland* or Walt Disney's screen fancies are interesting.

Other things turn up in the news, however, that cannot be classed either as anecdotes or as believe-it-or-not stories, but which, nevertheless, because of something that makes them significant and gives them a more or less universal and symbolic character, are destined to be remembered, repeated, and widely circulated irrespective of the time and place in which they occurred. Eventually they may find a place in the general body of ideas that survive outside their context in local history. They may turn up in that case in the form of folk tales, or after further transfiguration reappear as the themes of formal literature and art.

Sometimes writers like Ben Hecht, in his *1001 Afternoons in Chicago*, and Theodore Dreiser, in his *American Tragedy*, have known how to translate the sordid incidents of a police-court tragedy, without the intervention of time and distance, into the language and idiom of a self-conscious and sophisticated literature. Generally, however, the reports of these incidents have—like the popular ballads which preceded them—remained a kind of popular literature for the entertainment and instruction of the proletarian public of cities.

In the vernacular of the newspaper office these tragic episodes, like the anecdotes which are read merely for their own intrinsic interest and with relatively slight reference to the actual world of people and events in which they occurred, are "human interest stories." The lowest form of human interest story and the most popular is undoubtedly the believe-it-or-not story already referred to.

Every newspaperman knows what a human interest story is, though he may have some difficulty in defining it. It is what gives the news the character of a story that will be read for its own sake, even when the reader is not at all concerned with it as news. Human interest is the universal element in the news. It is what gives the news story its symbolic character. It is the ability to discover and interpret the human interest in the news that gives the reporter the character of a literary artist and the news story the character of literature. It is in the human interest story that the distinction between the news story and the fiction story tends to disappear.

The most notable instance of the tendency of a news story to assume the fictional form and of fiction to assume the character of a news report is, perhaps, Steinbeck's recent novel, *The Grapes of Wrath,* which someone has characterized as a "story that was likely to become the *Uncle Tom's Cabin* of the Share Cropper."

It is the practice of writing up and dramatizing the news which came into existence with the so-called Yellow Press that has transformed the newspaper in the United States and, to a less extent, in other countries, including Japan, from a more or less sober record of events into a form of popular literature. The transformation has taken place, to be sure, in different degrees in different newspapers. Publishers like the late Adolph Ochs of the *New York Times* have attempted to make their papers a chronicle of events so that they have something of the character of a historical record of our times. Other publishers, like William Randolph Hearst, have sought to make the newspaper a mere form of literature, using the news as a theme of romantic stories; stories like those recorded in the popular ballads; stories of love and of death.

These papers, each in accordance with its distinctive policy, have sought to document the news. The *New York Times* has, where it was possible, sought to print in full the speches and formal documents that a historian of politics might some day wish to refer to. Mr. Hearst, on the other hand, has gone out for human documents and, in doing so, has apparently been responsible for the new vogue of the so-called "true story" magazines. Thus, as the *Times* has sought to preserve data for history, Mr. Hearst's contributions have been in the field of literature and sociology.

The most recent use of the life-history or human document for the understanding and interpretation of human nature and society is a volume, *These Are Our Lives,* published under the auspices of the University of North Carolina.[3]

It is the human interest story or, better, perhaps, the human interest aspect of the news with which this study is mainly concerned. The importance of such an investigation for the student of society and of human nature is that it seems to open up to empirical investigation the whole matter of the role and influence, not merely of the newspaper, but of popular literature, in contemporary life. Hitherto it has been assumed that the influences of the press were merely in the field of public opinion and politics; but with the coming of the cinema and the popularity of true stories in newspapers and elsewhere, students have come to realize the more subtle and the more pervasive effects of popular literature and of popular art upon institutions and human relations generally.

---

3. *These Are Our Lives: As Told by the People and Written by Members of the Federal Writers' Project of the Works Progress Administration in North Carolina, Tennessee and Georgia* (Chapel Hill, N. C., 1939).

CHAPTER 10

NEWS AND THE POWER OF THE PRESS

THE power of the press is the influence that newspapers exercise in the formation of public opinion and in mobilizing the community for political action. It is obvious that the press has been everywhere an important instrument in the formulation of political policy and in various ways and at various stages has played an important role in the political process.

The political process, as here conceived, is the process by which a political society acts as in the case of war with an external enemy, but it includes, also, those internal and organic processes—legislative, administrative, and judicial—and the ferment and discussion that accompanies them by which new policies, new laws, and eventually new institutions come into existence. The political process may thus be said to begin with the rise of some sort of agitation or social unrest and to end finally with some modification of the mores after new laws have been enacted, interpreted, and enforced over considerable periods of time. It is in the form of the mores that new norms and new rights are incorporated into the ethos of the society to which they appertain.[1]

Reprinted by permission of the publisher from the *American Journal of Sociology*, XLVII (July, 1941), pp. 1-11.

1. "The Greeks applied the term "ethos" to the sum of the characteristic usages, ideas, standards, and codes by which a group was differentiated and individualized in character from other groups. "Ethics" were things which pertained to the ethos, and, therefore, the things which were the standard of right. The Romans used "mores" for customs in the broadest and richest

It is in this context and as an incident of the political process that public opinion functions. The opinion with which we are here concerned is not merely that which gets recorded on editorial pages, however. It is rather the opinion that emerges from the discussions of individuals attempting to formulate and rationalize their individual interpretations of the news, with or without the help of the editorial commentator. Public opinion, in this limited sense, is political opinion—the opinion that emerges when, in the presence of some emergency, some political action is in progress. It is rather opinion in process of making, before it has been capitalized and, so to speak, funded in the form of dogma, doctrine, or law. Public opinion, once it has been thus fixed and codified, is a stabilizing and conservative rather than an innovating force.

The role of the press in this situation is obviously not merely to orient the public in regard to the issues involved but to bring into existence a collective will and a political power which, as it mobilizes the community to act, tends to terminate discussion. It is this that constitutes the power of the press.

If now we inquire as to the ultimate sources of this power, they are obviously many and varied; but they may be reduced to the following:

1. *Grievances.*—Politicians have invariably known how to capitalize upon the recognized grievances, public and private, of the communities they serve. A public grievance is, in fact, from the point of view of practical politics, a political asset. I have known politicians to create a public scandal over the question whether candidate A or B was entitled to exploit, in his contest for office, a particularly promising public grievance. I might add that the obvious and outstanding case of a politician exploiting a grievance

---

sense of the word, including the notion that customs served welfare and had traditional and mystic sanction, so that they were properly authoritative and sacred. It is a very surprising fact that modern nations should have lost these words and the significant suggestions which inhere in them. The English language has no derivative noun from "mores" and no equivalent for it. The French *mœurs* is trivial compared with "mores." The German *Sitte* renders "mores" but very imperfectly. The modern peoples have made morals and morality a separate domain, by the side of religion, philosophy, and politics. In that sense morals is an impossible and unreal category. It has no existence and can have none. The word "moral" means what belongs or appertains to the mores. Therefore the category of morals can never be defined without reference to something outside of itself." William Graham Sumner, *Folkways* (New York: Ginn & Co., 1907), pp. 36-37.

to create political power is that of Herr Hitler and the German people. The grievances of the German people after World War I were undoubtedly intensified and embitterd by the failure of the famous "Fourteen Points" and the good intentions of an idealistic American president to achieve what these points seemed to promise. This disillusionment of the German people has contributed, directly and indirectly, to create in Germany a political solidarity and a political power such as the world has never before known. The sources of political power are relatively obvious, but the workings of the collective mind are still obscure.

2. *News.*—A news editor and staff that are keenly alive to the nature and source of existing grievances, since grievances make news, and news makes opinion.

3. *Editorial policy.*—An editorial policy and an editorial writer who is able to rationalize grievances and give them finally the character of a cause. The Negro in the United States is a case in point. The Negro is united by a long-standing grievance, and, as the political, if not also the cultural, life of the Negro people has come to be organized about this grievance, it has assumed the form of a cause. It is an important event in the life of a racial or national minority when it is able to identify its claims with a cause. In doing so it makes itself the protagonist of all other minorities who trace their grievances to the same source or are seeking on the basis of the same principle redress for the injuries they suffer or think they suffer.

Other minorities, such as the French Canadians, have made their grievance the source of a relatively stable political party, but these grievances have not assumed as yet the character of a cause on the basis of which French Canadians can or are disposed to appeal to the world outside the Dominion.

4. *Circulation.*—A newspaper, to make itself a source of political power, must circulate. In a stable and well-organized society, where political opinion is supported by parties that are disciplined and respond to leadership, a paper may exercise a considerable influence even when its circulation is limited to a political élite. But in a democracy where everyone reads, and particularly in a period of rapid change and revolution when political opinion and political power are in the making, it is news rather than the editorial that makes opinion.

This, in brief, is my thesis. What I shall have to say later is intended merely to elucidate and make explicit what is implicit in what has been said.

In the first place it is obvious now, after all that has been written about it in recent years, that public opinion is a more complicated thing than the analysts who have attempted to dissect and measure it have assumed. There is, for example, always an element of novelty and of news in all public opinion. Someone is attempting to do something about something, and the possibility that something may be done, even though it is generally recognized that something should be done, is disturbing to some sections of the social aggregate. There are always in every society and every situation vested interests which are likely to view with alarm any change of any sort. Something must be done, but what? The news which announces changes or merely indicates that changes are impending inevitably starts conversation, raises issues, making news and, incidentally, politics.

Another element in public opinion is public sentiment. Opinion may be merely academic, that is, it may be concerned mainly with the form or the accuracy of a statement rather than with its effects. But public opinion is never merely academic. It is always practical, always political, always relative to some specific action, and action that is immediate and pending. Thus public opinion is always more or less charged with sentiment. It is this fact that led President Lowell[2] of Harvard, in his treatise on *Public Opinion and Popular Government*, to call attention to the fact that public opinion has more than one dimension. It has not merely territorial extensity, but, like a thunderstorm or a mere change in the weather, it has direction and intensity.

This means, for one thing, that a minority or an individual that is convinced is likely to be more effective in determing political action than a majority which is merely interested or moved to

2. "One man who holds his belief tenaciously counts for as much as several men who hold their weakly, because he is more aggressive and thereby compels and overawes others into apparent agreement with him, or at least into silence and inaction. This is perhaps especially true of moral questions. It is not improbable that a large part of the accepted moral code is maintained by the earnestness of a minority, while more than half of the community is indifferent or unconvinced. In short, public opinion is not strictly the opinion of the numerical majority, and no form of its expression measures the mere majority, for individual views are always to some extent weighed as well as counted." A. Lawrence Lowell, *Public Opinion and Popular Government* (Longmans, Green & Co., 1913).

action by some passing incident or some moving orator; that is, aroused but not convinced. This is the reason political sects and so-called pressure groups have been able, particularly in times when party discipline has broken down and public opinion has been more or less apathetic, to exercise very great influence on legislation. On the other hand, when great constitutional issues have arisen—issues that have threatened the existence of the established social order or, as in the case of the Civil War, of the nation—the influence of the political sects and pressure groups, with their insistence upon local and minor issues, has declined. It is, generally speaking, when the public is preoccupied and public opinion is at a low ebb that reform legislation has been written on the statute-books. It is notorious that pressure groups seek to keep the measures they are promoting, as they sometimes put it, "out of politics" and even out of the news.

On the other hand, the power of the press, as here defined, has invariably reached the acme of its influence on political affairs in times of crisis, as in that of the Revolution in 1776 or in the Civil War. It was at such times that the great editors, men like Greeley, of the *New York Tribune,* and Raymond, of the *New York Times,* who knew how to interpret events in the light of the great issues involved, exercised a dominant influence on public opinion and public policy.

It has long been recognized, even if it were not obvious from the conditions under which it arises, that there can be no public opinion in which the masses of the people participate except in a free society. There can be no public opinion in regard to any political action unless the people who constitute the public know, in a general way at least, what is actually going on. There are, of course, always ways in which the people can, even under the strictest censorship, know indirectly what is happening, but, if that knowledge gets into circulation only in indirect ways or takes form only in legends and myths which spring up and gain wide circulation in the absence of more direct and more accurate knowledge, then there can be nothing that corresponds to public opinion as we know it. For public opinion, as it functions ordinarily in a free society, is the product of discussion. In turn, discussion arises from the differing interpretations which different individuals, different political parties and groups give to events. But this again assumes the existence in any public of a general understanding and a community of interest among all parties sufficient to make discussion possible.

Whenever in any political society the diversity of interests and points of view from which the news is interpreted becomes so great that discussion is no longer possible, then there is no longer any public opinion, at least no effective public opinion. In that case nothing but force, in some form or other, is capable of maintaining sufficient order to permit, if not the normal, at least the necessary, social processes to go on. Under such circumstances it is vain to speak of freedom of speech or of the role of public opinion. In our modern world, where public opinion plays, or seems to play, so large a role in the settlement of disputes and controversies not otherwise justifiable, we have nowhere, it seems, achieved a rule of reason. Everywhere we must compromise or fight, and such government and law as we have are always backed finally by force. In fact one must recognize, it seems to me, that the most elementary form of political action is war, and discussion, when it takes place, is merely a substitute or surrogate for war. In fact, the elections by which in modern democratic states the sovereign power is transferred from one class or one party to another are merely a more or less complete substitute for civil war. That is the reason elections and transfers of political power are so frequently accompanied by civil war or by revolution, as, for example, in Mexico and some of the other less politically mature states in South America and elsewhere.

It is the reason why in a free society like our own we tolerate strikes and other limited forms of violence for the settlement of disputes in which the government and the general public do not want to intervene—except as arbitrators. It is in this sense that we must interpret Walter Bagehot's conception of an "Age of Discussion" which was to supersede, as it has in fact in most European states, civil and dynastic wars as a means not only of determining the succession in the governing body but of settling disputes of every sort. An age of discussion is an age of parliamentary government—a form of government which is at present, it is true, somewhat in abeyance in many parts of the world.

It is in this sense that Sumner's statement about rights—the right of free speech, for example, and other rights essential to a democracy such as ours—should be understood. After discussing what he calls the "dogma of rights," rights which are everywhere regarded as the opposite of force, Sumner says: "Might has made all the right which ever has existed or exists now," and he adds finally: "If we recognize the great extent to which force now enters into all which happens in society, we shall cease to be shocked to learn the extent to which it has been active in the entire history of civilization."[3] This is not, as it may seem, a statement that might everywhere makes right but rather a statement that rights exist only in a political society, that is, a society that is capable of enforcing them.[4]

It may seem a far cry from public opinion to the "rights of man." As conceived here, however, both are products of the same political process or processes. Public opinion is the form which the collective will takes when it is in process of formation. Rights are public opinion in one of its ultimate forms, after it has been incorporated into the mores.

If observations of this sort do not seem to throw much light on the power of the press, they do suggest the context in which one must look for light on public opinion and the press, as far as either of them can be profitably investigated, within the framework of a systematic science.

I have already indicated that the role of the editorial page in the political process, though intimately related to that of the news, is not identical with it. The editorial and the news are related not merely by the fact that they are published in the same paper, because sometimes they are not, but because the editorials are designed to supplement the news.

As a matter of fact, the editorial and the news have had historically different origins and, except where both were written by the same hands, they have always remained more or less independent of one another. The newspaper originated in the so-called newsletters, not unlike those letters some of us are now receiving from England—letters written by correspondents in the old country to friends or relatives in this country, giving them intimate and

3. *Op. cit.*, pp. 65-66.

4. "Strictly speaking, in a society organized on a familial basis, no one has rights, but all have duties. In such a society every member has certain recognized claims on every other, but these claims are enforced by custom rather than by force or formal law. In China, for example, human relations are regulated less by law, in the occidental sense, than by the principle of *li*." Leonard S. Shu, *The Political Philosophy of Confucius* (London: Routledge, 1932).

firsthand accounts of what has been going on at the centers where history is being made. Such was the origin of the newspaper. It was, first of all, merely a letter circulated to the members of a family or to a wider circle of friends. Later on those who could afford it, and particularly those engaged in foreign trade, hired correspondents to write to them regularly.

The editorial, on the other hand, had its origin in the letters to the editor, in which men interested in political matters sought to express their opinion in regard to debatable measures proposed or undertaken by the government. Usually the writers were in opposition. The publisher, in such cases, was usually an impecunious printer, like John Peter Zenker, whose prosecution and acquittal in 1735 or thereabouts for publishing one such letter established in this country the principle that the truth of a published statement is a sufficient defense in a suit for libel. In spite of all the agitation for free speech in that country, that principle is not yet recognized, I believe, in England.

The function of the editorial writer and of the editorial page is obviously to interpret the news, to tell us what it means, and what we should do about it. We never know what events mean until we know how to act in response to them, and, if we are to act effectively, we must act consistently. The extent to which the editorial page contributes to consistent political action is related to the editor's ability to interpret events in accordance with some rational principle. It is only in this way that events become intelligible in any but the most elementary sense of that term. In the turmoil of political democracy, where government is carried on amidst the confusion of many conflicting voices, it is often difficult to steer a straight course. Success in doing so, however, is the difference between drift and mastery.

There is a rule of law which declares that it is more important that the law should be consistent than that it should be just. The same may be true of an editorial policy in some sense and in some degree. From time to time, however, courts and editors reverse themselves. When the editors flop, it is likely to be disconcerting to the paper's readers and sometimes disastrous to the publisher. As long, however, as the editorial page and the editorial policy are able to maintain contact with events as recorded in the news, the editor can exercise a very considerable influence on the movement of public opinion.

On the other hand, as soon as the editorial interpretation of the news assumes, as it always tends to, a doctrinaire character, so that we know that whatever happens the editorial page, like a cuckoo clock, will merely repeat the familiar note, the influence of the editorial page declines. It does not, of course, cease, but its influence is merely that of an oft-repeated political dogma and not the sort of influence we attribute to mobile public opinion, changing in response to events in an actual world.

In contrast with editorial writers, the news editor and his reporters are in a very different case. They are under no necessity of making one day's news consistent with that of the preceding day. For the news editor and his reporters every morning brings a new day, and the best that can happen is something that one did not yesterday expect.

At an earlier period in the history of the newspaper, when the news columns were subordinate to the editorial page, if something occurred that was not in accord with the policy of the paper, the editor might, as a matter of public policy, suppress it. In the modern newspaper, however, when the news covers almost every aspect of life and the news columns quite overshadow the editorial in importance, the news editor and the reporter have achieved an independence they never before enjoyed, and newspapers, as Charles S. Dana, puts it, print almost anything that God will let happen.

It is not that the news editor, as distinguished from the editorial writer, has no policy. On the contrary, he has. It is a policy, however, that is not determined by political considerations but rather by what in his estimation is news. The answer to that question may be different for every one of the different departments of the paper, including the first page, which is not a department at all, since it is addressed to the widest possible circle and the least-sophisticated.

One consequence of the expansion of the newspaper's conception of news has been to increase greatly the number of persons who read newspapers or read anything. But of this larger circle of readers, relatively few now read the editorial page.

The editorial column exists obviously for the intellectuals. The news, however, is for the great mass of mankind, and the public opinion formed on the basis of the news represents the interpretation of events which each individual makes for himself in accordance with his individual interests, prejudices, and predilections, qualified by the interpretation which other individuals with whom he has discussed the matter have made of the same events.

It is obvious that news, as it is interpreted differently by different individuals, tends to disperse attention and take discussion out of the realm of abstract and general ideas and bring it within the limits of the comprehension and the universe of discourse of the common man.

So far as this is true at all, the effect of news on public opinion is just the opposite of that of the editorial, which seeks to focus attention on a principle or program for political action. As a matter of fact, news tends to disintegrate political principles, doctrines, and dogmas that have been necessarily formulated out of the experience of an earlier time. In a society that is organized in such a way that every locality, every community, every profession, and every craft have their intellectual leaders, the opinions of editors will be mediated and eventually will be felt. But in times like the present, when great and rapid changes are taking place, it is difficult for editorial programs and political policies to keep pace with events. In such periods it is the interpretation which the great mass of the readers finally agrees to put upon events that makes public opinion. In fact it seems to me that I have noticed a good deal of distress among the newspaper columnists, particularly in recent months, in their efforts to be consistent and at the same time keep up with the news.

It is this public opinion that emerges from the responses of the great mass of newspaper readers that the Gallup and other polls of public opinion seek to measure. It is this moving and fluctuating public opinion of which Lippmann was thinking when he published his notable essay on *Liberty and the News*. The point of that essay was that only as far as the sources of news are not fouled by propaganda is it possible for a people to preserve the liberties guaranteed them by the existence of a democratic society. Lippmann states it in more impressive language than I am capable of. He says:

> Just as the most poisonous form of disorder is the mob incited from high places, the most immoral act the immorality of a government, so the most destructive form of untruth is sophistry and propaganda by those whose profession it is to report the news. The news columns are common carriers. When those who control them arrogate to themselves the right to determine by their own consciences what shall be reported and for what purpose, democracy is unworkable. Public opin-

ion is blockaded. For when a people can no longer confidently repair "to the best fountains for their information," then, anyone's guess and anyone's rumor, each man's hope and each man's whim becomes the basis of government.[5]

This impresses me not merely as an accurate statement of the function of the news but likewise as a just statement of its importance in what I have described as the political process. It is, however, just as true that there is and there can be no such thing as news, in so far as concerns politics, except in a community in which there is a body of tradition and common understanding in terms of which events are ordinarily interpreted. This, however, involves considerations which Mr. Lippmann, in all that he has written about public opinion, has not yet adequately discussed. He seems nearer to it, perhaps, in his volume, *A Preface to Morals*, than in anything else he has written.

5. Walter Lippmann, *Liberty and the News* (New York: Harcourt, Brace & Howe, 1920), pp. 10-11.

CHAPTER II

MORALE AND THE NEWS

I. PROPAGANDA

SINCE war has invaded the realm of the spirit, morale has assumed a new importance in both war and peace. Total war is now an enterprise so colossal that belligerent nations find it necessary not only to mobilize all their resources, material and moral, but to make present peace little more than a preparation for future war. Under these conditions so-called psychic warfare, which can be carried on in the between states of actual belligerency, has assumed an importance and achieved a technical efficiency which, if it has not changed the essential nature of war, has profoundly altered the character of peace, making it much harder to bear.

The object of attack in psychic warfare is morale, and less that of the men in arms than of the civil population back of the lines. For the "strategy of terror" is directed rather more at noncombatants and against those who must wait and endure than against those who have some way of striking back.[1] Incidentally, this is one way in which total warfare, in so far as it is a war of nerves, fails to achieve its ends. It fails because it gives everyone something to do; something also which, since it involves participation, if only

---

Reprinted by permission of the publisher from the *American Journal of Sociology*, XLVII:3 (November, 1941), pp. 360-77.

1. Edmond Taylor, *Strategy of Terror* (Boston: Houghton Mifflin Co., 1940).

symbolically, in a great collective enterprise, is at once a source of inspiration and release. It tends thus finally to increase the solidarity and improve the morale not only of the civil population but of the army as well. It seems at any rate to have done this and more in England, where it has, apparently, created a national spirit and a national solidarity such as has not existed there since the date of the Spanish Armada.

The will to join with others in collective action is one of the elementary motives that move mankind. The consciousness and the excitement of participation in great events constitutes one of the most exhilarating and satisfying of human experiences. In the reverberation which such participation invariably arouses in other minds the action of every individual participant acquires a new dignity and a new glory as well as an added moral support.

It is in and through these vast collective enterprises—wars, revolutions or social movements, like the labor movement—that new institutions come into existence and old ones are sometimes rejuvenated. No one seems to have understood this better than José Ortega y Gasset, the author of *Invertebrate Spain*. No one, at the time that this volume was published in 1937, had more reason to understand it, for these essays are devoted to an analysis of the processes by which the integration and the disintegration of the Spanish empire and the Spanish national unity came about. What he says about Spain is peculiarly pertinent today to conditions in the rest of the world and to the subject of this paper. The first of these essays is entitled "How To Make and Break a Nation."

"It is not yesterday, tradition, the past," he says, "which is the decisive, the determining force in a nation. Nations are made and go on living by having a program for the future." It is neither important nor necessary to unity and solidarity, he adds, "that the component parts of a society coincide in their ideas and their desires; the important, the essential thing is that each should know and to a certain extent incorporate into his own life the ideas and the desires of the others."[2]

There is probably no other social process, no form of interaction, by which the individual components of a society are so effectively or so completely integrated, if not fused, as they are

2. José Ortega y Gasset, *Invertebrate Spain* (New York: Norton, 1937), pp. 19-45.

by participation in some form of collective action. In fact, as it is conceived by some writers, society exists and is "in being," to use a nautical term, only when it is capable of concerted and consistent action.[3]

The so-called "we" group is typically the group that acts. Particularly is this true if one includes under this term every form of society in which ethnocentrism or group self-consciousness ordinarily manifests itself. It is true that a crowd or a mob does not think of itself as "we"; not at least until it comes in contact and in conflict with some other crowd or mob. In the latter case it presently assumes the character of a gang, gives itself a name, and perhaps assumes some vague sort of exclusive possession over the territory which is its peculiar habitat. This is characteristic of some of the lower animals—birds in particular. If I venture to mention this very lowly type of society in this connection, it is to emphasize the fact that not only armies and nations have need of some sort of morale but every other type of social group as well which must act effectively in order to survive in conflict with other societies.

The arts and devices by which a morale of a people can be raised and a national spirit revived if not created, as well as the methods by which national solidarity of an enemy people can be undermined and eventually destroyed, have been convincingly demonstrated in the recent history of Europe and are abundantly illustrated in the current news. There is, in the firsthand reports of observers and participants of the present conflict in Europe, material for a more realistic political science, such as has been historically attributed to Machiavelli but has been more recently and more systematically exemplified in the writings of the Italian sociologist, Pareto. For such a realistic political science, firsthand accounts of political events like William Shirer's *Berlin Diary* are a kind of source book. His account of one of the earlier Nuremberg "pep-meetings" of the Nazi party is a contribution not merely to history but to sociology. "Pep-meeting" is not the right word for the Nuremberg ceremonies. Something less secular and more suggestive of a religious revival would better describe it. Here is an excerpt from that diary under the date of Nuremberg, September 5, 1934.

---

3. J. A. Thomson, "Animal Sociology," *Encyclopaedia Britannica* (14th ed.), I, 971.

I'm beginning to comprehend, I think, some of the reasons for Hitler's astounding success. Borrowing a chapter from the Roman church, he is restoring pageantry and colour and mysticism to the drab lives of twentieth-century Germans. This morning's opening meeting in the Luitpold Hall on the outskirts of Nuremberg was more than a gorgeous show; it also had something of the mysticism and religious fervour of an Easter or Christmas Mass in a great Gothic cathedral. The hall was a sea of brightly coloured flags. Even Hitler's arrival was made dramatic. The band stopped playing. There was a hush over the thirty thousand people packed in the hall. Then the band struck up the *Badenweiler March*, a very catchy tune, and used only, I'm told, when Hitler makes his big entries. Hitler appeared in the back of the auditorium, and followed by his aides, Goring, Goebbels, Hess, Himmler, and the others, he strode slowly down the long centre aisle while thirty thousand hands were raised in salute. It is a ritual, the old-timers say, which is always followed. Then an immense symphony orchestra played Beethoven's *Egmont Overture*. Great Klieg lights played on the stage, where Hitler sat surrounded by a hundred party officials and officers of the army and navy. Behind them the "blood flag," the one carried down the streets of Munich in the ill-fated Putsch. Behind this, four or five hundred S.A. standards. When the music was over, Rudolf Hess, Hitler's closest confidant, rose and slowly read the names of the Nazi "martyrs"—brown-shirts who had been killed in the struggle for power—a roll-call of the dead, and the thirty thousand seemed very moved.

In such an atmosphere no wonder, then, that every word dropped by Hitler seemed like an inspired Word from on high. Man's—or at least the German's—critical faculty is swept away at such moments, and every lie pronounced is accepted as high truth itself.

The arts and devices of spiritual warfare are many and various and more subtle no doubt than any analysis has thus far disclosed. But one of the weapons of psychic warfare, both of offense and of defense, is propaganda.[4] Harold Lasswell, who has made propaganda the subject of an extended investigation and who writes more shrewdly about the subject than most others with whose writings I am familiar, has sought to distinguish between education and propaganda. His distinction is based on the difference between two elements or two aspects of culture which he describes as "technique" and "value." He says: "The inculcation of traditional value attitudes is generally called education, while the term propaganda is

4. See Kimball Young and R. D. Lawrence, *Bibliography on Censorship and Propaganda* ("University of Oregon Journalism Series," No. 1 [Eugene, Ore.: University of Oregon, 1928]).

reserved for the spreading of the subversive, debatable or merely novel attitudes."[5]

The distinction is substantially that between news and propaganda or, better still, between news and editorial. The editorial page seeks to inculcate not merely attitudes but opinions; and editorial opinions may be either "subversive, debatable, or merely novel," and are, for most newspaper readers in the United States, since they do not read them, neither one nor the other.

The difference between news and editorial is one thing that every newspaperman knows, when he needs to, even if he is not always able to formulate a definition that makes the distinction clear for all cases. The essence, or intrinsic quality, of news is hard to come at, but news is not propaganda, and it is not editorial. In a general way one may say that news states the fact, editorial, the truth. The facts may call for reflection, for deliberation, and sometimes for more facts. The truth, however, has the character of finality. Having it, i.e., having the whole truth, one stops investigation, ceases to reflect, and is either silent like a plant or acts like a human being. Propaganda is likely to be a little more imperative than the ordinary editorial. Since it seeks action, it aims to dispel doubt and it pretends sometimes to the finality of truth even if it is only a half-truth or a downright lie.

News may be and often is, when the facts are such as to serve the purpose of the propagandist, the best kind of propaganda, but news and facts are always capable of more than one interpretation, and that would be fatal—reflection is always fatal—to propaganda.

It is because events are capable of more than one interpretation that we discuss them. It is out of these discussions that public opinion emerges. Discussions not only make public opinion, they sometimes make war. But as far as my observation goes, they rarely ever make peace. That does not seem to be their function. When discussion is carried on in the orderly, academic fashion, which Socrates first introduced and philosophers have kept up ever since, it is called dialectic. The function of dialectic, if it also can be regarded as a social process, seems to be to test opinion. One tests opinions by finding out if they are consistent in their different expressions. The outcome of discussion is usually to lay bare the submerged hypothe-

---

5. Harold D. Lasswell, "Propaganda," *Encyclopedia of the Social Sciences*, XII (New York, 1934), 522.

ses, not to say submerged complexes, on which divergent opinions are based. This sometimes leads to an agreement, but it sometimes reveals differences so profound and so charged with emotion and sentiment that further discussion appears unprofitable, if not impossible. When that happens to individuals there seems to be no way of carrying on the controversy except by fighting. When it happens to nations, as it has happened recently in the case of England and Germany, it leads to war.

From this point of view war, whether physical or psychic, presents itself as an instance of the dialectic process. When a discussion ceases to be academic, when it takes finally the form of an armed conflict, it does not cease, to use the language of a recent writer, to be a "battle of minds where ideas, ideologies, propaganda, and emotions clash in ordered ranks, disciplined like soldiers."[6] In this battle of minds and wills, in which the purpose of each belligerent is to maintain, and if possible enhance, its own morale and at the same time undermine and weaken that of the enemy, propaganda, whether it seeks merely to interpret events or to indoctrinate and defend the assumptions and the ideology in accordance with which events are interpreted, is a principal weapon of offense and defense.

II. MORALE

There seems to be some uncertainty as to just what morale is and where it is located. Is it in the individual or in the group or in both? Whether its locus is in the group or in the individual, there is no doubt of its importance. It counts much in the battle but how much? No one knows precisely. It is one of those imponderables with which one must reckon but which one cannot weigh.

Morale in an army is a "will to fight"; in the civil population it is the ability to endure hardships at home and bad news from the front. This will to fight and to endure seems to be a compound of several other imponderable components: courage, confidence, and the Christian virtues faith, hope, and charity, provided by "charity" one means understanding—the kind of understanding one expects to find in small fighting units or in a well-organized family. It is the understanding that is the basis of *esprit de corps*. The charity which notoriously begins at home does not include the enemy, and charity in the abstract is not a qualification of a fighting man.

---

6 Taylor, *op. cit.*, p. 1.

Morale, though it is dependent upon the qualities we call virtues, is not to be identified with morals or with mores. Morals are habits, and, like conscience, are rooted in tradition. When they encounter new conditions they are likely to be confused and involved in conflict, compromise, and casuistry. This is the case of the conscientious objector. Morale, on the other hand, is prospective; it rests on such discipline and solidarity as anywhere exists, but its outlook is forward. It is will, the tendencies of the organism to act, organized about a faith in the future rather than about an interest in or a pious concern for the past. Morale, whether in war or in peace, is will; the will to act and to persevere in a course of acting until the hopes which inspired it have been realized. While we ordinarily limit the term "morale" to action, we also apply it to situations in which activity is routine and does not seem to be either controlled or directed.

When President Roosevelt addressed the American people on March 12, 1933, most of the banks in the United States were closed, and most of the people in the United States were in a state of panic. In the course of his remarks he said: "After all, there is an element in the readjustment of our financial system more important than currency, more important than gold, and that is the confidence of the people." The effect of this address has been described as magical. Bronislaw Malinowski, whose studies among the Trobriand Islanders has made him an authority on the subject of magic, would say, I suspect, that the President's speech was magic. The effects brought about by words and symbols, as I understand him, are the essence of magic.[7] One of the functions of the magician in primitive society, he tells us, is to restore morale when fear in the presence of some unforeseen or unprecedented event, like the recent invasion from Mars as reported by Orson Welles, has shaken it.[8]

This seems to demonstrate again, what has often been demonstrated before, that words and symbols which create and maintain the morale of an army are equally necessary to maintain the morale of a civil society. It seems, therefore, that we must recognize morale as a factor in all our collective enterprises. It is a factor in the operation of the stock exchange, quite as much as it is in the activities of the Communist party.

---

7. *Argonauts of the Western Pacific* (London, 1932).

8. See Hadley Cantril, *The Invasion from Mars* (Princeton, N. J.: Princeton University Press, 1940).

It is interesting to note that upon the same date that President Roosevelt made his historic radio address to the people of the United States the press announced the triumph of the Nazi party, or perhaps one might better say of the Nazi sect, in the elections in Prussia. Commenting on this election, the *New York Times* correspondent said: "Through the election history of the National Socialists and the Nationalists, Germany for the first time since the days of the Old Empire, has been unified." Incidentally, some two hundred persons were killed in the course of the campaign, but the New York correspondent believed at this time that "violence was spent."[9]

Morale has not only its spiritual but its physical, more specifically its physiological, aspect. From the point of view of physiology, and perhaps of sociology, morale seems to be the ability of an individual or of a society to maintain tension over a period of time; to carry on an action or an enterprise to completion. The action, with interruptions, may continue, it seems, indefinitely as is the case of one who acts consistently to achieve a career or to carry out a project to which he has devoted a lifetime. What tension, in its most elementary phase, involves, one may gather from watching a cat waiting for a mouse, or any predatory animal stalking its prey.

Early in the present century sociological speculation and research were given a new orientation mainly by the writings of two men: Scipio Sighele in Italy and Gustav le Bon in France. Le Bon, whose little treatise on *The Crowd* (*La Foule*) has done much to popularize the new point of view, discovered that, under certain specific conditions, a casual gathering of individuals, drawn together by no common purpose and having apparently no common interests, could, and if the necessary conditions were present would, in response to what he called "the mental unity of crowds" be suddenly, not to say miraculously, transformed, becoming, as he expressed it, no longer an agglomeration of individuals but "a single being."

All this, as he states it, sounds portentous. What he is describing, however, is a familiar experience. It is the fact that a crowd, when excited, becomes a mob and becomes, what a mere agglomeration could not, a very effective agency for carrying on very elementary

9. F. T. Birchell, *New York Times,* March 12, 1933.

forms of collective action—a lynching, for example. One may observe much the same phenomenon in a herd of cattle or a flock of sheep. Mary Austin, in her little volume entitled *The Flock*, has described the way in which, under the influence of some distress or sudden terror, a flock of sheep will sometimes mill about in an ever narrowing circle "until they perish by suffocation."[10]

What happens under such circumstances is what happens in a crowd when the attention of every individual is, by chance, focussed upon some more than usually exciting object or incident. By a psychological process, not unlike the milling of the flock or herd, the interest and the excitement of every individual is intensified by the response each unconsciously makes to the manifest interest of every other individual. The crowd assumes under these circumstances the character of a closed circuit, each individual responding to his own excitement as he sees it reflected in the attitudes and emotions of his neighbor. The effect of this circular reaction is to produce steady reinstatement of the original stimulus as well as a corresponding increase in the suggestibility, excitement, and tension in every individual until the crowd is a collective unit, psychologically integrated and completely mobilized for whatever action is expected or by chance suggests itself. In any case the impending action, if it takes place at all, will be sudden, impetuous, and, unless manipulated by some outsider, quite unpremeditated and unplanned.

Since its actions are unpremeditated, unplanned, and without perspective, one would probably not, in the sense in which that term is usually used, speak of morale in the crowd. When, however, an action as projected and planned requires not merely readiness to act but the will to act consistently amid all the accidents, incidents, and changes of fortunes of a long campaign, morale acquires the meaning we give it when we speak, as we do so frequently nowadays, of morale in the army and morale in the civilian population. Nevertheless, in the broader sense in which that term is sometimes employed, as when one refers to the prevailing state of mind in France before and since the German conquest, one may, it seems, speak of the morale of any society or of any group in which some sort of concert is maintained by some sort of communication. In such a society there will be changes in tension in response to changes in

10. Mary Austin, *The Flock*, quoted in Park and Burgess, *Introduction to the Science of Sociology* (2d ed.; Chicago: University of Chicago Press, 1924), pp. 881-82.

life-conditions; changes in orientation in response to events as they occur. In human society there are always fashions. As fashions come in and go out, social tensions rise and fall, and society, which inevitably faces in the direction from which the news comes, alters its attitude to its world in response to these changes reported in the press.

One of the most pervasive forms in which tension and will manifest themselves in individuals and in society is in moods. Every occasion, be it a funeral or a wedding, has its characteristic atmosphere. Every gathering, even if it is no more than a crowd on the street, is dominated by some sentiment. One is more likely to notice this mood, perhaps, when one cannot share it. In that case, whether it be a sad or a happy occasion, one is repelled and inevitably seeks more congenial company.

I was constantly impressed, in reading William Shirer's *Berlin Diary,* with the fact that he seemed to note every change in the spiritual weather in a world that was for him every day a little less congenial than the day before. This moral atmosphere seems to be a very faithful index as well as a condition of morale in a civil community—even in a smaller community like that of the diplomatic circle in a foreign country. At any rate it has been a constant concern of Hitler and of his propaganda bureau to preserve in Germany an atmosphere in the civilian population that would support the morale of the army in the field and the program of the government at home. It is this that gives significance to the Nuremberg ceremonies that Shirer describes. It is obviously the purpose of all the ceremony and the ritual associated with the Nazi movement to create an atmosphere, a tension, and an expectancy which, in focusing attention upon the things hoped for, will effectively inhibit any consideration that runs counter to these hopes.

To maintain this atmosphere and protect the German population from the "poison," as Goebbels called it, of foreign propaganda has been the purpose of the censorship. To interpret and mediate the effect of such reports of events as reached them are the functions of the propaganda bureau.

It is obvious that the impulse, the will to act, expresses itself in characteristically different ways in different types of societies; different, that is to say, in the crowd, in the gang, in the political party, and in the sect. In fact, it may express itself in all these different ways in the successive phases of the evolution of a collective action. This collective impulse assumes in the course of its evolution most of the characteristics of a mind—that is, of a collective mind. Thus, Mary Austin speaks of the "flock mind," Le Bon describes the idiosyncrasies of the "crowd mind." We are familiar with the phrase "public mind." The question as to where this so-called mind or will is located, whether it is a phase or an aspect, like class consciousness, of the individual consciousness or has some sort of independent existence, seems to lose most of its importance if we mean by "collective mind" no more than the unity and intimate interdependence which makes it possible for individuals to act concertedly and consistently. The capacity to act collectively is apparently created by that interpenetration of mind involved in communication.

In the gang or other intimate group, where association is based on familiar and personal relation, morale takes the form of *esprit de corps*. In a political party which is a conflict or discussion group it is represented by a policy, supported by a formal principle of some sort. In a religious sect morale is supported by the authority of a creed or by dogmas which cannot be questioned. It seems that the Nazi party, in the course of its history, has passed through all the phases represented by the four types of society I have mentioned. Its first appearance was in a *Putsch* or coup d'état that was carried out by a group almost as little organized as a mob. From that point it fought its way up in a kind of gang warfare with the communists. It became later a political party and as such gained a new status when its supporters gained representation in the Reichstag. Meanwhile it had taken on, at least in the case of its leaders, the character of a more or less fanatical political, if not religious, sect. It now includes among its spiritual possessions not only a ritual and a creed but, in the volume *Mein Kampf*, a Bible. Finally, it has in Hitler its prophet, if not its God. As a political sect it has attempted to suppress every form of dissent with all the fervor and fanatical vigor of a newborn religion. Under its direction the German people are now apparently engaged in a holy war to reorganize the social life of the planet in all its fundamental aspects—economic, political, and religious.

If this statement is a little too summary to do justice to the historical facts, it at least suggests what morale can be under a totalitarian government such as exists today in Germany and what it cannot be in a more secular society like our own.

III. NEWS

The distinction between activity and action, as I conceive it, is that action has perspective, has a beginning and an end, and, in the process of transition from the first impulse in which it has its origin to its final consumation in a final overt act, it is likely to encounter events that sometimes make that consummation precarious. Action, in short, is activity that is controlled and directed. That is the reason, when and if action is prolonged and difficult, it requires, to insure success, "will" in the individual and, in the group, morale. These actions and their perspectives give the dimensions of the world in which, one might say, life actually goes on, as distinguished from the academic world where not life but thought, a preparation for action, goes on.

Each and all of us live in a world of which we are the center, and the dimensions of this world are defined by the direction and the distances from which the news comes to us. For news is not something new merely, it is something important; and it comes to us with an urgency that requires action, even if no more than a change of attitude or the reaffirmation of an opinion.

All this is of no importance except in so far as it suggests the relativity of worlds in which men are actively alive and for whose orderly existence they are in some way personally responsible. What comes to us in the way of a record of events from elsewhere, that is, outside of or on the outer limits of our world, is mainly myth, legend, or literature; something that is perhaps intrinsically interesting but not so immediately important that something needs to be done about it. It is because the world in which we live is like this that we discover it visibly expanding about us as the perspective of our practical interests and actions lengthen.

How profoundly these perspectives have been changed during the process of the present war! Suddenly, after the fall of France, it seemed as if the planet had grown smaller and our world larger. The isolationists among us are those who for various reasons not wholly articulate, I suspect, are unwilling or unable to accept this change. It is in a realm defined by the circulation of news rather than by the world with which we are in immediate contact that all our great collective enterprises—war, revolution, and national government—are carried on.

The task of organizing, or energizing, and, above all, of animating with a common will and a common purpose vast armies and whole people is an incredibly complicated but, with modern means of communication, not impossible task. At any rate, the German government, with the assistance of the censorship and the propaganda bureau, seems, as far as is humanly possible, to have succeeded, from time to time, in imbuing its armies and, to a less extent, its civil population with something of the unanimity of Le Bon's psychological crowd. This has helped to maintain the morale of the nation in the successive crises through which it has passed.

The German army, one hears, has been greatly democratized in the course of its rejuvenation. There has come into existence a comradeship between the officers and men that did not exist in the Prussian army before the National-Socialist revolution. This has created in the army, and particularly in the navy, an *esprit de corps* that did not exist during the first World War.

German political technicians, with the aid of German scholars in the several social sciences, history, anthropology, and the new German science, *Geopolitik*, have developed, as their contribution to the national morale, a political philosophy which is designed to justify the German people's claim to the position of the dominant race in Europe. They have at the same time formulated a political program which promises, if successful, to make this claim good. Since Europe has held, perhaps still holds, a dominant position in the modern world, German domination of Europe would imply domination of the world.

Finally, Herr Hitler and his associates seem to have inspired the army, if not the people, with an invincible faith in their mission and destiny—a faith such as would ordinarily exist only in a religious sect. Hitler and his junto have sought to support that faith by ritual, by myth, and, above all, by ceremonies that revive from time to time the atmosphere and the mood of exaltation in which it was originally conceived. This faith in their mission and destiny has been transmitted to Germans abroad, living in what one might describe as the Diaspora of this latest of the "Chosen People." From that source other peoples, who, according to Nazi doctrines, can never hope to be identified with the master-race have nevertheless been infected by its doctrine.

Morale and discipline, as Hermann Rauschning, the author of *Revolution of Nihilism,* says, is now a religion in Germany and has achieved in that nation an unprecedented high level of intensity and effectiveness. It has nevertheless been created and sustained by essentially the same means as social solidarity and discipline have been created and maintained wherever men have been associated to form societies and to act collectively.

A nation includes within its wide embrace all ordinary forms of association with which we are familiar, i.e., local, familial, economic, political, religious, and racial. It is the problem of national morale to co-ordinate these groups so that they co-operate rather than clash. In the language of the Nazi party's political technicians, it is the problem of *Gleichschaltung.* It has been achieved by co-ordinating, subordinating, and eventually fusing every local and minor loyalty into a totalitarian loyalty to the national state. Where that has not been actually achieved, as in the case of the Lutherans and Catholics, it has nevertheless been attempted. There is already considerable literature, psychological and pedagogical, which shows what was attempted and what has been achieved in the army, the schools, and the press.[11]

The relation of news to morale is not so obvious as is that of the other page of the newspaper, the editorial. News comes to us and to the newspaper we read from every part of the world in which we and its other readers are interested. It comes ordinarily, provided it is not written up so that our interest in it is symbolic and literary rather than factual, in the form of disconnected items. Newspapermen have discovered that, other things being equal, news items are read in inverse ratio to their length. The national weekly newspapers like *Time* and *Newsweek* have discovered that they can give a new news interest to these items (1) by classifying them and (2) by digging up so-called background materials which enable us to see them in their relation to other events widely dispersed in time and space. To put a news item in a setting of historical or otherwise related facts gives it a character which is sometimes historical and sometimes sociological. Such an item becomes history in so far as it finds a place in the historical sequence. It becomes sociological in so far as, when

---

11. See *German Psychological Warfare: Survey and Bibliography* (New York: Committee for National Morale, 1940).

classified, it throws light upon social process irrespective of the place or time in which the process takes place.

As here described, news has no influence upon political action or morale. Its tendency is to disperse and distract attention and thus decrease rather than increase tension. The ordinary function of news is to keep individuals and societies oriented and in touch with their world and with reality by minor adjustments. It is not its function ordinarily to initiate secular social movements which, when they move too rapidly, bring about catastrophic consequences. On the other hand, when some important or disturbing event occurs that "makes the front page" and captures the headlines, it may also capture and hold attention for days and weeks, like the story of the abduction of the Lindbergh baby and the subsequent trial and execution of the alleged abductor.

The story of such an event or series of events is not an item, it is a "story"—a continued story, in fact; one that may grow more absorbing as each day and each issue of the press brings forth some new development. In this way it may become so absorbing as to dwarf interest in every other lesser incident in local or current history. As a story it becomes more enthralling just because it is published in instalments which give opportunity for readers to reflect, speculate, or brood over the significance of each successive instalment. Under the circumstances readers of the news interpret these incidents and all the details in terms of memories of their own experiences and of similar tragic episodes with which they are familiar. In this way the news ceases to be mere news and acquires the significance of literature, but of realistic literature like the "true stories" of the popular magazines and of the earlier ballads that preceded them in the history of the newspaper.[12] What fixes and holds the interest of the reader tends to disorient him; tends to possess him.

It is the same with wars in which we seem to see history in the making; wars in which the fate of nations and of civilization is involved. It is when attention is focused on these events which are not items but chapters from the current history that we who are spectators eventually get sympathetically involved. Under these circumstances it is inevitable that we should, in accordance with

---

12. Helen Hughes, *The Human Interest Story* (Chicago: University of Chicago Press, 1940).

the differences of our personal experiences and our personal prejudices, interpret events and history differently. It is inevitable that we should take sides, since discussion tends to emphasize and bring out differences as well as obscure, temporarily at least, more fundamental points of view upon which we are united. This is unfortunate, perhaps, for national morale requires above everything else that in a crisis we should act as a nation and be united as a people.

Public opinion is therefore not a good index of morale because, being the fruit of discussion, it intensifies differences. Public opinion is on the surface of things and does not reflect the attitudes and points of view on which the community is united. The very existence of public opinion is itself evidence that we are not at the moment as one in regard to what as a nation or a people we should do. However, as things get discussed and drop out of discussion, the direction which public opinion takes in the course of time indicates the direction in which collective will, in the process of formation, is taking. This is what the Gallup polls show.

Public discussion of public policy during periods of crisis, when discussion tends to become embittered, invariably brings to the surface not only divergent points of view but the memories and original experiences upon which these interpretations of events are based. One has but to read the exasperated and often outrageous views expressed in letters to the editor to recognize that these letters are the reflections of personal frustrations and of deep emotional experiences whose sources are often so obscure that it would require the skill of a psychoanalyst to discover them. But in so far as freedom of discussion gets to the source of this emotional violence and so brings it into the open, discussion to that extent contributes something indirectly to the national morale. These controversial letters serve as a purge to the minds of those who wrote them and give comfort to those who would like to have written them if they could.

In a recent copy of the *Detroit Free Press* I ran across a very clever and not ill-natured indictment of Harold Ickes. He was described as the kind of a man who writes exasperating and exasperated letters to the editor. Well, probably Harold Ickes is that kind of a man, but he has been a great comfort to me and I am sure to others. He exaggerates, to be sure, as an exasperated man will; but he says things that someone should say, and I am certain through my own experience that he is improving the morale of the country.

I recall what he has said about Lindbergh, whom I admire. I wish I could hear him on Senator Gerald Nye. I suppose he has at some time landed on the senator from North Dakota, but if so I have missed it.

Getting this stuff off our chest is, as I have suggested, good for the country. It improves morale, and, besides that, one can be certain that no one who comes out with the bitterness that is in him is going to be a fifth columnist. These letters to the press are not public opinion, however. They are merely personal opinions. If they could be accompanied by a confession "sudden, complete, and bitter" which would reveal the context in which they were formed, they would throw a great light on the sources of discontent which make it difficult in a country like ours, composed of people who have come to us from the ends of the earth, to unite wholeheartedly, except in a great national emergency, on an all-out totalitarian policy, such as a great national emergency requires that we should.

I said at the outset of this paper that war tended to assume the character of a dialectical process in which ideas rather than force play the leading role. As events make the issues as originally conceived and stated obsolete, belligerents find it necessary from time to time to redefine their aims and discover more fundamental and more reasonable grounds to justify the course they have chosen to pursue. In the long run, particularly if conflict is prolonged, it becomes necessary not merely to satisfy the questions which reflection has raised at home but to justify the aims and conduct of the war to the public abroad which may not be wholly committed to either side. In this case war ceases to have the character of an international *coup d'état,* aiming by means of a *Blitzkrieg* to present the world with a *fait accompli,* and becomes more and more a war of ideas and ideologies. Such wars inevitably come to have the character of revolutions. They end in that case by bringing about not merely changes in material possessions but in institutions and the fundamental conceptions of life. It is, in fact, why in so far as they do this that war can be said to function in the historical process.

Under these circumstances, morale supported by a principle of reason ceases to be a matter of either hope or fear and becomes a morale force. In the long run it is these morale forces that determine the issues for which wars are carried on.

CHAPTER 12

PUBLIC OPINION AND SOCIAL SERVICE

WE have learned, during the present world war, a great deal about a great many things, and among others, that it pays to advertise. Advertising has made it possible to sell government bonds to the people direct, instead of through the banks as middlemen. But in selling bonds to the people we have, at the same time, to speak in the technical language of the advertising man, "sold" the United States. In advertising the Liberty Loan the government has advertised its purposes in this war. People who subscribe to the United States war bonds subscribe at the same time to the aims of the United States, to the principles upon which these aims are founded, and to the methods of the government in carrying them into effect. In order to sell Liberty bonds to 17,000,000 individuals in the United States it has been necessary to convince the great mass of the people that this is a just war, and to invite their co-operation in carrying it on. The advertising campaign which marketed the Liberty Loan has done as much as any other one thing, perhaps, to make the cause of the United States and its Allies the cause of the American people. It has paid the United States to advertise.

It is a good thing that public institutions have to go directly to the public, now and then, for funds. It is now pretty generally recognized that one of the most effective ways of keeping a public

Reprinted by permission of the publisher from *Proceedings of the National Conference of Social Work*, 1918.

institution alive and vigorous is the need of getting and keeping the interest and the co-operation of the people who support it. To do this it must advertise. To use again the language of the advertising man it must sell its services to the public. A campaign for funds in this way becomes not merely a method of raising money, but a means of public education. At its best, advertising is always a form of pedagogy, and the social agency's most effective appeal, as William H. Allen has pointed out, is one that is conceived and carried out as a more or less disinterested form of public education.

There is another consideration. A government or an institution that advertises, and advertises effectively, is likely to be a democratic institution, and a democratic government. Under the new democracy, which is just now emerging from the wreck of our existing party and parliamentary government, a public institution, which is any institution supported by the public, will no longer expect to take money from the community, either in the form of gifts or taxes except upon condition that it can make the people of the community intelligent and responsible participators in its enterprises and its tasks. Under the City Manager plan of municipal government, where each department is expected to justify itself directly to the people, it has seemed to me that success was likely to depend finally upon the use which the government was able to make of the stereopticon and the moving picture.

A few years ago a friend of mine, who himself writes advertising, related an anecdote which has lingered in my memory. It was at the time when the manufacturers of breakfast foods and the southern and western fruit growers were teaching the American people to make their breakfasts of fruits and cereals (a ration appropriate to urban and sedentary people) rather than the traditional ham and eggs of our rural ancestors. A couple of advertising men were working together upon an advertisement of a breakfast cereal. "I wonder," said one of these men to the other, "I wonder if people eat this stuff because they like it, or simply because we make 'em do it."

The inference seems to be that we, who in our daily lives are so constantly exposed to the hypnotic influences of the advertising man, are no longer free agents. My own impression is, however, that just at present we are liable to overestimate the influence of publicity. Writers on the psychology of advertising, social workers and idealists, exaggerate, it seems to me, the extent to which the public has been and can be manipulated by the press, agitation, and other forms of advertising. Practical advertising men do not have quite so romantic a conception of their profession. They do not conceive of the advertising writer either as a sophist or a wizard. They would, perhaps, admit that clearness of statement, with sufficient emphasis and sufficient repetition, might sell anything once. On the other hand there is a maxim which is older than any special psychology on the subject, to the effect that it does not pay to advertise something that the public does not want.

THE MAGNETIC ATTITUDE

It sometimes seems to me that the social agencies have formulated their publicity policies under the impression that they are trying to sell the public something that the public does not want. In spite of this we speak hopefully of social advertising, on the general principle, perhaps, that advertising can somehow do the impossible. Let me illustrate by a quotation from a recent pamphlet on *Publicity* and the *Financing of Social Agencies:*

> We are called at this time, while war is raging and ravishing, to keep alive and active the finer feelings and vital concern of every man and woman of intelligence and means in our midst toward their lowlier neighbors, who toil sore and yet cannot buy; toward the babes who languish because they need but cannot get doctors, nurses and life-giving sustenance; toward the sick who suffer on beds of pain in our hospitals and sanitaria; toward the friendless girl who is tripping along lightly toward destruction; toward the fatherless and the widows who know not where to lay their heads.

This is not what an advertising man would call a good "selling talk." It is not expansive and cheering. It suggests that the social agencies are on the defensive. It puts too much emphasis on the distressing situation, and not enough upon a program of action. Let me add, by way of parenthesis, that "selling," as the advertising man uses the word, is not necessarily a commercial term. I sell you when I have convinced you, not intellectually and tentatively, but permanently and, so to speak, habitudinally. What the advertising man seeks to establish in the man he sells is not an opinion, nor an idea, but a habit. The appeal which touches the receptive heart but does not lure the active and constructive mind does not "sell" anything; it establishes no habits. In the end we learn to resign ourselves to pain and distress, particularly if the pain is not in us but in our neighbor. This is but an application to advertising of the school teacher's maxim that we learn by doing.

I do not wish to seem too subtle in my criticisms of social advertising, but it seems to me I notice a disposition among the social agencies to regard the war as an inconvenience rather than an opportunity. It is no doubt a hardship to be compelled to complete for funds with all the suddenly inprovised organizations which are attempting to do war work. It is not good advertising policy, however, to advertise that fact. It stirs subtle, silent conflicts in the public mind and this inhibits the full, free flow of the tide of public sentiment upon which all advertising projects must eventually float, if they succeed. In the last analysis, all our advertising is a matter not, as our psychologists of advertising seem to believe—a matter of the individual, but the public mind.

Besides, war work is everything that contributes to national efficiency and the measure of social efficiency is the extent to which rational methods have been applied to the problems of poverty, crime and disease. At a time when the whole nation is aroused, as it has never been before, to the necessity for wider and wiser control of the common interests of the community; when the whole world has been stirred to a sort of passion for international right and social justice it should be less difficult rather than more to gain recognition and support for the work of the social agencies.

It seems to me social agencies are disposed to direct their appeals too exclusively to the so-called finer and hence feebler instincts. But these finer sentiments are too exclusively the luxury of a leisure class. A wisely directed publicity campaign should seek to take social service more completely out of the ideal and show its intimate connection with the plain, practical interests of our daily life. Social workers understand better than most people how intimately crime, poverty and disease are connected with so practical a thing as unemployment. We are all beginning to understand how easily every other value represented by civilization is destroyed when people lose, as they can most easily do, the slowly acquired habits of persistent labor. One way to interest the public in the work of the social agencies is to state social problems in definite terms of profit and loss to the community.

FINANCIAL SUPPORT VERSUS CO-OPERATION AS BASIS OF APPEAL

The criticisms upon social advertising which are here suggested amount, in general, to this: For purposes of successful publicity, social agencies are still too much inclined to hold to the earlier, individualistic, other worldly, and, if I may use the word in this connection, evangelical tradition. There is too much emphasis upon individual need and not enough on social utility; too much stress is put upon sentiment and not enough on action. Appeals are directed too exclusively to getting financial contribution, rather than intelligent co-operation.

In fact, it seems to me that social science and social practice generally, in spite of the progress of recent years, is too exclusively concerned with effects rather than causes. It is still too concerned in its task to be relief, rather than prevention and cure.

If the social agencies have not always conceived their problems in a way to gain the full co-operation of the community; neither have they stated their case so as to most effectively capture and hold the interest of the public. This is due in part to historical causes. The social agencies came into existence in order to direct and control, under the complex and artificial conditions of urban life, the natural impulses of neighborly and community co-operation; impulses, which, in smaller and more primitive communities, functioned automatically. In doing this, however, they have, as in the case of the organized charities, come between the giver and the need, the individual and his problem.

The social agencies are not alone in this respect. In politics, religion, art and sport, we are represented now by proxies where formerly we participated in person. All the forms of communal and cultural activity in which we all formerly shared have been taken over by professionals and the great mass of men are no longer actors, but spectators. Just as the average man, under the influence of professional politicians, has been relegated to the role of a mere taxpayer, so he has been reduced by the social agencies to the position of a mere contributor.

It is pretty generally accepted that a large part of the restlessness, the thirst for novelty and excitement, so characteristic of modern life, is due in part to the fact that we have been deprived, under the artificial conditions of city life, of most of the natural outlets for the expression of our interests and our energies. So far as this is true the solution of the problems, not merely of the social agencies, but of the church, the theatre, politics and the saloon—all the agencies that are now competing for our spare time—is some method by which the individual can regain a sense of personal participation in the institutional life about him. To achieve this is to achieve democracy. For in the last analysis we mean by democracy participation, practically and imaginatively, in the common life of the community.

We have learned something during the present war about social advertising. We have also learned something about press bureaus. It is an interesting fact that England started the war with censorship—a censorship so severe that, for a time, it seemed to Englishmen as if almost any one knew more about the movements of the English army than the English people. America, on the other hand, declared war and established forthwith, not a censorship, but a press bureau. The American press bureau is called at present, *The Committee on Public Information.* The Committee on Public Information is, however, performing the functions of a press burea and George Creel, who is at the head of it, is the press agent of the United States.

The press bureau has become during this war a weapon, quite as important as any other, for both offensive and defensive warfare. The vital part of an army, as of a community, is its morale and morale may be weakened or sustained by a well directed press bureau. It has occurred to me, that the time has arrived when the social agencies should have a press bureau. In fact, they already have one in the *Survey* magazine. But it should be locally as well as nationally, organized, and its activities should be extended.

What could a press bureau do for the social agencies and for the community?

The first thing that a press bureau should do for the social agencies is to mobilize and organize them. It could do this by establishing between them a community of purpose and a morale that does not now exist. Morale means will, and community morale means community will, and this is something more than esprit de corps, or mere formal organization.

The second thing which such a bureau should do is to make news—social news. The world is in a process of reorganization. The problem of making the world safe for democracy involves making democracy safe for the world. The problems of the twentieth century, both scientific and practical, are predominantly social and political. The social agencies are accumulating in the course of their daily work, the experience and the knowledge which must form the basis for any scientific solution of these problems. The social agencies are every day experimenting with the principles of a slowly growing science of social life. The social agencies, moreover, give us most of our social legislation. To make this legislation effective, it must have the support of the community. One way to educate community is through the press.

REQUIRING AND USING A FUND OF INFORMATION

Hitherto, newspaper publicity, as far as the social agencies are concerned, has consisted largely of hard luck stories. We have approached the public, like the traditional beggar, with a piteous gesture. Novelty and human interest, we have assumed, were the only qualities in a piece of news that captured the public attention and got space in a newspaper.

The fact is, however, that the human interest story, which was the *chef-d'oeuvre* of the *yellow journal*, is losing its standing in the newspaper world. The re-write man, who has been accustomed to give the literary touch to these romantic incidents of daily life, has written himself out. The stories have been told so often that they are now quite conventionalized and cease to interest. The newspapers are going in at present for social service. They are introducing departments that are intended to be educational, like Dr. Evans' articles, widely syndicated, upon health. The *Chicago Tribune* has established under the title of *The Friend of the People*, a bureau of information upon municipal matters. It has become very largely a complaint bureau. It is making itself a substitute for the aldermen who has hitherto functioned locally chiefly as a friend at court in the relation between the individual citizen and the city government. Furthermore, the *Christian Science Monitor* has now demonstrated that there is an increasing number of people who are rather more interested in social welfare and social politics than in those half-fact and half-fiction stories which still so largely fill the columns of the daily newspapers. All this suggests that we may, perhaps, look forward to a time when the work of the social agencies will occupy as much space in the daily papers as Wall street and the sporting column.

There are two difficulties. The social agencies do not advertise, as perhaps they should do. Departmental news, like that of the churches, of books and of the theatres, gets into the papers most easily when it finds a place next to a special kind of advertising; book notices next to book advertising, theatre notices next to theatre advertising, etc. For it should be remembered that the modern newspaper is a commercial institution, made to get circulation. The second difficulty is that most of the information which the social agencies are able to furnish is likely to be based on case studies and is therefore personal and private, and confidential. Case studies do not ordinarily make news, but local studies will.

There is an increasing number of interesting and important local studies going on in various parts of the country. Some of these have been made by social agencies. Others have been made by universities. Some of the most important have been made by the telephone companies and other commercial bodies. The *Chicago Tribune*, for example, spent something like thirty thousand dollars in constructing a rent map of Chicago, for advertising purposes. If some agency could be established to collect and fund this information it would become a valuable source of social news as rapidly and as often as it could be employed to interpret local events. Such information spread abroad through the press would tend to foster a widespread and intelligent interest in social problems and, incidentally, in the work of social agencies.

One of the values of social surveys, where they have been conducted on a scale broad enough to enlist the interest of the whole community, consists in the fund of news about the local community which they produce. Information of this kind may well find a place in courses in community civics which are now popular in the public schools. In this way the schools will serve to lay the basis for a more intelligent understanding of the facts of community life. The social survey, when it becomes, as it has in Cleveland, a permanent institution, may and does perform the service not merely of a permanent bureau of social research, but of a bureau of publicity, as I have conceived it, for the social agencies.

Since this was written my attention has been called to an interesting fact, namely: while most of the funds which support social welfare enterprises are provided by representatives of the capitalist class, many social workers are socialists. This, it has been suggested, is one reason why the appeal of the social agency is so frequently based on superficial and sentimental grounds. The social worker and social benefactor cannot get into the same universe of discourse and cannot therefore talk about fundamental problems. On the other hand the "class-conscious" social worker does not always realize that most of the fundamental reforms which his knowledge of conditions compels him to favor can be perfectly justified on intelligible grounds of national efficiency which is, or should be, a common interest of both capitalist and laborer.

CHAPTER 13

IMMIGRANT COMMUNITY AND IMMIGRANT PRESS

SOME years ago an enterprising Chicago newspaper man wrote a series of articles describing the different foreign language communities in Chicago under the title of "Round the World in Forty Blocks." One of the strange, interesting and significant features of American life is its foreign language communities. During a peaceful invasion covering a period of a hundred years nearly every language group in the civilized world has established colonies in this country; little centers of population struggling to maintain, in the midst of an alien culture, traditions and a language of their own. When there are in an American city as many Jews as there are Danes in Denmark, and in that same city more Italians than there are Italians in Rome we have indeed "something new in history."

It happens that for the past five or six years I have been "seeing" this America. I have been seeing it mainly through the contents of the foreign language press. The distribution of this press is significant, since it locates with considerable accuracy the principal immigrant settlements in the United States, and makes it possible to outline "cultural areas" in which the influences of certain immigrant groups have been more pronounced than elsewhere.

Every foreign language group tends to make some one city its racial capital: New York, for instance is the Jewish, as Chicago is

Reprinted by permission of the publisher from *American Review*, III (March-April, 1925), pp. 143-52.

the Polish capital of America. These two cities contain, the first, the largest Jewish, and the second, the largest Polish, populations. But they are besides the seats of the most important newspapers and other racial institutions. They are cultural centers of the language groups they most largely represent.

The character and contents of the papers published in these areas are an index, likewise, to the characteristic interests, ambitions and social attitudes of the people who read them. In this way it is possible, not merely to define different immigrant areas, but to sketch in a rough way, their moral, psychological and political complexions.

Outside New York and Chicago, where most of the larger immigrant colonies are located, the immigrant populations, as marked by the location of their journals, fall into three or four large groups.

The Middle West group, represented by the Germans and Scandinavians, stretches a German arm down into the Southwest as far as Central Texas, and a Scandinavian arm up into Minnesota and the Northwest. This group includes also the Bohemian farmers of Wisconsin and Iowa, and small groups of Hollanders and such minor population groups as the Belgian-Flemish and the Welsh. If it were possible to characterize this Middle Western group with a word, one might designate them, with reference to their attitude as immigrants, as *settlers*. By the settlers we mean those immigrants who came here to settle on the land and in doing so more completely broke their connection with the home country than do those who came here to earn money to buy land at home as is the case with most later immigrants.

A second group might include the Spanish-Mexicans who have crossed the border from Mexico in the South, and the French-Canadians, who have come down from the Province of Quebec on the North. These people, when they do not represent early settlement made before the United States took over the territory they now occupy (as is the case in New Mexico), came into the country originally as season laborers. Every year, however, the stream of immigration across the border has moved deeper into the country. Every time the tide flowed back it left behind a certain number of permanent settlers, but the population deltas thus formed are still firmly anchored by ties of sentiment and tradition to the home country.

This is partly because there are no natural barriers between the

United States and the mother countries, and partly because the differences in culture are so wide that the immigrants have remained culturally isolated. These peoples, with reference to their attitude toward American life, might be designated as *colonists*.

A third division of immigrant peoples that can be locally defined, is that represented mainly by the Italian and Slavic populations. The full list would include: Bulgarians, Croatians, Finns, Hungarians, Italians, Lithuanians, Poles, Roumanians, Russians, Serbs, Slovaks, Slovanians, Ukrainians. These are the people who compose, or did compose before the War, that great drifting body of laborers, which formerly moved back and forth across the Atlantic in response to the changing demands of American industry. These are the men who do the rough work in the mines and make up a large part of the factory populations in our industrial cities. These people have left their own country, but they have not quite settled in this. We may characterize them as the migrant, as distinguished from the immigrant peoples. They are the *migrant industrials*.

Finally there are the minor nationalities, who live for the most part in the larger cities, and engage either in trade or in the lighter secondary industries. They include those mobile, adventurous and trading peoples who are farthest removed from participation in the political and social life of the country. These are the peoples from the Near East: Armenians, Assyrians, Greeks, Persians, Syrians (Arabic), and Turks. With these we may include some of the very recent immigrants, the Albanians and a comparatively small group of Letts, and also the Orientals on the Western Coast: the Chinese, Filipinos, Hindus, and Japanese. All these we may classify as exotics, because for various reasons they are, or seem to be, more completely isolated and removed from contact and participation in American life than any other immigrant peoples.

Some groups do not belong completely to any one of these classifications. The sea-roving Portuguese from the Cape Verde Islands have established small colonies and newspapers on both the Eastern and the Western coasts. The fact that they cling to the coast shows how tentative their occupation is, and from the point of view of participation in American life, they should be classed with the exotics. Yet, industrially, they belong with the migrant industrials.

The Jewish immigrants, who might be classed with any one of

the different categories, can actually be classed with none. The Jew, to be sure, has a predilection for trade and is by tradition a city-dweller. But the Jew, just because he has no native country, in the sense that the Norwegian is native to Norway, when he changes his nationality does so whole heartedly. He brings his family and all his household and tribal gods with him. Nevertheless there are no people, with the exception of the Chinese and Japanese, who bring to this country a more distinctive culture than the Jews, or who have been better able to adapt their culture to America and still preserve it against the disintegrating effects of the American environment. Not that the Jews have actually succeeded in this. Under the first rude impact of American life the old structure of Jewish life, is, to be sure, crumbling. But out of the ruins of the older cultural life a new, richer, freer, cultural life has sprung up.

The Jews are the only immigrant group who have created in this country a literature in a foreign tongue that can be compared with that of the home country. This is to be considered in connection with the fact that the Jew is probably more at home in America than he was or is in any other part of the world. He is more at home in New York than he is in Jerusalem. The fact that Jews have created in New York an art and a literature that is genuinely expressive of Jewish life is the best evidence that this is true.

These outlines of the characteristic types of settlement of immigrants in the United States offer a first rough sketch of America as it would look if we were able to see it from the point of view of the immigrants themselves. If we look a little closer at the inner life of any one of these foreign language settlements the picture becomes still more interesting and informing.

In order to understand the intimate life of one of these little foreign communities we must know just how these settlements came into existence and the motives that sustained them after they were established. The fever of immigration, as has long been recognized, is highly contagious. When it strikes a peasant village, it infects the whole community and continues to rage until all who can have emigrated. In this country a new community is thus established which is virtually a colony of the village and eventually of the province in the old country from which the immigrants originally came.

The United States is chequered with little settlements, each composed almost entirely of people from a single village or province abroad. We know more about the German colonies than any others because the histories of their settlements have been written. Immigrants from the Rhine Valley, from Oldenburg, Westphalia, Rhenish, Prussia, and Rhine-Hessen, settled at Bastrop, Texas; Westphalia, Michigan; Roxburg, Middleton and Berry, Wisconsin; and at Little Rock, Arkansas. Wurtemburgers settled at Ann Arbor, Michigan; and Saxons settled at Osnabruck, Mississippi. Germans from Alsace-Lorraine settled in Lorain and Erie counties, Ohio.

Some of these colonies had special interests. Bethlehem, Pennsylvania, and Nazareth, Goshen and Canaan, which are just across the border in Ohio, are types of the early religious colonies of the Moravians, Dunkards, and Amish. Montgomery and Gasconade Counties in Mississippi, New Braunfels and Fredericksburg in Texas, and Germania in Wisconsin, mark the three attempts to found a German state in America. The Femme Osage river settlement of Mississippi, and Belleville in Illinois, got their stamp from the number of upper-class and educated people who settled there, among whom were most of the political refugees of 1848. They were known as the "Latin Settlements."

The Jews and Italians have settled in the Lower East and West sides of Manhattan Island, New York City, in precisely the same way that the Scandinavians and Germans settled the rural districts of the Middle West. The Jewish Quarter, below Houston Street is, or was originally, a congeries of little settlements, each represented by a synagogue bearing the name of the foreign village from which its members came. Every Italian immigrant, and this is particularly true of the Southern Italians, comes from a village in Italy to a colony of that village in New York or some other city.

The difference in the situation of the immigrant people who settled mostly in the cities and those who settled in rural communities is that the colonies of the former have been literally crushed together in congested areas; while the latter have been dispersed and isolated in small agricultural communities scattered over two-thirds of the United States.

This accounts for a great many of the differences which students have noted between the earlier and later generations of immigrants. The earlier immigrants were what we have called settlers. They came to stay and for the most part they settled on the land.

This was not true of the Irish. They settled in the cities. The later immigrant have followed the example of the Irish.

Now, the first effect of city life is to destroy the provincialism of the immigrant, and to intensify his sense of racial and national solidarity. This explains why the Jewish people, although they use three distinct foreign languages, German, Yiddish and Ladino, have attained in the United States a degree of solidarity and community organization more efficient than they have attained anywhere else since the Dispersion.

What is true of the Jews is likewise true, though in a less degree, of the other urban peoples. Italian immigrants, from all the provinces, with their historical and dialectic differences, brought together in our great cities, have developed a national feeling and sense of solidarity that did not exist in Italy. The national Italian society, which figures so largely in the Italian press on patriotic occasions, turns out on analysis to be composed of smaller units which every little colony forms among its members as soon as it is established in this country. These societies are in their turn merely formal organizations of the spontaneous neighborliness of the Italian village.

This effect of city life is visible in the urban press, where both news columns and editorials create and maintain an active interest in the politics, national and international, of the home country. The larger metropolitan papers, with their wide circulation, are bound to address themselves neither to Bavarians nor to Westphalians, nor to Saxons, but to Germans; not to Genoese, Neapolitans, Abuzzesi, or Girgentesi, but simply to Italians. In this way, residence in our cities has broken down the local and provincial loyalties, with which the immigrants arrived, and substituted a less intense but wider national loyalty in its place.

The tendency of rural life is naturally in the opposite direction. It emphasizes local differences, preserves the memories of the immigrants and fosters a sentimental interest in the local home community. The German provincial press in America idealizes a German provincial life that no longer exists except in the memories of the editors and readers of these papers.

It is an interesting fact that as a first step in Americanization the immigrant does not become in the least American He simply ceases to be a provincial foreigner. Wurtemburgers and Westphalians become in America first of all Germans; Sicilians and Neapolitans become Italians and Jews become Zionists. This interesting fact of human nature was very early recognized by the leaders of the patriotic and nationalist movements abroad. In a letter written in 1879 to the Gazeta Polska of Chicago, Agaton Giller, a former member of the Polish national government of 1863, makes this statement:

> Every Polish peasant, from whatever Polish province he comes, even from one of those which, like upper Silesia or East Prussia, have been for a long time separated from the national body, when transferred to a strange soil among foreigners, develops a Polish sentiment and a consciousness of his national character. This phenomenon is incomprehensible for those who saw the peasant at home without a consciousness of national duties. And yet it is quite natural. National consciousness originates in him spontaneously in a foreign country in consequence of the feeling of the striking difference between his speech, his customs, his conceptions, from those of the people who surround him. . . .
>
> If, after the formation of a conception and sentiment of nationality in him, there is some one capable of explaining to him the meaning of this national character and of making him understand the duties resulting from this character, then this plain man, formerly ignorant and passive for the national cause, will become an individual consciously and actively serving the idea which rests upon nationality. . . .
>
> When the mass of Poles in America is morally and nationally raised by the fact of being unified and is economically prosperous—which should be also one of the tasks of the organization—it will render great services to Poland, even by the mere fact of representing the Polish name well in America. These services can gradually become very considerable, when the Poles begin to exercise an influence upon the public life of the United States, when they spread among Americans adequate conceptions about the Polish cause and information about the history, literature, and art of our nation, when finally they become intermediaries between Poland and the powerful Republic so as to foster sympathy with our efforts for liberation and develop it into an enthusiasm which will express itself in action.

The ambition of the immigrant to gain recognition in the American community, "to represent" the national name "well in America," as Agaton Giller says, is one of the first characteristic manifestations of national consciousness and it is because he has been unable to get recognition in America as an individual that he seeks it as a member of a nationality.

One reason immigrants live in a colony is that they cannot get out, and one reason they establish nationalist societies which seek among other things "to represent the old country well" in this country is that in this way they can participate in American life.

If the immigrant chooses to remain a hyphenated American, it is, frequently, because only through an organization of his own language group can he get status and recognition in the larger American world outside. As a leader in an immigrant community he and the community are enabled to participate in American life in ways which they could not as individuals, unacquainted as they are, with the language and with the customs of the country. The following statement from a paper by Eugene S. Bagger, in regard to Hungarian Intellectuals and Leaders, will illustrate this point:

> The characteristic note of the corporate life of Hungarian-American intellectuals is one of utter hopelessness, born of the consciousness of isolation, both from the main currents of American and of old-country life, and of the realization of the doom hanging over the American-Hungarian community. This is the paradox of the immigrant colony—that it is constantly losing its best element, which manifests its superiority just by being able to detach itself and to merge into the larger American life. . . . There are new "movements" every now and then to "organize" American Hungariandom ("*amerikai magyarsag*," a collective term like Deutschtum). The conscious or avowed purposes of these movements are mere attempts at organized graft, and undoubtedly there is an element among the "leaders" which is trying to exploit these campaigns for personal gain. Nevertheless, it is plain that there is some moral purpose behind them—factors ranging from personal vanity and craving for prestige to a genuine, though vague, yearning for spiritual achievement. Hungarian-American intellectuals are obsessed by a peculiar megalomania centering about the "mission" and greatness of "Hungarian-Americandom." Nobody ever tried to define what this mission is, but it is constantly spoken of. This megalomania seems to be the converted expression of a manifold inferiority complex—the resultant, perhaps, of the following complexes: (1) The "oppressed race" complex. Magyar chauvinism is just the result of a feeling of inferiority as compared to Austria, of playing the second fiddle within the monarchy, of the fear of being classed by Europeans as a Balkan race. (2) The inferiority complex of the immigrant, the "hunky." (3) The individual inferiority complexes of men who have proved failures at home.[1]

Sometimes the motives of the nationalist leader are less patriotic, nationalistically, than commercial. A Report of the U. S. Immigration Commission on Immigrant banks, referring to the frequent

1. Park and Miller: *Old World Traits Transplanted*, pp. 105-6.

coalition between immigrant bankers and immigrant newspaper cites the following case:

> The most serious charge that is brought against such a coalition of bankers and newspapers is that by constant appeal to the prejudice and patriotism of the immigrant his Americanization is not only retarded but deliberately combated, in order that he may be held as a source of income to those whom he trusts. An instance in point is the case of a certain Slovak banker, an ex-student of theology, who operates a large, handsomely furnished establishment, with two branch houses. This banker is a national and religious leader among his people, having organized and headed a national Slovak society in this country. He issues a daily, a weekly, a humanistic monthly, a yearly almanac, and from time to time, other publications. Although he has renounced allegiance to Hungary, severed all political ties with that country, and become an American citizen, he does not advise his Slovak countrymen to do the same, but instead preaches in all his publications a militant and enthusiastic "Pan-Slovakism." So long as the Slovaks remain Slovaks and can be filled with Slovak patriotism and enthusiasm by such agitation, just so long will they remain a source of profit to the banker. Prior to the recent industrial depression this man was accustomed to transmit abroad, on behalf of his patrons, from $2,000,000 to $2,500,000 annually and to sell 6,000 steamship tickets per year.

Nationalist societies avowedly aim to "preserve" the immigrant for the mother country. Other immigrant institutions without announcing their purposes, seek to retard the assimilation of the immigrant. But it is doubtful whether even the nationalist societies do not on the whole promote Americanization rather than retard it. The nationalist newspapers do not want their readers to become Americans, but by printing news of what is going on in America, which they must do in order to circulate, they necessarily prepare them to become American citizens.

No racial group has made a more desperate fight to maintain the interest of its immigrants in the home country than the Poles. Nevertheless, according to recent Polish writers:

> In spite of the continual use of patriotic Polish slogans by all local groups, Poland, before the World War, was for the great majority of the Poles, mainly the object of an almost purely aesthetic interest, whose motive power is very small as compared with the immediate social environment. . . . Even before the great war Polish patriotism was not a vital matter with the great mass of American Poles.

We have only to read the account which the leaders give in their own press of the difficulties they are having to maintain in this country the language and traditions of the homeland, to realize how glacial and, in the long run, wholly irresistible, under conditions of American life, is the trend toward a common language, a common life and a common tradition of all the peoples in this country. Here is a statement of a French Canadian patriot:

> It is a very painful admission, but we cannot fail to recognize that our language has suffered and is suffering constant and lamentable losses. . . . Children born in this country, and consequently American citizens by birth, have produced a third generation of a totally different mentality from the first. . . . It is true some intelligent individuals who had in childhood no opportunity to secure a French education, and little opportunity to speak French, have applied themselves to the study of the French language, forcing themselves to practice it and to show themselves truly patriotic. But these are people of heart and character who appreciate all that is noble in the race from which they are issued and who were unwilling to be simply Americans.

If it is true that the immigrant, who arrives here a provincial, takes his first step in Americanization when he becomes concerned about the reputation of his home country in America, it is equally true that the immigrant who remains a provincial remains at the same time farthest removed from American life.

The Italians apply the term *caffoni*, simpleton, to a class of immigrants who refuse to burn with patriotic sentiment for their own nationality, and is equally unconcerned in regard to the opinions of Americans in regard to himself or his fellow-countrymen.

The *caffoni*, who were in Sicily mostly *villani* (serfs), are looked down upon by their own people and especially by that class of Italians who want to stay here and who feel injured whenever the Italian name is hurt. To this superior class a good name for the Italians is a requisite for their progress. The *caffoni* don't care. All they want is to make money and go back. So we often see the superior class preaching and speaking to the *caffoni* in meetings, in groups and individually, persuading them to uphold the Italian name. The *caffoni* listen, but then they shrug their shoulders and it is all over. "It does not give me any bread whether Italians have a good name in America or not. I am going back soon."

It is not among the socialist, anarchists, and radicals, however loud their denunciations of American capitalism, that one finds, the least understanding and the most positive blind hatred of America. It is rather in these little isolated colonies of provincials, who have not become settlers, like the German religious sects, but who like the Italians are maintaining a provincial life in the midst of our cities.

These little communities, composed almost entirely of people of the same village, live entirely upon the news and the gossip of the home community. Every letter to any member of the community is news for the whole community. Nothing goes on in the home village that is not known sooner or later in the American colony of that village. Every one reckons upon eventually returning home, if for nothing more than a visit. If any member of the colony in America marries outside the community or announces finally that he does not intend to return he is regarded as lost.

Most of the Cinisari in the Sixty-ninth Street group intend to return to Sicily. The town of Cinisi is forever in their minds; "I wonder if I can get back in time for the next crop?"—"I hope I can get back in time for the festa"—"I hope I can reach Cinisi in time to get a full stomach of Indian figs," etc. They receive mail keeping them informed as to the most minute details, and about all the gossip that goes on in Cinisi in addition; they keep the home town informed as to what is going on here. They write home of people here who have transgressed some custom: "So-and-so married an American girl. The American girls are libertines. The boy is very disobedient." "So-and-so who failed to succeed at college in Palermo, is here. He has married a stranger" —that is, an Italian of another town. In this way, they blacken a man's name in Cinisi, so that a bad reputation awaits him on his return.

The reputation given them in Cinisi by report from here means much to them because they expect to return. Whole families have the date fixed. Those who express openly their intention of remaining here are the young Americanized men.

It is natural under the circumstances that even in the heart of the largest city in America immigrants living thus should gain a very inadequate and a very unfavorable opinion of America. This is more true of the Italians, perhaps, because most of what they learn of this country outside of the gossip of the colony comes to them through the Italian newspapers.

I have seen a large number of articles from Italian newspapers, written by Italian professional men concerning America, which if translated and published, would open the eyes even of the blind. America is described in these articles as a ruthless, rapacious, hypocritical, puritanical country. American men are superficial, weak, ridiculous; American women are vain and prefer to have a good time rather than to be good wives and mothers; churches in America are places of business; social and philanthropic work is established to furnish fat salaries to innumerable office holders; the political life is incurably corrupt; and everything else is termed "Americanate," meaning the quintessence of foolishness. A sensational divorce case, a scandal at the City Hall, Dowie or Billy Sunday, anything and everything is used as a pretext for a long philippic against America. I have seen Italian newspapers with laudatory articles on America written in English, which no Italian would read, and with an article in Italian in the same issue, that the American would not understand, painting America in the blackest colors.[2]

We do not realize that the Americanization of the immigrant begins long before he reaches America. Every peasant village in Europe has some returned immigrants. The letters from America are filled with stories of strange adventures of relatives and neighbors. Every peasant village has its own tradition about America, but it is not the America we know, it is immigrant America.

A striking feature of the market places in Catania, Sicily, where on a market day the peasants from all the surrounding country gather to trade and chaffer, exchanging their little stocks of produce for the townsman's wares, are the professional story tellers, each surrounded by a group of enthralled peasants. The favorite stories are of America, America and the "Black Hand."

We think of the Black Hand as an importation from Sicily. The Sicilian, however, does not regard the fabulous stories about America as comparable with anything in his experience. The only America of which the Sicilian peasant has any knowledge is just that America which is even more strange and foreign to us than it is to him, namely the Little Italys of our great cities.

It is reasonably clear, then, that if the immigrant lives in a colony of his own people it is because, under ordinary circumstances, that is the only place he can live at all. He learns about America what the experience of those who preceded him can teach him. For a long time the immigrant community is almost the only source of information about American life that is accessible to the newly arrived immigrant. For a long time, as far as he is concerned, the immigrant community is America.

If this community is well organized, if it is directed by leaders of intelligence and understanding, if the average of intelligence and culture in the community is high, as is the case with the Jews and the Japanese, then the difficult, painful, and often heartbreaking process of accommodation to American life will proceed, relatively speaking, rapidly and easily. If the situation is, as frequently

2. E. C. Sartorio, *Social and Religious Life of the Italians in America.*

happens, just the opposite, then Americanization will lag, and the natural animosities or indifferences to American institutions and American life will obstruct, where they do not altogether inhibit, the process of assimilation.

The fact is, however, that the immigrant community, which is itself an accommodation to American life, has been until very recently almost the only institution outside of the public school that has actually helped the immigrant to find his place and make his way in America. Looked at disinterestedly it is, consciously and unconsciously, an institution for Americanization. It is at any rate so necessary and inevitable a part of the life of the immigrant in this country that, rather than destroy it, as has been so frequently proposed, we should seek to cooperate with and use it.

Whatever we would like to do with the immigrant, there is after all only one thing that we can do if we want him to be an efficient, contributing, and loyal member of the community, and that is help him, as my friend William Leiserson has said, "to get on in the country." If he gets on, if he is able to realize here in America some of the fundamental wishes that were denied him in his mother country, he will eventually become an American, in every sense that we desire to give to that title.

CHAPTER 14

FOREIGN LANGUAGE PRESS

THERE are something like forty-three or forty-four languages and dialects spoken by immigrants in the United States. This fact is important because among immigrant people mother-tongue, rather than country of birth, is the basis of association and organization. The world-war has emphasized the fact that old political boundaries of Europe did not include homogeneous peoples. It has revealed the fact that within these political boundaries Europe was organized on the basis of languages, and of the memories and traditions which these languages have preserved. It is significant also that when other bonds broke language and tradition held. The nations, which in the break-up of Europe gained their independence, were all language groups, not nationalities.

In America, as in Europe, it is language and tradition rather than political allegiance that united the immigrant populations. People who speak the same language find it convenient to live together. Our great cities, as we discover upon close examination, are mosaics of little language colonies, cultural enclaves, each maintaining its separate existence within the wider circle of the city's cosmopolitan life. Each of these little communities is certain to have some sort of mutual aid society, very likely a church and a school, possibly a theater, but almost invariably a press.

It seems almost certain that there are more foreign language papers in America in proportion to the foreign population than

Reprinted by permission of the publisher from *Proceedings of the National Conference of Social Work,* 1920 (Chicago: University of Chicago Press, 1923), pp. 493-500.

there are in Europe in proportion to the native populations. It is certainly true that a very large proportion of the immigrant population read newspapers in America who did not read them in their home country. An article published in the *Russkeye Slove*, based upon information obtained in response to a questionnaire, indicates that even among those who were able to read only about 3 per cent were habitual readers at home.

Peasants and laborers constitute more than 90 per cent of all the Russian immigrants in the United States. A great majority of them felt no need for periodicals or for theatrical performances in their old country. According to the census of 1910, there are 38.4 per cent illiterates among the Russians above fourteen years of age. But even those who are able to read rarely saw newspapers in Russia, and theaters were out of their reach. The Russian village, from which the majority of immigrants came, had no press and no theater.

Out of the three hundred and twelve correspondents only sixteen have regularly read newspapers in Russia; ten others used from time to time to read newspapers in the "volost," the village administrative center; twelve were subscribers to weekly magazines.

In America all of them are subscribers or readers of Russian newspapers. Two hundred of them are theater-goers, and all are visiting the "movies."

Twenty-five per cent of them also read the American newspapers published in the English language. But some mention the fact that they "understand only one word out of five." Others, buying an American daily, just glance over the headlines. "These are easy to understand and you know all the news," writes one of the correspondents.

Most immigrants have been peasants at home. They are likely to be laborers here, participating more or less in all the turbulent cosmopolitan life of our modern industrial cities. In the little, isolated peasant villages from which they came, life was, and is still, relatively fixed and settled. Under such conditions custom and tradition provided for all the exigencies of daily life. Conduct was based on face to face relationships, that is to say, speech and neighborly gossip. In America, where there are vast distances and no traditions, where the population is mobile and everything is in process, the peasant discards his habits and acquires "ideas." In America, above all, the immigrant organizes. These organizations are the embodiment of his new needs and his new ideas. He becomes a socialist or a nationalist, or a member of a fraternial organization, and reads a paper, because practically every immigrant organization publishes some sort of a paper.

There are other explanations for the popularity of the foreign language press. One reason why immigrants are eager to read their own language in this country is that they have not been permitted to do so in their own. Sometimes they have not learned to read before they come here; have not been permitted to do so. Sometimes the journals they might have read were not interesting or not intelligible. Frequently these journals did not exist.

In Lithuania, German Poland, Ukrainia, Slovakia, and Hungary the languages of the native peoples were interdicted. There were in these countries schools and a press, but they were conducted in the language of the dominant race, i.e., German, Russian, Hungarian. The result was that the peasant, who got his education in an alien tongue, never got enough to enable him to read. Besides it is very hard to learn to read in an alien tongue unless you have already learned to read your mother-tongue.

Another reason the immigrant did not read at home was that he could not understand the papers even when they were published in his own language. The papers were, in fact, not addressed to the common man.

A recent writer has called attention, however, to the fact that not only does the average American not speak the English of the books, but he probably does not understand more than two-thirds of what comes from the lips of the average political orator or clergyman.

The reason that the ordinary man does not fully understand the "highbrow" when he is discoursing may be due to the fact that the matter under discussion is itself abstruse. In that case it is even possible that the highbrow does not fully understand it himself. In most instances, however, failure to comprehend is due to the fact that the average man and the academic person do not speak the same language, and no one fully comprehends any form of speech that he does not habitually use. What is interesting and significant in this connection is the fact that, however wide the divergence between the written and the spoken language may be in America, these divergences are considerably less in this country than in any other part of the world.

In no other country is so much effort and ingenuity expended in perfecting the art, not merely of printing, but of publication and publicity. Not only is the language of the press simpler, more direct and incisive, closer to the language of the street, but the distinction between the written and the spoken speech is steadily decreasing in spite of the fact that "the typical literary product of the country is still a refined essay in the *Atlantic Monthly*."

The evidence of this is the enormous circulation of such journals as the *Saturday Evening Post*, and the fact that the number of daily newspapers is decreasing at the same time that circulations are steadily increasing.

In countries were the intellectuals constituted, as they did in Russia, a separate caste, the schools, even where they did exist, did not create a reading habit in the masses of the people, because all the journals were addressed to the highbrow. The American newspaper, with its local news, personal gossip, and its human interest anecdotes, is not the foreigner's conception of journalism.

It is the American's interest in local news that justifies, perhaps, the characterization of America as a "nation of villagers." As a people, it seems we are not interested in ideas but in gossip.

That was undoubtedly the meaning of the cautious observation of a member of the Jewish intelligentsia, whom Hutchins Hapgood met in a Ghetto cafe. In *The Spirit of the Ghetto* (p. 282) he writes:

> In Russia a few men, really cultivated and intellectual, give the tone and everybody follows them. In this country the public gives the tone and the playwright and the literary man simply expresses the public.

In America, however, it becomes necessary for the editors to make some concessions to the intelligence of the immigrant.

The peasant is sentimental; the editors print poetry for him in the vernacular. They fill the paper with cheap fiction and write loud-sounding editorials, double leaded, so that they will be easily read. Sometimes they compromise by writing in the literary language on the editorial pages, discussing the conventional themes, while the rest of the paper is made up of hasty translations from the American newspapers written in jargon, made up of words from the vernacular interspersed with American idioms and American words with foreign endings.

Sometimes the publisher is himself an ignorant man, or at least not an intellectual who looks upon his paper, as the American publisher does, as an advertising medium, which prints news merely to get circulation. It is said that one of the most successful Chinese editors in America cannot read the editorials in his own paper because he does not understand the literary language. Some of the most successful foreign language papers are published by men who do not make any pretensions to education and are regarded by the writers they employ as ignoramuses. These men know their public, however, and insist on printing in the paper what their subscribers are interested in and able to read. When the writers for the press despise both their employers and their public, as they sometimes do, not much can be expected from the newspaper which they succeed in producing.

The effect of this general lowering of the tone of the foreign language papers has been to create a public in this country composed of people who in their home country would have read little or nothing at all. All of the foreign languages have contributed to establish reading habits in the immigrant. It is the socialist press, however, that has taught him to think.

The most interesting of the foreign language papers in America are Yiddish. In the Yiddish press the foreign language newspaper may be said to have achieved form. All the tendencies and all the motives which other divisions of the immigrant press exhibit imperfectly, are here outstanding and manifest. No other press has attained so complete a simplification of the racial language, nor created so large a reading public. No other foreign language press has succeeded in reflecting so much of the intimate life of the people which it represents or reacted so powerfully upon the opinion, thought, and aspiration of the public, for which it exists. This is particularly true of the Yiddish daily newspapers in New York City.

The Jewish socialists were the first among the Jewish immigrants to conceive the idea of a press that would reach and interest the masses of the people. Among the immigrants who sought refuge in America in the early eighties were a number of Jewish students who had participated in the revolutionary agitation that preceded the assassination of Czar Alexander II, in March, 1881. It had been the program of the revolutionists to educate the masses of the people, "to go in among the people" as they termed it, and so prepare them for the international revolution which they, after the manner of millennialists everywhere, believed was impending.

Although there was at this time a popular literature in Yiddish among the Jews in Russia, political discussion was in Russian. There were sermons in Yiddish but no one had ever heard a political speech in the language of the people. The masses of the Jewish immigrants knew nothing of socialism or the labor movement, just as they knew nothing of modern science or modern political thought. All these high matters were the special concern of a few intellectuals who had been permitted to attend a Russian university. William M. Leiserson has said:

> On July 27, 1882, occurred the first public meeting of the Russian refugees. For the first time they had an opportunity to enjoy freedom of speech, and on this sweltering day 500 of them jammed to the walls the little Golden Rule Hall on Rivington Street. The speeches were in Russian and German, and many could not understand either of these languages, but they were none the less enthusiastic. Schevitz, editor of the German *Volkszeitung,* Nelke, a German anarchist, and A. Cahan, one of the Russian students addressed the meeting.
>
> It was Cahan at this meeting who first suggested the idea of using the Yiddish jargon to propagate socialism among the Jews. The suggestion was ridiculed. Who was there that could make speeches in Yiddish? Cahan volunteered to do it; and the following week in the anarchists' hall on Sixth Street the first Yiddish speech was delivered. After that many Jewish meetings were held, but for a long time Cahan continued to be the only Yiddish speaker.
>
> The meetings of the "Propaganda Verein" were marked by the greatest enthusiasm. The right of free assemblage was a new experience to most of the Jews; but still more new and strange were the speeches in the mother tongue. *The doctrine of socialism which formerly the educated alone could understand were now to be made comprehensible to the ordinary immigrant.* A cry went up among the students: "In the mother tongue must we agitate among the Jews." And for a few months there was great activity in the "Propaganda Verein."

It was not, as it turned out, an easy matter to carry on a political propaganda in the language of a people who had had no political experience. There were no words in Yiddish in which to express the formulas of Marxian socialism. The scholastic discussions of the Russian students did not hold the interest of the common people, eager as they were for the knowledge which the new doctrines promised them.

P. Wiernik, in his *History of the Jews in America* (p. 303, 1912), writes:

> In one respect the Hebrew and the Yiddish writers were struggling

with the same difficulty—that of making themselves understood by the largest possible number of readers. The method prevailing in Russia, of writing as hard or using as high a language as possible so that the highly intelligent reader—the title to which every reader of a newspaper there at that time laid claim—should take pride in being able to understand the contents, would not attract readers here as it does where scarcity of printed matter makes the public accept with eagerness whatever is offered. But the Hebrew writer came here with a style that may be termed aristocratic, and the Yiddish writer, who had to begin everything anew, had hardly any style. It was all easy as far as the work of the agitator was concerned; denunciations and accusations are always easily understood, and this alone is one of the reasons of their popularity. But when it came to the parts where the writer wanted to describe or to explain, especially in the scientific or semi-scientific articles which a public that had no systematic schooling so eagerly devoured, the language of most of the writers was inadequate and easily misunderstood.

It was not until the appearance of the *Forward*, however, and not until Abraham Cahan returned from his five years' apprenticeship upon an American daily paper that the Jewish socialists succeeded in creating a newspaper that the masses of the Jewish people, and even women, would read. The *Forward*, under Abraham Cahan, may be said to be modelled on the *Yellow Journal* of the period. It was, however, less a copy than an application of methods. The Jewish *Forward* is unquestionably American, but it is unquestionably unique. Its immediate and remarkable popularity was an indication that the Jewish daily press had finally arrived.

Forward was born at a Socialist ball fifteen years ago, when Cahan and others passed the hat around to start a Yiddish socialist daily and collected $800. A co-operative publishing company, the Forward Association, was formed almost on the spot. This Association pledged itself to publish the paper and to devote whatever profit accrued to the furthering of socialism and of *Forward*. Today *Forward* and its building bring many thousands of dollars a year profit, not a cent of which goes as dividends to anyone or for any other than these purposes. But as late as ten years ago the *Forward* was not only deep in debt, but also dying.

Its board of managers in despair appealed to Cahan to come and take hold. At that time Cahan was making a name for himself as special writer on the *Sun*, the *Evening Post*, the *Commercial Advertiser*, and other papers. His stories of Jewish life were appearing in the first-class magazines. His novel of East Side life, *Yeki*, had been acclaimed by William Dean Howells and other critics on both sides of the Atlantic as a masterly bit of realism. His *White Terror and Red* and his *Imported Bridegroom and Other Stories* were bringing him a widening English-reading public. But at the call from his comrades he went back to the East Side and threw himself into the task of reviving the dying Yiddish daily.

He found the circulation was barely six thousand, the columns full of abstract economic controversy, the tone bitter, and an exaggerated air of the "highbrow" even for the East Side, where Tolstoy, Spencer, Darwin, and similar literature can be bought on pushcarts. Worst of all, it was written in a highly intellectualized, Germanized Yiddish, which only the "intelligentsia" can understand fully.

Cahan at once changed its language to the colloquial, Americanized Yiddish spoken in the street, the shops, the factories, and the homes of the people it desired to reach. "And if you want the public to read this paper and to assimilate Socialism," he told his staff, "you've got to write of things of everyday life, in terms of what they see and feel and find all about them."

So he banished the long abstract essays on economic determinism and the class struggle and presented these things in the form of short actual stories and news from the shop, the street, the market, and the home. The East Side began to read about itself in the news columns of *Forward*. It found its homely everyday problems discussed trenchantly yet sympathetically on the editorial page by Cahan, and read advice to the lovelorn in a department conducted by Rose Pastor, who afterward added Stokes to her name.

The *New York Evening Post*, in its issue of July 27, 1912, said:

> Within eight weeks after Cahan had taken hold of *Forward* its circulation trebled. Within two or three years it began to pay a profit; and now (1912) it has a daily circulation of over 130,000 a day.

It is not possible to estimate the changes which the appearance of a genuinely popular press has had upon the life of the Jewish immigrant. Jewish scholars had been sitting for centuries in the synagogues, by the light of sacred candles, poring over the past, brooding over the inner life of the race. Upon this spectacle the common man looked with awe and reverence. The popular press turned the eyes of the Jews outward upon the world. The press was a window on life. The new press was, to be sure, socialistic, but more interesting to the masses of the people than political philosophy was the information it gave them about life, about the physical universe and the world of human nature about them. There had arisen, at this time, a school of writers who devoted themselves to writing popular science in the language of the people. There were a number of these popular writers. Abraham Cahan was one. J. Rombro, who wrote under the name of Philip Kranz, was another. Rombro, like Cahan, was a Russian fugitive. In London he met Morris Winchefsky, the Yiddish poet and writer. Winchefsky, who was at that time editing *The Polish Jew*, the first socialist Yiddish paper to be published in England, asked him to write a description of the riots against the Jews in Russia. "It was a hard job for me," he wrote to Leo Wiener, "and it took me a long time to do it. I never thought of writing in the Jewish jargon, but fate ordered otherwise, and, contrary to all my aspirations, I am now nothing more than a poor jargon journalist." To which the author of the *History of Yiddish Literature* adds this comment:

From Leo Wiener's *History of Yiddish Literature* (pp. 223-24, 1899), I quote:

> The author's evil plight has, however, been the people's gain, for to his untiring activity is due no small amount of the enlightenment that they have received in the last ten years.

The most picturesque figure among the popular writers in Yiddish is Shaikevitch, the man who popularized the "heften." The "heften" were unsigned novels, popular stories, that had an immense vogue until the daily papers began publishing them serially. The competition of daily papers, which sometimes published as many as five or six stories at a time, destroyed the vogue of the "heften."

Shaikevitch, in an interview with Hutchins Hapgood, said this of his own work:

> My works are partly pictures of the life of the Jews in the Russian villages of fifty years ago, and partly novels about the old history of the Jews. Fifty years ago the Jews were more fanatical than they are now. They did nothing but study the Talmud, pray and fast, wear long beards and wigs and look like monkeys. I satirized all this in my novels. I tried to teach the ignorant Jews that they were ridiculous,

that they ought to take hold of modern, practical life and give up all that was merely formal and absurd in the old customs. I taught them that a pious man might be a hypocrite, and that it is better to do good than to pray. My works had a great effect in modernizing and educating the ignorant Jews. In my stories I pictured how the Jewish boy might go out from his little village into the wide, gentile world, and make something of himself. In the last twenty-five years, the Jews, owing to my books, have lost a great deal of their fanaticism. At that time they had nothing but my books to read, and so my satire had a great effect.[1]

Through the medium of the popular press the learning which had been the privilege of the few became the common possession of the many. The intellectual ferment, which this new contact with modern science produced, was scattered broadcast and under the influence of the new ideas and the unrest which it created, the whole structure of Jewish life crumbled. The younger generation, particularly the more ardent and intellectual among them, went over to socialism, *en masse*. Socialism gave the common man a point of view from which he could, at any rate, think about actual life. It made the sweatshop an intellectual problem.

Under the same influences socialism itself changed. It ceased to be a mere political doctrine and became a criticism of life. The socialist press ceased to be the mere organ of the doctrinaires, and became an instrument of general culture. All the intimate, human, and practical problems of life found a place in its columns. It founded a new literature and a new culture, based on the life of the common man.

A fact in regard to the immigrant, which is not generally understood, is that there exists in certain parts of Europe, as a result of the suppression of the folk languages and because of some rather drastic efforts at naturalization, what has been characterized as an "artificial illiteracy." With the growth of socialism and of nationalism, the two political movements which immigrant peoples are able to understand, there has been an intellectual awakening of the masses of the people. There is in all the back areas of Europe, as a matter of fact, a genuine renaissance, a widespread desire to know and to participate in the conscious life of the world from which they have hitherto been shut out. This new and vivid interest in life—modern life, science, and even literature—has been intensified

1. Hutchins Hapgood, *The Spirit of the Ghetto*, chapter x, "Odd Characters," pp. 274-75.

by the new, strange, confusing but stimulating encounters with the American environment, the organization of the great industries, and the vast and cosmopolitan life of modern cities. It is to this interest that the foreign language press, and particularly the socialistic, communistic, and I.W.W. press, appeals. But after all the worst that can be said in regard to the great majority of the so-called radical immigrant papers is, that while they aim at being edifying, they succeed in being dull. This is not true of the whole radical press, it is not true of the Yiddish papers. It is far from true of the *Forward*, the most successful and important of them all. But the *Forward* has long since ceased to be a purely radical paper and has become, more completely than any other paper in this country, a form of literature and a transcript of life.

CHAPTER 15

AMERICAN NEWSPAPER LITERATURE

THE newspaper has generally been conceived of as a mere extension of the personality of its editor. The printing press has had an independent history, but histories of newspapers are often merely the records of the fortunes of the men that publish them. This is certainly true of the first, and, on the whole, as far as it goes, the best account that has yet been written of the American newspaper: namely, Hudson's *Journalism in the United States* (16). Two more recent histories, one by Payne (32) and the other by Lee (18), fill some gaps in Hudson's story and bring it down to recent times. Payne's history, which is the briefer and more readable book, is valuable mainly for the light it throws upon the rôle of the press in America's struggle for independence. It was during this period that the American newspaper gained the high and secure position in public esteem which, in spite of growing disillusionment in recent times, it has ever since held. Lee's history is a more detailed account of significant changes that have taken place in the organization of the newspaper in recent years. What is needed, however, is not so much a history as the natural history of the press—not a record of the fortunes of individual newspapers, but an account of the evolution of the newspaper as a social institution.

Materials for such a natural history of the press are at hand. They exist in the voluminous current literature on the subject and

---

Reprinted by permission of the publisher from the *American Journal of Sociology*, XXXII:5 (March, 1927), pp. 806-13.

in the fugitive publications in which men who have known the newspaper from the inside have occasionally recorded their experiences.

What is wanted, then, first of all, is an adequate bibliography of the newspaper press. This need is met by the very complete bibliography recently published by the New York Public Library and compiled by Carl Cannon (6). The difficulty with a bibliography extensive enough to cover the whole field is that its classifications are not minute enough to meet the needs of the special student. For this purpose a reference, however, may be made to such books as Bleyer's *Profession of Journalism* (4), Crawford's *Ethics of Journalism* (7), and Payne's *History* (32). The best review, however, of the literature of the press is contained in Lucy Salmon's *The Newspaper and the Historian* (36). Miss Salmon seems to be the person who comes nearest to having read all that is worth reading on the subject of the daily press. Among the most valuable contributions to our knowledge of the newspaper are the monographic studies, like O'Brien's *Story of the "Sun"* (30), of individual newspapers. Other narratives, none of them quite so well done, are Nevins' *The Evening Post* (29), Davis' *History of the "New York Times"* (9), and Hooker's *The Story of an Independent Newspaper* (15).

Biographies and autobiographies are not always the best sources of knowledge in regard to the newspaper, for the very reason that by the time a newspaper man has reached the age and position where his story seems worth telling, he has become so much a man of affairs that he has ceased to be a newspaper man. The stories of the reporter, the city editor, the managing editor, and the re-write man are the sources of real knowledge in regard to the modern newspaper. The best of these recent autobiographies is that of Fremont Older (31), who, like many another newspaper writer, began as a reporter and ended as a reformer—a somewhat disillusioned reformer. In contrast with this are the genial reminiscences of "Marse Henry" Watterson (45), which cover the whole field of politics from the Civil War down to recent times but tell us relatively little of the newspaper and its part in the events of that period.

More valuable for the student of the newspaper are Stone's *Fifty Years a Journalist* (42). Melville Stone was the founder of one of the earliest and most successful of afternoon papers, the

Chicago Daily News, and was for many years general manager of the Associated Press. *The Story of the "New York Sun"* is well told in the memoirs of Edward P. Mitchell (28); and Don G. Seitz's two volumes, one on *Joseph Pultizer* and the other on *Horace Greeley*, are undoubtedly the most valuable biographies, from the point of view of one's interest in the press, that have yet been written. William T. Stead, the story of whose life by Whyte (46) has just been published, was an international figure, as well as one of the first and most eminent of our muckrakers. His volume *If Christ Should Come to Chicago* and his later review of the revelations of the Luxow Committee under the title *Satan's Invisible World Displayed*, or *Despairing Democracy, A Study of Greater New York*, were journalistic stunts, although not printed in a newspaper. Stead's career as a journalist in England throws light, in any case, if only by contrast, on several aspects of journalism in America, for Stead was, before everything else, a reporter. Among other writers for the press who were not merely journalists, but newspapermen in the technical sense of the word, are Philip Gibbs (12), Samuel Blythe (5), and Frank Cobb (14). Gibbs and Blythe have told their own stories, but Cobb's record in journalism has been made up from the editorials which he wrote on the *World*.

Interesting, from a different point of view, is the autobiography of Milton McRae (26), of the Scripps-McRae syndicate. McRae was not a news-gatherer, or even, as his autobiography shows, a writer. His story is not merely an autobiography; it is a family history, for McRae is a member, by marriage, of the Scripps family, owners of a chain of afternoon papers extending from Cleveland to the Pacific Coast; and the book that he has written is a curious record of family affairs and newspaper finance. The Scripps were a new type. They were in a sense brokers as well as founders of newspapers—buying and selling and standardizing their publications, and incidentally building up a great fortune; all of which indicates how profound a change has taken place in the field of journalism since running a newspaper became a business instead of a form of sport.

A more recent and more systematic book on the business aspects of the press is Mr. Thayer's *Newspaper Management* (43). Advertising has been quite as positive an influence in determining the character of the American daily press as the enterprise of the editor in extending circulation. Circulation and advertising are, in fact, the two pillars upon which the whole structure of the modern newspaper rests. Another important volume in this field is Jason Rogers' *Newspaper Building* (35).

Among the very considerable number of critical books concerned with the newspaper are: Villard's *Some Newspapers and Newspaper-Men* (44) and Sinclair's *The Brass Check* (40). They are perhaps more significant than others; not because the writers possess any unusual understanding of the institution which they criticize, but because they reflect and express, more vigorously than other writers have done, the resentment of our intelligentsia toward fundamental changes that are taking place in the American newspaper and in American life. The changing attitude of the public toward the newspaper is an important chapter in the history of the press. Newspapers have ceased to be, to the extent that they formerly were, organs of opinion. They have become great capitalistic enterprises, seeking circulation in order to sell it to advertisers. The reporter has replaced the editor as the dominant figure on the press, and the news the reporter puts into the present-day paper exercises a greater influence on public opinion than the comments of the editor on the editorial page.

The only writers who seem to have any sense for the significance of this change are Will Irwin and Walter Lippmann. Will Irwin's series of articles in *Collier's Weekly* (17) in the spring of 1911 has unfortunately not been published in book form, in spite of the fact that it is the most intelligent account that has thus far been given of the American newspaper. Walter Lippmann has recorded his own changing reflections on the press in three volumes, published at different times: *Liberty and the News* (22), *Public Opinion* (23), and *The Phantom Public* (21). President Lowell's earlier volume, *Public Opinion and Popular Government* (24), like Dicey's *Law and Opinion in England* (10), deal with the same subject, but without attempting to define the rôle of the press. The changing character of the newspaper and its relation to public affairs is studied in Scott-James's *Influence of the Press* (37). In this connection, it is proper to mention McDonagh's *The Reporters' Gallery* (25), which tells the story of the long struggle of the English newspaper for the right to publish the parliamentary debates. This volume is as much or more than it pretends to be. It is really the story of a great constitutional change

—a change which profoundly modified not merely the character of the press but the English parliament itself.

George Creel's *How We Advertised America* (8) is likewise something more than an account of the work of our war-time press bureau, the Committee on Public Information. When the government, in order to maintain the national morale, set up a press bureau, it created a new type of political institution. Creel actually performed for the administration of President Wilson the work of a public relations counselor, as a certain class of publicity man is now called. Since Roosevelt, every president has had, under one title or another, a press agent through whom he has been able to speak, more or less directly, to the public. The effect has been to increase enormously the President's prestige and to enable him to maintain an ascendancy over Congress that he formerly never possessed. But the work which Creel did for President Wilson other men have done, and are still doing, for other public men and institutions. To such an extent has this become a feature of modern life that no account of the newspaper in its relation to public affairs would be complete without some reference to the press agent. The most noted of living press agents is Ivy Lee, who has discussed the character of this new profession in a little volume of his own, *Publicity: Some of the Things It Is and Is Not* (18). Other references in this field are Riis and Bonner's *Publicity* (34); and Bernays' *Crystallizing Public Opinion* (3).

Among the sources for the study of the newspaper is the increasing number of books addressed to professional students of journalism. Most of these books are written by men who themselves have had newspaper experience; and, while they are concerned mainly with the art or the ethics of the newspaper, they frequently contain illustrative material which is of real value to the student of politics, of public opinion, and of social institutions. Among some of the more recent treatises in this field are Maulsby's *Getting the News* (27), Harrington's *Feature Writing* (13), and Leech and Carroll's *What's the News?* (20).

Among the numerous textbooks on the technique of journalism, the most instructive—the book that comes nearest to giving its readers the "lowdown" on the press—is, it seems to me, George Bastian's *Editing the Day's News* (2). For one thing, it tells us what a "policy story" is, and why—and this is something. Books of this sort, if they serve no other purpose, at least create for the reader the atmosphere in which the newspaper man lives and works; and it is within its own milieu that the newspaper must be studied if it is to be understood. There are a number of works of fiction concerned with the newspaper which are written so close to the facts that they may be regarded as authentic descriptions. Among the best of these, perhaps, is *Deadline* (41), by Henry Justin Smith, managing editor of the *Daily News*, and *The Clarion* (1), by Samuel Hopkins Adams.

Two volumes, among others, on the ethics of the newspaper—one by Flint (11) and the other by Crawford (7)—discuss with real understanding the difficulties under which news is gathered and printed; and while they emphasize the faults and failures of the press, they describe at the same time the gradual emergence, under the influence of public criticism, of professional standards and a professional spirit. There is, no doubt, a growing sense on the part of the press of its responsibility to the public, just as there is in an increasing insistence of the public that the newspaper, though privately owned, is none the less a public servant. Under these circumstances the newspaper has ceased to be a mere extension of the person of its editor or an appanage of a political party. It has become, in a very real sense, a public institution.

BIBLIOGRAPHY

1. Adams, Samuel Hopkins. *The Clarion.* Illustrations by W. D. Stevens. Boston: Houghton Mifflin Co., 1914. Pp. ix + 418.
2. Bastian, George C. *Editing the Day's News.* An introduction to newspaper copyreading, headline-writing, illustration, make-up, and general newspaper methods. Foreword by H. F. Harrington. New York: The Macmillan Co., 1923. Pp. xii + 252.
3. Bernays, Edward L. *Crystallizing Public Opinion.* New York: Boni & Liveright, 1923. Pp. 218.
4. Bleyer, Willard Grosvenor, Ph.D. *The Profession of Journalism.* A collection of articles on newspaper editing and publishing. Taken from the *Atlantic Monthly.* Boston: Atlantic Monthly Press, 1918. Pp. xxiii + 292.

5. Blythe, Samuel G. *The Making of a Newspaper Man.* Philadelphia: Henry Altemus Co., 1912. Pp. 239.
6. Cannon, Carl L. (compiled by). *Journalism.* A bibliography. New York: New York Public Library, 1924. Pp. vi + 360.
7. Crawford, Nelson Antrim. *The Ethics of Journalism.* New York: Alfred A. Knopf, 1924. Pp. ix + 259.
8. Creel, George. *How We Advertised America.* The first telling of the amazing story of the committee on public information that carried the gospel of Americanism to every corner of the globe. New York: Harper & Bros., 1920. Pp. xvi + 467.
9. Davis, Elmer. *History of the New York Times, 1851-1921.* Illustrated. New York: The New York Times, 1921. Pp. xvii + 434.
10. Dicey, A. V., K. C., Hon. D. C. L. Lectures on the relation between *Law and Public Opinion in England* during the nineteenth century. St. Martin's Street, London: Macmillan & Co., 1914. Pp. xciv + 506.
11. Flint, Leon Nelson. *The Conscience of the Newspaper.* A case book in the principles and problems of journalism. New York: D. Appleton & Co., 1925. Pp. ix + 470.
12. Gibbs, Philip. *Adventures in Journalism.* New York: Harper & Bros., 1923. Pp. 363.
13. Harrington, H. F., Director of the Medill School of Journalism. *Chats on Feature Writing.* By members of the Blue Pencil Club of professional writers, including a selection of special articles, with interpretative comment. Introduction by Chester S. Lord, Managing Editor of the *New York Sun,* 1880-1913. New York: Harper & Bros., 1925. Pp. xiii + 611.
14. Heaton, John L. *Cobb of "The World": A Leader in Liberalism.* Compiled from his editorial articles and public addresses. New York: E. P. Dutton & Co., 1924.
15. Hooker, Richard: *The Story of an Independent Newspaper.* New York: The Macmillan Co., 1924. Pp. xii + 287.
16. Hudson, Frederic. *Journalism in the United States from 1690-1872.* New York: Harper & Bros., 1873. Pp. 789.
17. Irwin, Will. In *Collier's Weekly*: "The Power of the Press," XLVI (January 21, 1911), 15; "The Fourth Current," XLVI, (February 18, 1911), 14; "The Spread and Decline of Yellow Journalism," XLVI (March 4, 1911), 18; "What is News?" XLVI (March 11, 1911), 16; "The Reporter and the News,"

XLVII (April 22, 1911), 21; "All The News That's Fit to Print," XLVII (May 6, 1911), 17; "Advertising Influence," XLVII (May 27, 1911), 15; "The Unhealthy Alliance," XLVII (June 3, 1911), 17; "The Foe Within," XLVII (July 1, 1911), 17; "The New Era," XLVII (July 8, 1911), 15; "The Voice of a Generation," XLVII (July 20, 1911), 15; "The Press Agent," XLVIII (December 2, 1911), 24.

18. Lee, Ivy L. *Publicity: Some of the Things It Is and Is Not.* New York: Industries Publishing Co., 1925. Pp. 64.
19. Lee, James Melvin. *History of American Journalism.* Boston and New York: Houghton Mifflin Co., 1917. Pp. xii + 462.
20. Leech, Harper, "Scrutator," staff writer, *Chicago Tribune,* and John C. Carroll, instructor, Medill School of Journalism. *What's The News?* Chicago: Pascal Covici, 1926. Pp. xviii + 183.
21. Lippmann, Walter. *The Phantom Public.* New York: Harcourt, Brace & Co., 1915. Pp. 205.
22. ——. *Liberty and the News.* New York: Harcourt, Brace & Co., 1920. Pp. vii + 104.
23. ——. *Public Opinion.* New York: Harcourt, Brace & Co., 1922. Pp. x + 427.
24. Lowell, A. Lawrence, President of Harvard University. *Public Opinion and Popular Government.* New York: Longmans, Green, & Co., 1913. Pp. xiv + 415.
25. MacDonagh, Michael. *The Reporters' Gallery.* New York, London, and Toronto: Hodder & Stoughton, 1913. Pp. xii + 445.
26. McRae, Milton A., of the Scripps-McRae League of Newspapers. Illustrated. *Forty Years in Newspaperdom: The Autobiography of a Newspaper Man.* New York: Brentano's, 1924. Pp. xviii + 496.
27. Maulsby, William S. *Getting the News.* New York: Harcourt, Brace & Co., 1925. Pp. 310.
28. Mitchell, Edward P. *Memoirs of an Editor: Fifty Years of American Journalism.* Illustrated. New York: Charles Scribner's Sons, 1924. Pp. xii + 458.
29. Nevins, Allan. *The Evening Post: A Century of Journalism.* New York: Boni & Liveright, 1922. Pp. 590.
30. O'Brien, Frank M. *The Story of the "Sun."* With an Introduction by Edward Page Mitchell, Editor of the *Sun.* Illustrations

and facsimiles. New York: George H. Doran Co., 1918. Pp. xx + 455.

31. Older, Fremont. *My Own Story*. New York: The Macmillan Co., 1926. Pp. xx + 340.
32. Payne, George Henry. *History of Journalism in the United States*. New York: D. Appleton & Co., 1920. Pp. xx + 453.
33. Radder, Norman J. *Newspapers in Community Service* (1st ed). New York: McGraw-Hill Book Co., Inc., 1926. Pp. x + 269.
34. Riis, Roger William, and Charles W. Bonner. *Publicity: A Study of the Development of Industrial News*. New York: J. H. Sears & Co., 1926. Pp. xii + 176.
35. Rogers, Jason. *Newspaper Building*. New York: Harper & Bros., 1818. Pp. xi + 312.
36. Salmon, Lucy Maynard. *The Newspaper and The Historian*. New York: Oxford University Press, 1923. Pp. xliii + 566.
37. Scott-James, R. A. *Influence of The Press*. London: S. W. Partridge & Co., Ltd., 1913. Pp. ix + 320.
38. Seitz, Don C. *Horace Greeley*. Founder of the *New York Tribune*. Illustrated. Indianapolis: Bobbs-Merrill Co., 1926. Pp. 433.
39. ——. *Joseph Pulitzer: His Life and Letters*. New York: Simon & Schuster, 1924. Pp. xii + 478.
40. Sinclair, Upton. *The Brass Check: A Study of American Journalism*. Pasadena, California: published by the Author, 1920. Pp. 445.
41. Smith, Henry Justin. *Deadlines*. Chicago: Covici-McGee, 1922. Pp. 249.
42. Stone, Melville E., LL.D. *Fifty Years a Journalist*. Half-tone illustrations from photographs. Line cuts by Paul Brown. Garden City, New York: Doubleday, Page & Co., 1921. Pp. xiv + 371.
43. Thayer, F., M.A. *Newspaper Management*. New York: D. Appleton & Co., 1926. Pp. xxi + 481.
44. Villard, Oswald Garrison, Litt.D., LL.D. *Some Newspapers and Newspaper-Men*. New York: Alfred A. Knopf, 1923. Pp. 345.
45. Watterson, Henry. *"Marse Henry": An Autobiography* (two volumes in one). New York: George H. Doran, 1919. Pp. 314.
46. Whyte, Frederic. *The Life of W. T. Stead* (in two volumes). New York: Houghton Mifflin Co., 1925. Pp. 345 and 368.